"十四五"职业教育国家规划教材

# 电子商务安全

主　编　俞国红
副主编　郑广成
参　编　潘启超

北京理工大学出版社
BEIJING INSTITUTE OF TECHNOLOGY PRESS

## 内 容 简 介

本书包含了电子商务安全概述、电子商务的网络安全技术、数据加解密技术、数字证书和数字签名技术、电子商务安全协议、电子支付安全、电子商务法律法规七个模块内容，较为系统地讲述电子商务面临的安全问题与安全控制要求、操作系统加固技术、数据加密技术、数据备份恢复技术、常见的计算机病毒及其防治方法。通过学习实际的电子商务安全项目，了解和掌握电子商务安全的专业知识，具备电子商务安全的实际工作技能，能够从事电子商务安全工程师岗位的工作。

本书涉及了电子商务安全研究领域的最新成果，具体包括电子商务数据备份技术、密码技术中的量子密码技术、电子商务安认证签名技术以及最新的电子商务安全法律法规等。

本书可作为高等院校电子商务专业、信息管理与信息系统专业、管理类专业、计算机类专业等相关本专科专业学生的教材。

**版权专有　侵权必究**

### 图书在版编目（CIP）数据

电子商务安全/俞国红主编. －－北京：北京理工大学出版社，2019.10（2024.12 重印）
ISBN 978－7－5682－7572－9

Ⅰ.①电… Ⅱ.①俞… Ⅲ.①电子商务－安全技术－高等学校－教材 Ⅳ.①F713.36

中国版本图书馆 CIP 数据核字（2019）第 204589 号

| | |
|---|---|
| 责任编辑：钟　博 | 文案编辑：钟　博 |
| 责任校对：周瑞红 | 责任印制：施胜娟 |

出版发行 / 北京理工大学出版社有限责任公司
社　　址 / 北京市丰台区四合庄路 6 号
邮　　编 / 100070
电　　话 /（010）68914026（教材售后服务热线）
　　　　　（010）63726648（课件资源服务热线）
网　　址 / http://www.bitpress.com.cn
版 印 次 / 2024 年 12 月第 1 版第 5 次印刷
印　　刷 / 唐山富达印务有限公司
开　　本 / 787 mm × 1092 mm　1/16
印　　张 / 16.25
字　　数 / 379 千字
定　　价 / 49.00 元

图书出现印装质量问题，请拨打售后服务热线，负责调换

# 前　言

本书讲述电子商务面临的安全问题与安全控制要求、加密技术在电子商务中的应用、常见的计算机病毒及其防治方法，通过实际的电子商务安全项目，使学生了解本专业的知识与技能，从而能够从事电子商务安全工程师岗位工作。

党的二十大报告指出，要"着力提升产业链供应链韧性和安全水平，着力推进城乡融合和区域协调发展，推动经济实现质的有效提升和量的合理增长"。这一重要论断为新时代电商行业发展擘画了深远蓝图，坚定广大电商从业者深耕电商行业的发展信心，提升服务新水平，拉动行业新发展。

本书涉及电子商务安全最新研究领域，具体包括电子商务安全的备份技术、密码技术、认证技术以及电子商务安全法律法规等。本书培养学生具有电子商务安全的实际工作技能，具体的学习目标见下表。

| 学习内容 | 知识要求 | 能力要求 | 学时 | |
|---|---|---|---|---|
| | | | 理论 | 实践 |
| 模块一　电子商务安全概述 | 了解电子商务的风险与安全问题；<br>了解安全电子商务安全的要求；<br>了解电子商务安全保障体系 | 会制定安全保障的措施 | 2 | 2 |
| 模块二　电子商务的网络安全技术 | 熟悉互联网基本技术——TCP/IP和WWW技术及其安全问题；<br>了解计算机网络中的身份认证技术和应用；<br>了解网络攻击方式和防御措施 | 会使用网络安全基本工具；<br>会使用虚拟机；<br>掌握防火墙技术；<br>会操作系统的安全配置；<br>掌握常见计算机病毒的防范技术 | 6 | 6 |
| 模块三　数据加解密技术 | 掌握密码学的基本概念 | 会使用工具破解常见密码；<br>会对文件进行加密 | 4 | 4 |
| 模块四　数字证书和数字签名技术 | 理解数字签名的概念、要求、原理和作用 | 会数字证书的申请和使用；<br>会信息加密和数字签名的操作；<br>能利用PGP软件实现数字签名 | 4 | 4 |
| 模块五　电子商务安全协议 | 了解电子商务安全协议标准；<br>了解PKI技术 | 会使用PKI技术进行数据加密和签名 | 4 | 4 |

续表

| 学习内容 | 能力要求 | 知识要求 | 学时 ||
|---|---|---|---|---|
| | | | 理论 | 实践 |
| 模块六 电子支付安全 | 了解传统支付与电子支付的不同;掌握网络支付与结算的整体理论与应用体系 | 能够在电子支付中注意安全保护 | 2 | 2 |
| 模块七 电子商务法律法规 | 了解电子商务立法的概况;掌握《电子签名法》《电子商务法》的主要内容,了解电子合同与《合同法》的关系 | 能够利用数据电文法律知识分析案例;会使用电子商务法律法规处理电子商务纠纷 | 2 | 2 |
| 合计 ||| 24 | 24 |

  本书的学习资源丰富,在部分章节中安排了知识链接的二维码,读者可以使用手机扫描,通过移动阅读方式浏览知识点对应的技术文章、新闻、视频等学习资源。本书的学习资料共 70 个,其中技术文章 30 篇、教学使用的 PPT 32 个、微课视频 8 个,读者可进入百度网盘下载。

  本书由俞国红、郑广成和企业工程师潘启超共同编写完成。本书得到江苏"青蓝工程"项目资助。由于作者水平有限书中难免有不当和错误之处,请读者将阅读过程中发现的问题发送到 E-mail:wuygh@126.com。

编 者

# 目　录

## 模块一　电子商务安全概述 ……………………………………………………(2)
### 项目1.1　认识电子商务安全 ………………………………………………(3)
　　任务1　认识电子商务安全 ………………………………………………(4)
　　任务2　了解电子商务安全需求 …………………………………………(9)
　　任务3　认知电子商务安全管理 …………………………………………(11)
### 项目1.2　认知电子商务安全策略 …………………………………………(15)
　　任务1　了解计算机安全等级保护 ………………………………………(15)
　　任务2　制定电子商务安全策略 …………………………………………(19)
　　实验一　常用网络命令的使用 ……………………………………………(22)
　　课后练习题（一）…………………………………………………………(26)

## 模块二　电子商务的网络安全技术 ……………………………………………(28)
### 项目2.1　配置电子商务安全实验环境 ……………………………………(29)
　　任务1　安装配置VMware虚拟机 ………………………………………(29)
　　任务2　配置虚拟机的网络通信 …………………………………………(32)
### 项目2.2　操作系统安全设置 ………………………………………………(39)
　　任务1　Windows操作系统安全设置 ……………………………………(39)
　　任务2　用户账户安全设置 ………………………………………………(48)
### 项目2.3　扫描检测计算机漏洞 ……………………………………………(54)
　　任务1　扫描网络端口 ……………………………………………………(54)
　　任务2　抓取与分析数据包 ………………………………………………(60)
### 项目2.4　配置防火墙与入侵检测系统 ……………………………………(64)
　　任务1　安装和配置防火墙 ………………………………………………(64)
　　任务2　了解入侵检测系统 ………………………………………………(74)

项目 2.5　防范计算机病毒和木马 ································· (77)
　　任务 1　防范计算机病毒 ····································· (77)
　　任务 2　防范木马与蠕虫 ····································· (80)
　　实验二　网络扫描与监听 ····································· (85)
　　课后练习题（二）············································ (89)

## 模块三　数据加解密技术 ········································ (91)

项目 3.1　使用古典密码加解密文件 ································ (91)
　　任务 1　使用凯撒密码加解密文件 ······························ (92)
　　任务 2　使用维吉尼亚密码加解密文件 ·························· (96)
　　任务 3　使用 Playfair 密码加解密文件 ························ (100)
　　任务 4　使用希尔（Hill）密码加解密文件 ······················ (105)
　　任务 5　使用仿射密码加解密文件 ······························ (108)
项目 3.2　使用现代密码技术加解密文件 ···························· (115)
　　任务 1　使用对称密码技术 ···································· (116)
　　任务 2　使用非对称密码技术 ·································· (121)
　　任务 3　使用 PGP 软件进行数据加密 ··························· (127)
　　任务 4　展望量子密码技术 ···································· (136)
　　实验三　常用密码的加密和解密 ································ (143)
　　课后练习题（三）············································ (144)

## 模块四　数字证书和数字签名技术 ································ (147)

项目 4.1　使用数字证书 ········································· (148)
　　任务 1　认知数字证书 ······································· (148)
　　任务 2　管理数字证书 ······································· (152)
项目 4.2　使用数字签名 ········································· (157)
　　任务 1　使用 PGP 软件实现文件的数字签名 ···················· (157)
　　任务 2　使用双重数字签名 ··································· (165)
　　实验四　数字证书 ··········································· (169)
　　课后练习题（四）············································ (172)

## 模块五　电子商务安全协议 ······································ (174)

项目 5.1　使用 SSL 协议 ········································ (174)
　　任务 1　认识 SSL 协议 ······································ (175)
　　任务 2　使用 OpenSSL 实现 CA 认证 ·························· (181)
项目 5.2　SET 协议 ············································· (183)
　　任务 1　认识 SET 协议 ······································ (183)
　　任务 2　使用 PKI 与证书服务 ································ (189)
　　实验五　电子商务安全协议 ··································· (194)

课后练习题（五）·····························································（196）

## 模块六　电子支付安全·····························································（198）

项目6.1　电子支付的安全机制·····························································（199）

　　任务1　了解电子支付·····························································（199）

　　任务2　防范电子商务交易风险·····························································（202）

　　任务3　防范跨境支付风险·····························································（207）

　　任务4　防范第三方支付风险·····························································（210）

项目6.2　移动支付安全·····························································（214）

　　任务1　认识移动支付安全·····························································（214）

　　任务2　防范手机支付风险·····························································（219）

　　实验六　移动支付安全·····························································（225）

　　课后练习题（六）·····························································（226）

## 模块七　电子商务法律法规·····························································（228）

项目7.1　认识电子商务法律法规·····························································（228）

　　任务1　了解电子商务法律法规·····························································（229）

　　任务2　分析电子商务法律案例·····························································（238）

项目7.2　电子商务经营中的法律风险·····························································（240）

　　任务1　防范电子合同的法律风险·····························································（240）

　　任务2　防范知识产权侵权风险·····························································（245）

　　实验七　电子商务法律法规·····························································（247）

　　课后练习题（七）·····························································（248）

## 参考文献·····························································（250）

# 总体架构

电子商务是利用计算机技术、网络技术和远程通信技术，实现整个商务经营活动过程的电子化、数字化和网络化。电子商务安全保障计算机系统安全和商务活动安全。

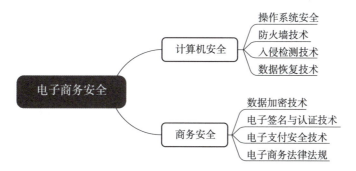

学习《电子商务安全》课程，知识目标主要有电子商务安全保障体系、安全策略、安全协议、网络安全技术、数字签名和数字证书、数据加解密等内容；能力目标主要有会Windows操作系统的网络安全管理、会数据的加解密方法、能够对数据的备份还原、能够查杀并预防常见计算机病毒等内容；素质目标主要有树立电子商务安全意识和诚信意识、具备知法守法的责任意识、信息安全的防范意识等内容。

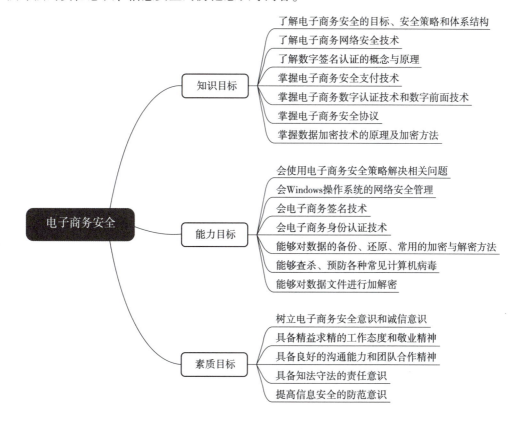

# 模块一

# 电子商务安全概述

电子商务经济以其开放性、全球化、低成本、高效率的优势,广泛渗透到生产、流通、消费及民生等领域,在培育新业态、创造新需求、拓展新市场、促进传统产业转型升级、推动公共服务创新等方面的作用日渐凸显,成为国民经济和社会发展的新动力,是推动"互联网+"发展的重要力量,是新经济的主要组成部分。

互联网是一个庞大的信息和数据来源,电子商务是利用 Internet 进行的交易活动。据中国电子商务研究中心(100EC.CN)监测数据及国家统计局发布的 2021 年电子商务交易情况调查结果显示,2021 年我国电子商务快速发展,全社会电子商务交易额达 16.39 万亿元,同比增长 59.4%。根据中国互联网络信息中心(China Internet Network Information Center,CNNIC)发布的《中国互联网络发展状况统计报告》,在电子商务方面,52.26% 的用户最关心的是交易的安全可靠性。在我国,电子商务交易中的信用卡盗用、信息资料丢失等现象时有发生。电子商务安全面临诸多问题,主要涉及以下 4 个方面:

(1) 保密性:保证大量保密信息在公开网络的传输过程中不被窃取;
(2) 完整性:保证所传输的信息不被中途篡改及通过重复发送被伪造;
(3) 身份认证与授权:对通信双方进行认证,以保证双方身份的正确性;
(4) 抗抵赖:保证电子商务活动任何一方对已发生操作的不可否认性。

造成电子商务安全问题的原因主要有四个:信息泄露、信息篡改、身份识别、信息破坏,如图 1-1 所示。

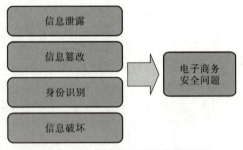

图 1-1 电子商务安全问题的原因

信息泄露:对个人信息缺乏正确的保护意识,加上系统存在技术漏洞,可导致用户个人信息、银行卡信息等的泄露。泄露的信息包括用户姓名、身份证号、银行卡类别、银行卡卡号、银行卡 CVV 码(卡号、有效期和服务约束代码生成的 3 位或 4 位数字)等。

信息篡改：攻击者窃取电子商务网站的数据库，获得想要的信息，甚至篡改、删除对网站至关重要的信息，破坏数据的准确性和完整性。

身份识别：电子身份认证能够利用简单的身份载体，识别用户的数字身份，保证操作者的物理身份与数字身份相对应，目的是确保系统安全运行和通信的保密和安全。

信息破坏：数据因被非授权地进行增删、修改或破坏而受到损失，信息的完整性遭到破坏。

【知识目标】

1. 认知电子商务安全管理
2. 了解电子商务安全需求
3. 了解计算机安全等级保护
4. 理解电子商务安全策略

【技能目标】

1. 会制定电子商务安全策略
2. 能够使用网络命令加固操作系统

【素质目标】

1. 树立电子商务安全的责任意识
2. 增强计算机等级安全保护意识

# 项目1.1　认识电子商务安全

【任务描述】

电子商务安全从字面上可以拆分为"电子商务""安全"两个词。电子商务安全主要分为两个方面：计算机网络安全和商务交易安全。其中，计算机网络安全包括计算机网络硬件的安全与计算机网络软件的安全；由于Internet存在很多安全隐患，这给电子商务的交易带来了安全威胁。电子商务安全的知识脉络如图1-2所示。

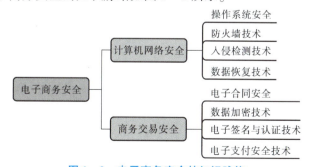

图1-2　电子商务安全的知识脉络

## 任务 1　认识电子商务安全

思政元素 1　　思政元素 2

雅鹿公司电子商务部的小王从事电子商务部的安全专员工作。电子商务部总监要求小王了解国内电子商务安全的现状，并重点使用百度搜索引擎查找相关信息。

【任务分析】

了解电子商务安全隐患和威胁、电子商务安全隐患的防范措施；理解电子商务安全的中心内容；掌握电子商务安全体系的具体内容。

【知识准备】

**1. 电子商务安全的概念**

电子商务安全就是保护电子商务系统里物理化和电子化的资产，防止未经授权的访问、使用、篡改或破坏。电子商务安全的中心内容是为用户提供稳定的服务，保证商务数据的完整性。

**2. 电子商务安全技术的概念**

电子商务系统中使用的安全技术包括网络安全技术、信息加密技术、数字签名技术、密钥管理技术、安全认证技术、防火墙技术以及相关的安全协议标准等。电子商务安全技术的组成如图 1-3 所示。

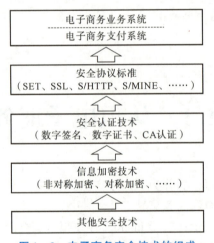

图 1-3　电子商务安全技术的组成

【任务实现】

**1. 电子商务安全面临的严峻形势**

1）电子商务安全体系结构不完整

电子商务是在开放的互联网上进行的贸易，大量的商务信息在计算机上存放和传输，其系统属于一个中央系统，把服务提供商以及客户、银行有效地联系在一起。目前，电子商务信息传输、交易信用、平台管理、法律规范等方面的安全防护体系还不健全。

利用电子商务安全体系结构来解决电子商务系统的安全问题，目前电子商务安全体系由下至上分别是安全协议层、安全认证层、加密技术层、网络安全层四层。电子商务系统面对日益复杂的安全问题，需要电子商务安全体系结构不断完善功能，为电子商务活动保驾护航。

2）电子商务管理体制不健全

目前虽然我国政府已将电子商务的管理提上日程，逐渐建立并制定了有关的电子商务法规和政策，为我国电子商务的发展提供了基本的法律保障，但某些方面仍不成熟。例如，如何引入电子签名、数字签名等管理方式保障信息的安全？在交易过程中，如何明确双方的责任？如何保障信息不泄露？这些方面都有待进一步加强和完善。

3）电子商务安全产品不过硬

目前市场上有关电子商务安全的产品数量不少，但真正通过国际和国家安全认证的却相当少。另外，拥有自主知识产权的安全技术和产品很少。目前构成我国信息基础设施的网络、硬件、软件等产品几乎都建立在以美国为首的少数几个发达国家的核心信息技术之上。中兴公司芯片事件再一次提醒我们，高新技术产品要有创新，才能有话语权。

4）多种威胁交织，频繁出现

电子商务安全面临的安全威胁主要来源于以下3个方面：

（1）非人为、自然力造成的数据丢失、设备失效、线路阻断。

（2）人为但属于操作人员无意的失误造成的数据丢失。

（3）来自外部和内部的恶意攻击和入侵。这种因素是当前电子商务安全所面临的最大威胁，极大地影响了电子商务的顺利发展。

电子商务安全的威胁如图1-4所示。

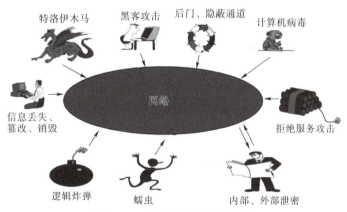

**图1-4 电子商务安全的威胁**

上述安全威胁，根据针对电子商务系统的攻击手段，可归纳为以下几种：

（1）中断：采取破坏硬件、线路或文件系统等方式，阻断用户访问，攻击系统的可用性。

（2）窃取：采取搭线、电磁窃取和分析业务流量等方式获取有用信息，攻击系统的机密性。

（3）篡改：结合其他手段修改秘密文件或核心内容，攻击内容的完整性。

（4）伪造：伪造假身份接入系统，假冒合法人接入系统，破坏消息的接收和发送，攻击系统的真实性。

（5）恶意攻击：采取施放电子邮件炸弹等方式，攻击系统的健壮性和容载能力。

黑客攻击方式如图1-5所示。

图1-5 黑客攻击方式

**2. 电子商务安全基础知识**

电子商务安全分为实体安全（又称物理安全）、运行安全、信息安全。其结构如图1-6所示。

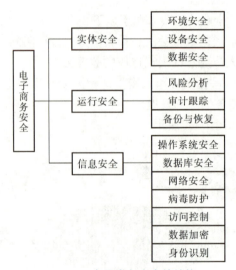

图1-6 电子商务安全的结构

1）实体安全

实体安全是保护计算机设备、设施及其他媒体免遭地震、水灾、火灾、有害气体和其他环境事故破坏的措施、过程。实体安全是电子商务安全的最基本保障，是整个安全系统不可缺少的组成部分。

（1）实体安全的主要内容。

①环境安全：主要是对电子商务系统所在的环境实施安全保护，如区域保护和灾难保护。

②设备安全：对电子商务系统的设备进行安全保护，主要包括设备的防盗、防毁、防电磁信息辐射泄漏、防止线路截获、抗电磁干扰及进行电源保护等。

③数据安全：电子商务系统中存放着大量机密敏感的数据，这些数据是电子商务企业运营时的重要信息。数据安全是指对电子商务数据实施安全存储、安全删除和安全销毁，防止数据被非法复制。

（2）实体安全的常见不安全因素。

①自然灾害（如地震、火灾、水灾等）、物理损坏（如硬盘损坏、设备使用寿命到期、

外力致损等)、设备故障(如停电断电、电磁干扰等)。

  a. 特点：突发性、自然性、非针对性。
  b. 破坏性：对电子商务信息的完整性和可用性威胁最大。
  c. 解决方法：采取各种防护措施，随时备份数据等。

②电磁辐射(监听微机操作过程)、乘虚而入(如合法用户进入安全进程之后半途离开)、痕迹泄露(如密码、密钥等保管不善，被非法用户获得)等。

  a. 特点：隐蔽性、人为实施的故意性、信息的无意泄露性。
  b. 破坏性：破坏电子商务信息的保密性。
  c. 解决方法：采取辐射防护、设置密码、隐藏销毁等手段。

③操作失误(如偶然删除文件、格式化硬盘、拆毁线路等)、意外疏漏(如系统掉电、"死机"等)。

  a. 特点：人为实施的无意性、非针对性。
  b. 破坏性：破坏电子商务信息的完整性和可用性。
  c. 解决方法：状态检测、报警确认、应急恢复等。

(3) 防止信息在空间上扩散的措施。

①对机房及重要信息的存储、收发部门进行屏蔽处理。
②对本地网、局域网传输线路传导辐射进行抑制。
③对终端设备辐射进行防范。
④一般采取的措施：订购设备时应选取低辐射产品；采取主动式的干扰设备，用干扰机破坏窃取信息的行为。

2) 运行安全

运行安全即为保障系统功能的安全实现，提供一套安全措施来保护信息处理过程的安全。其主要由3个部分组成：风险分析、审计跟踪、备份与恢复。

(1) 风险分析。其是指对系统进行动态分析、测试、跟踪并记录系统的运行，以发现系统运行期的安全漏洞；对系统进行静态分析，以发现系统潜在的威胁，并对系统的脆弱性作出分析。

(2) 审计跟踪。其是指记录和跟踪系统各种状态的变化，保存、维护和管理审计日志，如记录对系统故意入侵的行为。

(3) 备份与恢复。其是指对系统设备和系统数据的备份和恢复；在紧急事件或安全事故发生时，提供保障电磁系统继续运行或紧急恢复所需要的策略。

3) 信息安全

信息安全即指防止信息被故意的或偶然的非授权泄露、更改、破坏或使信息被非法的系统辨识、控制，也就是要确保信息的完整性、保密性、可用性和可控性。

信息安全主要由7部分组成：操作系统安全、数据库安全、网络安全、病毒防护、访问控制、数据加密和身份识别。

### 3. 电子商务活动中的安全隐患

在电子商务活动中，主要存在以下几种安全隐患：

(1) 信息在网络传输过程中被截获。攻击者可能通过互联网、公共电话网，以搭线或在电磁波辐射范围内安装截收装置等方式，截获传输的机密信息，或通过对信息流量、流向、通信频率和长度等参数的分析，推断出有用信息、如消费者的银行账号、密码等。

（2）传输的文件被篡改。攻击者可能从三方面破坏信息的完整性，如表1-1所示。

表1-1 破坏信息完整性的攻击方法

| 攻击方法 | 破坏信息的完整性 |
| --- | --- |
| 篡改 | 改变信息流的次序，更改信息的内容，如购买商品的出货地址 |
| 删除 | 删除某个消息或消息的某些部分 |
| 插入 | 在消息中插入一些信息，让收方读不懂或接收错误的信息 |

（3）假冒他人身份。冒充他人身份包括冒充领导发布命令、调阅文件；冒充他人消费，栽赃；冒充主机欺骗合法主机及合法用户；冒充网络控制程序，套取或修改使用权限、密钥等信息；接管合法用户，欺骗系统，占用合法用户的资源。

（4）伪造电子邮件。伪造电子邮件包括虚开网站和商店，给用户发电子邮件，收购货单；伪造大量用户，发电子邮件，穷尽商家资源，使合法用户不能正常访问网络资源，使有严格时间要求的服务不能及时得到响应；伪造用户，发大量的电子邮件，窃取商家的商品信息和用户信用等信息。

（5）抵赖行为。抵赖行为包括发送信息者事后否认曾经发送过某内容；收到信息者事后否认曾经收到过某消息或内容；购买者发出订货单后不承认；商家卖出的商品后因价格不满意而不承认原有的交易。

**4. 电子商务安全理念**

电子商务安全是一个系统概念，不仅是技术性问题，也是管理性问题，其具体技术和管理方面的内容如图1-7所示。

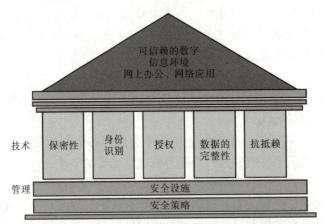

图1-7 电子商务安全在技术和管理方面的内容

1）电子商务安全重在管理

近几年电子商务安全案例分析表明：电子商务企业缺乏针对内部人员的系统安全管理体制，是导致网络交易过程中信息泄密的主要原因。电子商务安全问题，与法律、道德和人的因素紧密地联系在一起，只有全面协调地发展，才能建立一个安全的电子商务系统。

2) 电子商务安全重在防范

电子商务安全是相对的,没有一劳永逸的安全技术。电子商务安全是发展的、动态的。安全技术具有很强的敏感性、竞争性和对抗性,需要不断地检查、评估和调整相应的安全策略。

**5. 电子商务安全的发展趋势**

电子商务安全正在由目前的信息交易等单一环节、线上与线下结合的模式向集成电子认证、在线交易、在线支付、物流和信用服务一体化的方向发展,呈现出全程电子商务安全的发展态势。

【动手做一做】

在搜索引擎中,搜索以下关于电子商务安全的关键词,并对相关知识加以整理:主动攻击、被动攻击、SSH、SSL、VNP、PKI、IDS、IPS、网络钓鱼、信息安全特征。

## 任务 2  了解电子商务安全需求

由于电子商务是在开放的互联网上进行的贸易,大量的商务信息在互联网上存放和传输,从而形成信息传输、交易信用、法律等方面的各种风险。电子商务安全需求主要包括数据传输的安全性需求、数据的完整性需求、身份验证需求、交易的不可抵赖性需求,以保证贸易数据的有效性。

【任务描述】

为了加深对电子商务安全威胁及其重要性的理解,雅鹿公司电子商务部总监要求小王了解电子商务安全的措施及相关技术。具体要求如下:

(1) 上网搜集电子商务安全威胁的案例,要求搜集的案例不少于 3 个;

(2) 分析电子商务安全的协议及措施;

(3) 了解不同类型电子商务网站所采取的电子商务安全措施和技术。

请帮助小王完成上述任务。

【任务分析】

了解电子商务安全需求。

【任务实施】

**1. 互联网安全防范措施的调查**

阅读 CNNIC 最新的《中国互联网络发展状况统计报告》中关于电子商务安全和支付方面的数据及分析,了解中国电子商务发展的现状,并写一份 500 字的报告。

(1) 进入中国互联网络信息中心网站:www.cnnic.cn。

(2) 单击页面右下方"中国互联网络发展状况统计报告"链接。

(3) 下载最新的《中国互联网络发展状况统计报告》。

(4) 查找并比较其中关于电子商务安全和支付方面的数据,分析其变化的原因,形成并提交报告。

另外,某同学通过网上用户就"电子商务系统中采取什么安全措施"的小调查,得到以下调查数据:

密码加密：36.9%；
防病毒软件：74.5%；
防火墙：67.6%；
电子签名：7.3%；
不清楚，由系统管理员负责：7.4%；
什么措施都不采用：3.6%。

**【讨论】** 从上述调查数据分析中能得到什么结论？

### 2. 电子商务安全隐患

1）电子商务交易平台的安全隐患

电子商务交易平台主要由电子商务服务器、电子商务软件/网站系统、电子商务数据库、电子商务支付系统等组成。电子商务交易平台是整个电子商务安全的基础，但各种原因往往导致平台本身的不安全。

国内外的电子商务网站都发生过被黑客入侵的事件，例如，浙江义乌小商品批发网站曾经遭到黑客将近一个月的轮番攻击，网站图片几乎都不能显示，每天流失订单金额达上百万元。再如，阿里巴巴网站也曾确认受到不明身份的网络黑客攻击，这些黑客采取多种手段攻击了阿里巴巴在我国和美国的服务器，企图破坏阿里巴巴全球速卖通平台的正常运营。

近些年随着云计算和大数据存储的快速发展，数据存储的安全性受到了更加严峻的考验，面对海量数据，传统的安全防护措施显得苍白无力。

2）电子商务支付的安全隐患

传统的买卖双方是面对面的，因此较容易保证交易过程的安全性和建立起信任关系。但在电子商务过程中，买卖双方是通过网络联系的，由于距离的限制，建立交易双方的安全和信任关系存在一定难度。

由于电子商务交易双方往往无须见面，交易安全便显得重要。电子商务交易主体的身份是否真实？交易各方的通信是否安全？交易的结果是否具有效力？这些都是安全交易必须面对的问题。电子商务支付系统是电子商务活动的核心部分，近年来免密盗刷、电信网络诈骗等支付安全事件频发。例如，不断有不法分子利用钓鱼网站，伪装成支付页面，导致大量网络用户受骗，财产在不经意间被人骗走。

### 3. 电子商务的主要安全需求

电子商务交易双方（销售者和消费者）都面临安全威胁。电子商务的安全需求主要体现在以下几个方面。

1）信息有效性需求

电子商务以电子形式取代了纸张，如何保证这种电子形式的贸易信息的有效性和真实性是开展电子商务的前提。电子商务作为贸易的一种形式，其信息的有效性和真实性将直接关系到个人、企业和国家的经济利益和声誉。

2）信息机密性需求

电子商务作为贸易的一种手段，其信息直接代表着个人、企业和国家的商业机密。传统的纸面贸易都是通过邮寄封装的信件或通过可靠的通信渠道发送商业报文来达到保守机密的目的。电子商务是建立在一个较为开放的网络环境上的，商业防泄密是电子商务全面推广的重要保障。

3）信息完整性需求

电子商务简化了贸易过程，减少了人为干预，同时也带来维护商业信息的完整、统一的问题。数据输入时的意外差错或欺诈行为，可能导致贸易各方信息的差异。此外，数据传输过程中的信息丢失、信息重复或信息传送的次序差异也会导致贸易各方信息的不同。因此，电子商务系统应充分保证数据传输、存储及完整性检查的正确和可靠。

4）信息可靠性需求

可靠性要求即能保证合法用户对信息和资源的使用不会被不正当地拒绝；不可否认要求即能建立有效的责任机制，防止实体否认其行为；可控性要求即能控制使用资源的人或实体的使用方式。在传统的纸面贸易中，贸易双方通过在交易合同、契约或贸易单据等书面文件上手写签名或印章来鉴别贸易伙伴，确定合同、契约、单据的可靠性并预防抵赖行为的发生。

5）身份认证需求

身份认证是指交易双方可以相互确认彼此的真实身份，在无纸化的电子商务方式下，需要在交易信息的传输过程中为参与交易的个人、企业或国家提供可靠的标识，以确认交易双方的身份。因为在互联网上每个人都是匿名的，因此既要确保原发方在发送数据后不能抵赖，又要确保接收方在接收数据后也不能抵赖。

【讨论】对于移动电子商务，思考以下3个问题：

（1）移动电子商务活动有哪些特点？

（2）移动电子商务的安全存在哪些问题？

（3）移动电子商务的安全需求有哪些？

## 任务3　认知电子商务安全管理

当前，我国电子商务安全管理策略实施中存在着诸多问题，例如：没有建立电子商务信息安全的组织机构，人员缺乏专业信息安全训练，电子商务安全岗位设置不恰当、安全职责划分不合理等。因此，制定完整有效的电子商务安全风险管理对策显得十分迫切。

【任务描述】

雅鹿公司电子商务部总监要对公司的员工进行电子商务安全管理的培训。在培训前，总监要求小王写一份电子商务安全认知调查报告。请帮助小王完成该调查报告。

【任务分析】

电子商务安全体系主要包括网络安全、物理安全、商务安全和系统安全4个方面。

【任务实施】

**1. 电子商务系统运行安全体系结构**

电子商务系统运行安全体系结构分为外部网络访问层、主机网络安全层和系统资源层3个部分，如图1-8所示。

**2. 电子商务安全控制体系结构**

电子商务安全控制体系结构是保证电子商务中数据安全的一个完整的逻辑结构，由网络服务层、加密控制层、安全认证层、安全协议层和应用系统层5个部分组成，如图1-9所示。

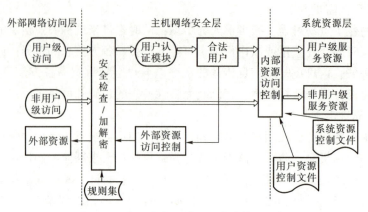

图 1-8 电子商务系统运行安全体系结构

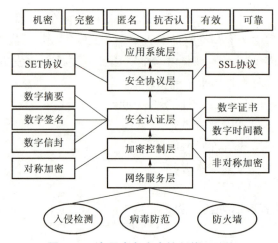

图 1-9 电子商务安全控制体系结构

（1）网络服务层：入侵检测、病毒防范、防火墙。
（2）加密控制层：对称加密、非对称加密。
（3）安全认证层：数字摘要、数字签名、数字信封、数字证书、数字时间戳。其中，数字签名确保了信息的完整性和不可否认性。
（4）安全协议层：SSL 协议、SET 协议。
（5）应用系统层：由支付型业务系统和非支付型业务系统组成。

### 3. 电子商务安全的原则

1）保密性原则

保密性原则，是指不经过授权不能访问或利用信息，只有发送者和接收者能访问信息，信息不能被截获。

2）完整性原则

完整性原则，是指信息不经过授权不能被修改，即信息在传输过程中不能被偶然或蓄意地修改、删除或者插入，即不能被篡改。

3）真实性原则

真实性原则，是指信息需要明确的身份证明，通过认证过程保证正确的消息来源，与信息接收方建立信任关系,缺乏认证机制可能会导致伪造。

4) 不可抵赖原则

不可抵赖性原则又称不可否认原则,是指信息的发送者不可否认已发出的信息。

5) 访问控制原则

访问控制原则,是指指定和控制用户能够访问哪些信息、能够进行什么样的操作,通常包括角色管理和规则管理。

这5个原则在安全目标、安全防范技术上是有差异的,如表1-2所示。

表1-2 电子商务安全的原则在安全目标、安全防范技术上的差异

| 电子商务安全的原则 | 安全目标 | 安全防范技术 |
| --- | --- | --- |
| 保密性原则 | 信息的保密 | 加密 |
| 完整性原则 | 验证信息是否被篡改 | 数字摘要 |
| 真实性原则 | 验证身份 | 数字证书、数字签名 |
| 不可抵赖原则 | 不可否认参与交易活动 | 数字证书、数字签名 |
| 访问控制原则 | 只有授权用户才能访问 | 防火墙、密码、生物特征法 |

**4. 电子商务安全管理制度**

电子商务安全需要对整个信息系统进行保护和防御,包括对信息的保护、监测、响应和恢复能力,由此形成了包括预警、保护、监测、响应和恢复5个环节的信息保障概念,即信息保障的 WPDRR 模型,如图1-10所示。

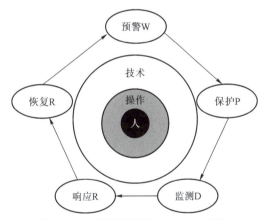

图1-10 信息保障的 WPDRR 模型

安全服务包括数据源鉴别、访问控制、信息机密性、流量机密性、数据完整性和数据可用性服务。当系统遭受攻击时,会立即启动安全服务。安全服务与遭受攻击的对应关系如表1-3所示。

安全管理的内容有安全管理制度的制定、实施和监督等。这些制度包括网络系统的日常维护制度、人员管理制度、保密制度、跟踪/审计制度和计算机病毒定期清查制度等。

1) 网络系统的日常维护制度

(1) 硬件的日常管理与维护。

①网络设备的管理与维护:防盗、防灰、防电磁干扰。

②服务器及客户机的管理与维护：记录其内存、硬盘容量、型号、操作系统名、数据库名等并人工定期核查。

③通信线路的管理与维护：尽量采用结构化布线，以便具有稳定、安全、可靠的使用性。

表1–3  安全服务与遭受攻击的对应关系

| 服务 \ 攻击 | 释放消息 | 流量分析 | 伪装 | 重放 | 更改信息 | 拒绝服务 |
| --- | --- | --- | --- | --- | --- | --- |
| 数据源鉴别 |  |  | Y |  |  |  |
| 访问控制 |  |  | Y |  |  |  |
| 信息机密性 | Y |  |  |  |  |  |
| 流量机密性 |  | Y |  |  |  |  |
| 数据完整性 |  |  |  | Y | Y |  |
| 数据可用性 |  |  |  |  |  | Y |

注：Y表示该项攻击发生时，会引发对应的安全服务进行防御，多项攻击会引发同一项安全服务。

另外，建立完善的有关资料（如设备型号、生产厂家、配置参数、安装时间、地点、IP地址等）的登记制度，并配有专人/兼职与专柜保管有关的音像、光盘等资料。

（2）软件的日常管理与维护。

①系统软件的管理与维护：在系统开始运行时做好网络系统的备份与恢复的技术规划、实施和操作，并做好详细记录。为操作系统定期打好系统补丁。

②应用软件的管理与维护：及时升级更新版本，修补系统漏洞。

（3）数据备份的日常管理与维护。

操作系统（OS）、数据库管理系统（DBMS）中的系统运行记录（Log）和数据库（DB）运行记录（DB.Log）要进行转储保存以备查。重要的数据库必须运行于专门的服务器上，并做好异地备份，防范数据异常丢失。

2）人员管理制度

人员管理是安全管理的核心，参与网上交易的经营管理人员面临着防范网络犯罪的任务，因此加强对相关人员的管理显得十分重要，一般包括如下措施：

（1）加强职业道德教育。网上交易安全运作人员管理的基本原则如表1–4所示。

表1–4  网上交易安全运作人员管理的基本原则

| 基本原则 | 具体内容 |
| --- | --- |
| 多人负责原则 | 每项与安全有关的活动，都必须有2人/多人在场 |
| 任期有限原则 | 任何人最好不要长期担任与安全有关的职位，应不定期地循环任职，并对工作人员进行轮流培训 |
| 职责明确原则 | 处理工作应尽可能分开，对安全等级要求高的系统，要实行分区控制，限制工作人员出入与己无关的区域，出入管理可采用证件识别或安装自动识别登记系统，利用磁卡身份卡等手段，对人员进行识别、登记和管理 |

（2）制定严格的操作规程。根据职责明确原则和多人负责原则，各负其责，不要超过自己的管辖范围；对工作调动或离职人员，要及时调整相应的授权。

3）保密制度

根据工作的重要程度，确定信息的安全等级。信息的安全等级一般可分为以下3级：

（1）绝密级，属于该级别的网址、密码不在Internet上公开，只限于公司高层管理人员掌握。

（2）机密级，属于该级别的网址、密码不在Internet上公开，只限于公司中层以上管理人员掌握。

（3）秘密级，属于该级别的网址、密码不在Internet上公开，网页供用户浏览，但必须有保护程序，以防止黑客入侵。

【讨论】

著名的信息安全十大守则如下，这些守则体现了需要在哪些环节进行安全加固？

守则1：如果一个人能说服你同意他（她）在你的电脑上运行他（她）的程序，那么这台电脑就不再属于你了；

守则2：如果一个人能够改变你的电脑上的操作系统，那么这台电脑就不再属于你了；

守则3：如果一个人能够不受限制地从物理上接触到你的电脑，那么这台电脑就不再属于你了；

守则4：如果你允许一个人上传他（她）的程序到你的网站，那么这个网站就不再属于你了；

守则5：脆弱的口令能够轻而易举地击败非常牢固的安全系统；

守则6：一台机器只有在它的管理员可信赖的时候才是安全的；

守则7：加密过的数据只有在解密密钥安全的时候才是安全的；

守则8：一个过期的病毒扫描器仅比根本没有病毒扫描器好上那么一点儿；

守则9：绝对的匿名是不可能实现的，无论是在真实的生活中还是在Web上；

守则10：技术不是万能的。

# 项目1.2　认知电子商务安全策略

安全策略是对一种处理安全问题规则的描述。电子商务安全并非是把诸多保护电子商务的安全控制技术进行组合就可以得到安全，而是一个系统问题。需要通过制定安全策略，从技术和管理层面上实现电子商务安全。

党的二十大报告指出，"推进国家安全体系和能力现代化，坚决维护国家安全和社会稳定"。电子商务安全管理策略需要建立全方位的防御体系，一个完整的电子商务安全管理策略一般可以分为物理安全策略、网络安全策略以及灾难恢复策略等。

## 任务1　了解计算机安全等级保护

【任务描述】

雅鹿公司电子商务负责人要求小王分析公司的安全状况，对公司的安全技术等级进行评估。请帮助小王完成这一任务。

思政元素3

## 【任务分析】

此任务涉及计算机安全评估和计算机安全技术等级保护。其中,计算机安全技术等级保护主要包含信息系统等级保护和操作系统等级保护两方面。

## 【任务实施】

### 1. 了解我国计算机信息系统安全等级保护

2007年6月开始实施的《信息安全等级保护管理办法》规定,国家信息安全等级保护坚持自主定级、自主保护的原则。信息系统的安全保护等级应当根据信息系统在国家安全、经济建设、社会生活中的重要程度,信息系统遭到破坏后对国家安全,社会秩序,公共利益以及公民、法人和其他组织的合法权益的危害程度等因素确定。

我国于2001年1月1日实施的《计算机信息安全保护等级划分准则》将计算机信息系统安全保护等级划分为以下五个级别:

(1)第一级:用户自主保护级。本级的安全保护机制使用户具备自主安全保护能力,保护用户和用户组信息,避免其他用户对数据的非法读写和破坏。

(2)第二级:系统审计保护级。本级的安全保护机制具备第一级的所有安全保护功能,并创建、维护访问审计跟踪记录,以记录与系统安全相关事件发生的日期、时间、用户和事件类型等信息,使所有用户对自己行为的合法性负责。

(3)第三级:安全标记保护级。本级的安全保护机制具有第二级的所有安全保护功能,并为访问者和访问对象指定安全标记,以访问对象标记的安全级别限制访问者的访问权限,实现对访问对象的强制保护。

(4)第四级:结构化保护级。本级具备第三级的所有安全保护功能,并将安全保护机制划分成关键部分和非关键部分相结合的结构,其中关键部分直接控制访问者对访问对象的存取。本级具有相当强的抗渗透能力。

(5)第五级:访问验证保护级。本级具备第四级的所有安全保护功能,并特别增设访问验证功能,负责仲裁访问者对访问对象的所有访问活动。本级具有极强的抗渗透能力。

计算机信息系统安全保护等级五个级别的安全保护能力是从下到上逐步提高的,如图1-11所示。

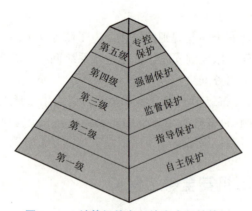

图1-11 计算机信息系统安全保护等级

评价系统的5个安全保护等级从对象、侵害客体、侵害程度、监管程度4个方面加以比较,如表1-5所示。

表 1-5　评价系统五个安全保护等级的比较

| 等级 | 对象 | 侵害客体 | 侵害程度 | 监管程度 |
| --- | --- | --- | --- | --- |
| 第一级 | 一般系统 | 合法权益 | 损害 | 自主保护 |
| 第二级 | 一般系统 | 合法权益 | 严重损害 | 指导保护 |
|  |  | 社会秩序和公共利益 | 损害 |  |
| 第三级 | 重要系统 | 社会秩序和公共利益 | 严重损害 | 监督保护 |
|  |  | 国家安全 | 损害 |  |
| 第四级 | 重要系统 | 社会秩序和公共利益 | 特别严重损害 | 强制保护 |
|  |  | 国家安全 | 严重损害 |  |
| 第五级 | 极其重要系统 | 国家安全 | 特别严重损害 | 专控保护 |

**2. 了解美国计算机信息系统安全等级保护**

最早实施信息系统安全等级保护的国家是美国。1985 年 12 月，美国国防部提出可信赖的计算机系统评价标准（Trusted Computer System Evaluation Criteria，TCSEC）。TCSEC 是国际公认的第一个计算机信息系统评估标准，也是计算机系统安全评估的第一个正式标准，具有划时代的意义。该标准最初只是军用标准，后来延伸至民用领域。

在 TCSEC 中，规定了根据计算机系统所采用的安全策略。TCSEC 将计算机系统分为 A、B（B1、B2、B3）、C（C1、C2）、D 共 4 个等级、7 个安全级别。其中，D 级是最低的安全级别；C 级为自主保护级别；B 级为强制保护级别；A 级为验证保护级别，包含一个严格的设计、控制和验证过程。

TCSEC 已经成为国际评价标准，其 4 个等级的主要特征如表 1-6 所示。

表 1-6　TCSEC 标准的安全等级

| 类别 | 级别 | 名称 | 主要特征 |
| --- | --- | --- | --- |
| D | D1 | 低级保护 | 为文件和用户提供安全保护 |
| C | C1 | 自主安全保护 | 自主存储控制 |
|  | C2 | 受控存储控制 | 单独的可查性，安全标识 |
| B | B1 | 标识的安全保护 | 强制存取控制，安全标识 |
|  | B2 | 结构化保护 | 面向安全的体系结构，较好的抗渗透能力 |
|  | B3 | 安全区域 | 存取监控、高抗渗透能力 |
| A | A1 | 验证设计 | 形式化的最高级描述和验证 |

安全程度从 A 到 D 逐级下降。D 级只包括 D1 一个级别。D1 的安全等级最低。D1 系统只为文件和用户提供安全保护，其最普通的形式是本地操作系统，或者是一个完全没有保护的网络。例如 UNIX 系统、Windows NT 系统都只能达到 C2 级，安全性均有待提高。

A 系统的安全级别最高。目前，A 级只包含 A1 一个安全级别。A1 级与 B3 级相似，对系统的结构和策略不作特别要求。A1 系统的显著特征是，系统的设计者必须按照设计规范来分析系统。在对系统进行分析后,设计者必须运用核对技术确保系统符合设计规范。A1 系统必须满足下列要求:系统管理员必须从开发者那里接收到一个安全策略的正式模型;所有安装操作都必须由系统管理员进行;系统管理员进行的每一步安装操作都必须有正式文档。

**3. 安全管理**

为了确保系统的安全性,除了采用上述技术手段外,还必须建立严格的内部安全机制。党的二十大指出,"建立大安全大应急框架,完善公共安全体系,推动公共安全治理模式向事前预防转型"。加强对电子商务平台、数据、系统等关键基础设施安全保护,提高系统访问、技术应用、运维服务、数据流动等方面防范能力。对于所有接触系统的人员,按其职责设定其访问系统的最小权限。按照分级管理原则,严格管理内部用户账号和密码,进入系统内部必须通过严格的身份认证,防止非法占用、冒用合法用户账号和密码。建立网络安全维护日志,记录与安全性相关的信息及事件,有情况出现时便于跟踪查询。定期检查日志,以便及时发现潜在的安全威胁。

电子商务系统的安全体系结构,保证了电子交易的安全。电子商务安全体系由网络安全技术、交易安全技术、管理制度和法律环境组成,如图 1-12 所示。

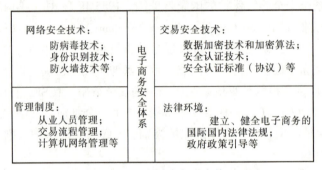

图 1-12 电子商务安全体系

网络安全技术包括防病毒技术、身份识别技术和防火墙技术等;交易安全技术包括数据加密技术和加密算法、安全认证技术、安全认证标准(协议)等;管理制度包括从业人员管理、交易流程管理和计算机网络管理等;法律环境包括建立、健全电子商务的国际国内法律法规和政府政策引导等。

TCSEC 标准的发布产生了很大的影响,各国在 TCSEC 标准的基础上,结合本国国情相继发布了对应的信息安全技术标准。这些标准主要有:1991 年英国、法国、德国、荷兰联合开发的信息技术安全评价标准(ITSEC);1993 年美国同加拿大及欧共体共同开发的通用准则(CC 标准);1993 年加拿大发布的可信赖的计算机产品评价标准(CTCPEC)。

(1) ITSEC 标准。ITSEC 是 Information Technology Security Evaluation Criteria 的简写,即欧洲的安全评价标准,是英国、法国、德国和荷兰制定的 IT 安全评估准则,较美国军方制定的 TCSEC 标准在功能的灵活性和有关的评估技术方面均有很大的进步。

与 TCSEC 标准不同,它并不把保密措施直接与计算机功能相联系,而是只叙述技术安全的要求,把保密作为安全增强功能。另外,TCSEC 标准把保密作为安全的重点,而 ITSEC 标准则把完整性、可用性与保密性作为同等重要的因素。ITSEC 标准定义了从 E0 级(不满足品质)到 E6 级(形式化验证)的 7 个安全等级,对于每个系统,安全功能可分别定义。

(2) CC 标准。1993 年 6 月,美国同加拿大及欧共体共同起草单一的通用准则(CC 标准）并将其推到国际标准。制定 CC 标准的目的是建立一个各国都能接受的通用的信息产品和系统的安全性评估准则。其把信息产品的安全要求分为安全功能要求和安全保证要求。1999 年 CC V2.1 成为国际标准。

（3）CTCPEC 标准。加拿大于 1989 年公布了可信计算机产品评价标准（CTCPEC 1.0 版），1993 年公布了 3.0 版。CTCPEC 标准专门针对政府需求而设计。与 ITSEC 标准类似，该标准将安全分为功能性需求和保证性需求两部分。功能性需求共划分为四大类：机密性、完整性、可用性和可控性。每种安全需求又可以分成很多小类，以表示安全性能上的差别，分级条数为 0～5 级。

计算机安全评价标准的发展历史如图 1-13 所示。

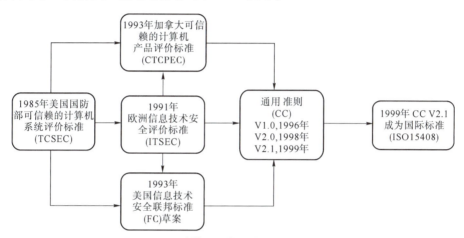

图 1-13　计算机安全评价标准的发展历史

## 任务 2　制定电子商务安全策略

**【任务描述】**

2016 年 5—7 月间，北京曾发生了一起电商内鬼泄密牟利案件，该案导致 58 同城、赶集网 1 176 个账户被盗，造成客户损失上百万元。为了防范同类事件发生，现在雅鹿公司电子商务部总监要求小王完成公司电子商务安全策略的制定工作。请帮助小王完成这一任务。

**【任务分析】**

安全策略要确定必须做什么，一个好的策略有足够多"做什么"的定义，以便于执行者确定"如何做"，并且能够进行度量和评估。电子商务涉及管理层安全、应用层安全、网络层安全、系统层安全、物理层安全 5 个层次的安全策略。

**【任务实施】**

**1. 了解电子商务安全策略**

信息泄露事件频发反映出电子商务网站的安全保障不足。一方面，用户应加强密码保护意识；另一方面，需强化技术规范，及时监测漏洞，加强人员管理，防止信息泄露。电子商务安全策略包括物理层安全策略、系统层安全策略、网络层安全策略、应用层安全策略和管理层安全策略。

1）物理层安全策略

物理层安全策略保护计算机系统、网络服务器、打印机等硬件实体和通信链路免受自然灾害、人为破坏和搭线攻击；防止非法进入计算机控制室的行为和各种偷窃、破坏活动的发生；确保计算机系统有一个良好的电磁兼容和防止电磁泄漏的工作环境。

2）系统层安全策略

系统层安全策略是指操作系统的安全策略。操作系统是管理和控制计算机硬件与软件资源的计算机程序，是直接运行在"裸机"上的最基本的系统软件，任何其他软件都必须在操作系统的支持下才能运行。

操作系统是用户和计算机的接口，也是计算机硬件和其他软件的接口。操作系统的功能包括管理计算机系统的硬件、软件及数据资源。系统层的安全防护包括服务器系统安全和用户主机系统安全。影响安全的因素主要来自系统漏洞补丁、系统的端口及服务、主机密码、系统病毒等。应用系统面临的威胁如图1-14所示。

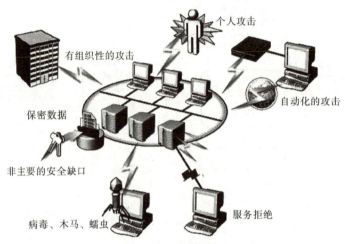

图1-14 应用系统面临的威胁

3）网络层安全策略

网络层安全策略的主要任务是保证网络资源不被非法使用和非常访问。它也是维护网络系统安全、保护网络资源的重要手段。各种电子商务安全策略必须相互配合才能真正起到保护作用，但网络层安全策略可以说是保证网络安全最重要的核心策略之一。

网络层安全策略包括入网访问控制、网络权限控制、网络服务器安全控制、网络监测和锁定控制、网络端口和节点安全控制、防火墙控制等。

4）应用层安全策略

应用层安全包括应用软件安全和数据安全。应用软件安全的需求包括及时安装补丁程序、对应用程序设置身份认证和授权访问控制机制。应用系统要具有数据备份和恢复手段，以防止系统故障导致数据丢失。

5）管理层安全策略

严格的安全管理制度、明确的部门安全职责划分、合理的人员角色定义都可以在很大程度上降低其他层次的安全漏洞。管理人员分为安全系统管理员、专项管理员、操作员、一般人员、内部其他人员和外部人员。

**2. 实施电子商务安全策略**

电子商务安全策略的保护对象如表1-7所示。

表 1–7　电子商务安全策略的保护对象

| 保护的对象 | 所涉及的具体保护内容 |
|---|---|
| 硬件和软件 | 硬件和软件是支持商业运作的平台，它们应该受策略保护，所以，拥有一份完整的系统软、硬件清单是非常重要的，并且包括网络结构图 |
| 数据 | 计算机和网络所做的每一件事情都造成了数据的流动和使用，所以企业、组织和政府机构，不论从事什么工作，都在收集和使用数据 |
| 人员 | 首先，重点应该放在谁在什么情况下能够访问资源；其次要考虑的就是强制执行制度和对未授权访问的惩罚 |

电子商务安全策略的实施包括以下内容：

（1）认证：谁能够访问电子商务网站？
（2）访问控制：允许谁登录电子商务网站并访问它？
（3）保密：谁有权力查看特定的信息？
（4）数据完整性：允许谁修改数据？不允许谁修改数据？
（5）审计：在何时由何人导致了何事？

### 3. 制定电子商务灾难恢复策略

电子商务业务需要 24 小时不间断地进行，一些不可预见的天灾人祸会给电子商务带来不可估量的损失。例如，在"9·11"恐怖袭击事件发生后，一些入驻美国世贸中心的公司数据瞬间被毁，许多公司无法继续运营。此事件中建立了远程容灾备份系统的一些公司，能够快速恢复数据并切换到备份系统，从而保障了公司业务的连续性。因此，灾难恢复的解决方案对于电子商务系统的安全尤为重要。

1）灾难恢复的概念

灾难恢复是指自然或人为灾害后，重新启用信息系统的数据、硬件及软件设备，恢复正常商业运作的过程。灾难恢复是在安全规划中保护企业免受重大负面事件的影响。其中"重大负面事件"包括任何能造成企业业务风险的事情。灾难恢复规划是涵盖面更广的业务连续规划的一部分，其核心即对企业或机构的灾难性风险作出评估、防范，特别是对关键性业务数据、流程予以及时的记录、备份、保护。

思政元素 4

灾难恢复系统能提供不间断的应用服务。灾难备份建设是灾难恢复系统的核心内容。一旦遇到不可抗拒的重大灾难，电子商务企业的运营数据会丢失，这时就需要启用数据备份恢复，数据备份是电子商务灾难恢复的根本解决之道。

2）制定灾难恢复策略

对于操作系统和应用程序代码，可在每次更新系统或安装新软件时做一次全备份。对于日常更新量很大，但总体数据量不是很大的关键应用数据库，可在每天用户使用量较小的时段安排做全备份。

对于总体数据量很大，但日常更新量相对较小的关键应用数据库，可每隔一周或更长时间做一次全备份，而每隔一个较短的时间（如每天）做一次差异备份。

【动手做一做】

利用备份软件，完成一台 PC 数据的备份。

## 实验一　常用网络命令的使用

### 一、实验目的

（1）了解常用网络命令的使用方法；
（2）了解常用端口的作用；
（3）会关闭危险端口。

### 二、实验过程

**1. 了解常用网络命令的使用方法、常用端口的作用**

（1）了解常用网络命令的使用方法：

　　ping \ ipconfig \ arp \ tracert \ net \ netstat

（2）了解常用端口的作用：

　　netstat – nab（查看哪些应用程序占用了哪些端口）；

　　netstat – an（查看开放了哪些端口）。

（3）填写表 1–8 中网络端口状态的含义。

表 1–8　网络端口状态的含义

| 网络端口的 4 种状态 | 含义 |
| --- | --- |
| Listening | |
| Established | |
| Close_wait | |
| Time_wait | |

**2. 检测本机的危险，增强系统安全**

1）查看本地共享资源

运行 CMD，输入"net share"，如果看到有异常的共享，就应该关闭。如果在关闭共享后，下次开机的时候又出现同样的问题，那么应该考虑机器是否已经被黑客所控制，或者中了病毒。

2）删除共享（每次输入一个）

net share admin$ /delete

net share c$ /delete

net share d$ /delete（如果有 e，f，……可以继续删除）

3）删除 ipc$ 空连接

在运行界面输入"regedit"，在注册表中找到"HKEY_LOCAL_MACHINE"→"SYSTEM"→"CurrentControl Set"→"Control"→"Lsa"项里数值名称为"RestrictAnonymous"的数值数据，并由 0 改为 1。

4）使用工具软件 TCPVIEW 查看开放端口

TCPVIEW 是一款静态显示当前 PC 端口与线程的工具，其占用资源少，在 NT 内核的

Windows 操作系统中使用，可以显示端口所对应的程序图标，可以查看计算机上建立的所有 TCP 连接、TCP 连接所使用的端口信息、连接的状态信息、进程 ID 等，还可以看到连接过来的对方的计算机名和端口号。

有些运行的程序名称可能会与系统内的程序名称相同或者类似，但实际上却是黑客软件。其实，可以从硬盘的路径判断出来，操作方法：在某个程序上单击鼠标右键，在弹出的菜单中选择"进程属性"选项，并查看程序路径即可知道是否为正常程序。

**3. 关闭常用的网络端口**

1）Windows XP 操作系统关闭 139 端口的方法

用鼠标右键单击"网上邻居"→"属性"→用鼠标右键单击"本地连接"→"属性"→"Internet 协议／（TCP/IP）"→"属性"→"高级"→"WINS"→"禁用 TCP/IP 上的 NetBIOS"→"确定"按钮。

用鼠标右键单击"网上邻居"→"属性"→用鼠标右键单击"本地连接"→"属性"选项，取消勾选"Microsoft 网络客户端"，接着取消勾选"Microsoft 网络的文件和打印机共享"。

2）Windows XP 操作系统关闭 3389 端口的方法

用鼠标右键单击"我的电脑"→"属性"→"远程"选项卡，取消勾选"允许从这台计算机发送远程协助邀请"。

3）Windows XP 操作系统关闭 135 端口的方法

方法一：运行 dcomcnfg 命令，展开"组件服务"→"计算机"，用鼠标右键单击"我的电脑"→"属性"→"默认属性"选项，取消勾选"启用分布式 COM"；然后切换到"默认协议"界面，删除"面向连接的 TCP/IP"。

以上选项有对应的注册表键值，因此也可通过注册表来修改：

将"HKEY_LOCAL_MACHINE \ SOFTWARE \ Microsoft \ Ole \ EnableDCOM"的值改为"N"，在"HKEY_LOCAL_MACHINE \ SOFTWARE \ Microsoft \ Rpc \ DCOM Protocols"中删除"ncacn_ip_tcp"。

图 1 – 15  "运行"对话框

方法二：在计算机进程中停用"Distributed Transaction Coordinator"服务，重启之后，135 端口就彻底关闭了。

4）Windows 操作系统关闭 445 端口的方法

（1）执行"开始"→"运行"命令，打开"运行"对话框，输入"regedit"，如图 1 – 15 所示。

（2）找到目录"HKEY_LOCAL_MACHINE \ SYSTEM \ CurrentControlSet \ services \ NetBT \ Parameters"，如图 1 – 16 所示。

在"Parameters"上单击鼠标右键，选择"新建"命令，如图 1 – 17 所示，注意，根据操作系统选择"DWORD（32 – 位）值"或"QWORD（64 位）值"选项，如果是 Windows 7 或 Windows 10 操作系统，选择"QWORD（64 位）值"选项即可。

将新建的"数值名称"命名为"SMBDeviceEnabled"，然后双击进行编辑，将数值数据设置为 0（默认即 0），如图 1 – 18 所示。

24　电子商务安全

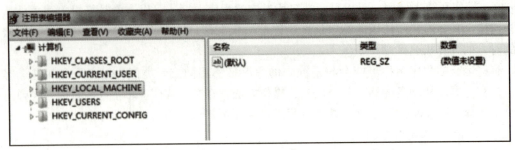

图 1–16　目录

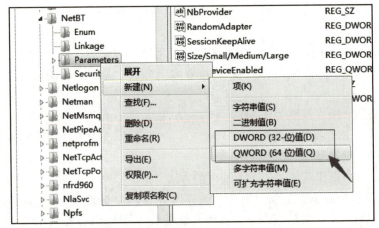

图 1–17　根据操作系统选择"DWORD（32–位）值"或"QWORD（64位）值"选项

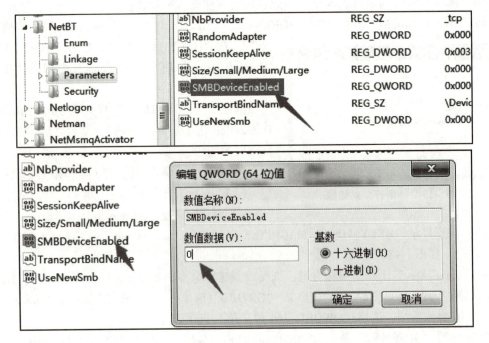

图 1–18　编辑 QWORD 的值

注：对于 Windows XP 操作系统，到这里操作就结束了，重启即可。

对于 Windows 7 或 Windows 10 操作系统，还需要关闭 Server 服务。具体操作如下：

用鼠标右键单击"我的电脑"→"管理"→"服务和应用程序"→"服务"选项，进入"计算机管理"界面。找到 Server 服务项（如图 1 – 19 所示），将其关闭并禁用即可，如果该服务还绑定有其他服务，应先将绑定的服务禁用，再将 Server 服务关闭禁用，如图 1 – 20 所示。

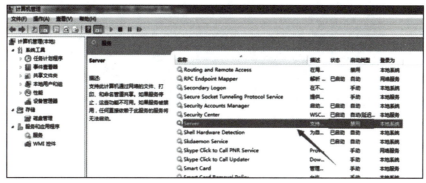

图 1 – 19　"计算机管理"界面

图 1 – 20　"Server 的属性（本地计算机）"对话框

（3）重启计算机，重启后可以检查 445 端口是否已经关闭。方法很简单，同样打开"运行"对话框，输入"cmd"，然后用 netstat – an 命令查询，若未发现 445 端口在监听，说明操作成功，如图 1 – 21 所示。

**4. 关闭不常用的服务**

1) 关闭远程控制服务

在控制面板中找到管理工具，打开服务管理工具，将下列两个危险服务关闭：找到远程连接服务 Server 并禁用，然后停止该服务，该服务被禁用导致无法使用共享文件；找到远程连接服务 Telnet 并禁用，然后停止该服务。

## 26　电子商务安全

图 1-21　用 netstat-an 命令查询

2）关闭匿名账户和远程操作账户

操作方法：选择"开始"→"运行"选项，输入"gpedit.msc"后按回车键，在弹出的窗口中选择"计算机配置"→"安全设置"→"安全选项"选项，找到表1-9所示的选项进行设置。

表1-9　安全选项设置

| 选项 | 用户设置 |
| --- | --- |
| 交互式登录 | 不显示上次的用户名 |
| 网络访问 | 不允许 SAM 账户和共享的匿名枚举 |
| 用户权利指派 | 删除可从网络访问此计算机的所有用户 |
| 用户权利指派 | 删除可从远端强制关机的全部用户 |

3）关闭系统还原

方法一：用鼠标右键单击"我的电脑"，在弹出的菜单中选择"属性"→"系统还原"选项，取消勾选"在所有驱动器上关闭系统还原"。

方法二：在"组策略"界面中，执行"计算机配置"→"管理模板"→"Windows 组件"→"Windows Installer"→"关闭创建系统还原检查点"命令。

### 三、实验总结

如何查看本地开放端口？139、445 端口的作用是什么？如何关闭 139、445 端口？

课后习题一　答案

# 课后练习题（一）

**一、填空题**

1. 电子商务安全控制体系结构由_____、_____、_____、_____和_____ 5 个层次组成。

2. 电子商务安全策略涉及_____、_____、_____、_____、_____5个层次的安全策略。

3. 信息保障的 WPDRR 模型包含_____、_____、_____、_____和_____5 个环节。

4. _____标准是计算机系统安全评估的第一个正式标准，具有划时代的意义。该标准于 1970 年由美国国防部提出。

5. 涉密人员的涉密等级划分为_____、_____、_____3 个等级。

二、选择题

1. 在电子商务安全的中心内容中，用来保证为用户提供稳定服务的是（　　）。
  A. 商务数据的完整性
  B. 商务对象的认证性
  C. 商务服务的不可否认性
  D. 商务服务的不可拒绝性

2. 电子商务面临的安全问题主要涉及（　　）。
  A. 信息安全问题　　B. 信用安全问题　　C. 安全管理问题
  D. 法律保障问题　　E. 安全责任问题

3. 在电子商务的安全需求中，交易过程中必须保证信息不会泄露给非授权的人或实体指的是（　　）。
  A. 可靠性　　　　B. 真实性　　　　C. 机密性　　　　D. 完整性

4. 电子商务的安全保障问题主要涉及（　　）等。
  A. 加密
  B. 防火墙是否有效
  C. 身份认证
  D. 数据被泄露、篡改、冒名发送，未经授权者允许擅自访问网络

5. 下列不能用来衡量计算机及网络安全的指标是（　　）。
  A. 保密性　　　　B. 便捷性　　　　C. 完整性　　　　D. 可用性

6. 在 CTCPEC 标准中，功能需求包括（　　）。
  A. 机密性　　　　B. 完整性　　　　C. 保证性
  D. 可用性　　　　E. 可控性

三、简答题

1. 电子商务的安全需求主要包括哪几个方面？
2. 什么是电子安全策略？它包括哪些内容？
3. 电子商务安全策略的实施包括哪些内容？
4. 电子商务安全管理的内容有哪些？
5. 简述 TCSEC 标准的主要内容。

# 模块二

# 电子商务的网络安全技术

电子商务网络安全保障系统共设置 5 道安全防线：第一道防线是操作系统安全加固技术；第二道防线是防火墙技术；第三道防线是入侵检测与防范技术；第四道防线是计算机病毒与木马防范技术；第五道防线（最后一道防线）是数据恢复技术，如图 2-1 所示。

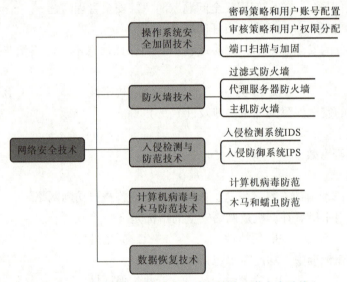

图 2-1　电子商务网络安全保障系统的 5 道安全防线

## 【知识目标】

1. 认知 VMware 虚拟机
2. 认知 Windows 操作系统安全设置
3. 了解网络数据包
4. 了解防火墙与入侵检测系统的种类、特点
5. 了解计算机病毒和木马的特征

## 【技能目标】

1. 会安装配置 VMware 虚拟机与其网络通信

2. 会操作 Windows 系统的安全设置
3. 会配置计算机防火墙
4. 能够防范计算机病毒和木马

【素质目标】

1. 树立操作系统的安全防范意识
2. 增强对计算机病毒的安全防范意识

# 项目 2.1　配置电子商务安全实验环境

VMware 虚拟机是研究网络安全技术的平台。利用 VMware 虚拟机可以在一台计算机上模拟出多台计算机，同时运行多个操作系统。用户可以通过网卡将几台虚拟机连接成一个局域网，以常用虚拟机完成各种在真实环境下难以完成的实验，特别是一些极具破坏性的计算机病毒实验。

## 任务 1　安装配置 VMware 虚拟机

### 【任务描述】

在 VMware 虚拟机中安装一个 Windows10 服务器，并在该服务器中添加两张虚拟网卡，一个用来访问外网，另一个用来与主机构成内部局域网。

### 【任务分析】

VMware 虚拟机的配置主要涉及硬件配置、虚拟机与外部主机之间的通信等知识点。

### 【任务实施】

1. 安装 VMware 虚拟机

（1）执行安装任务。下载 VMware16.0 以上版本程序，运行 VMware 安装程序，程序启动界面如图 2-2 所示。

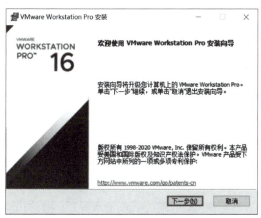

图 2-2　VMware 的安装程序启动界面

(2) 进入 VMware 程序的安装欢迎界面，选择 VMware 程序的安装类型。VMware 程序的安装类型选择界面如图 2-3 所示。

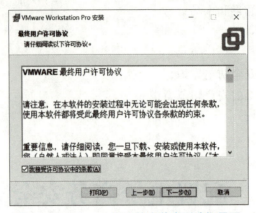

图 2-3　VMware 程序的安装类型选择界面

(3) 选择 VMware 程序的安装路径。VMware 程序的安装路径选择界面如图 2-4 所示。

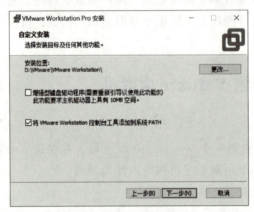

图 2-4　VMware 程序的安装路径选择界面

VMware 程序安装完成的界面如图 2-5 所示。

图 2-5　VMware 程序安装完成的界面

**2. 配置安装 Windows 10 的虚拟机**

1）选择 Windows 10 虚拟机文件

打开"d:\soft\vm"虚拟机文件夹，打开文件名为"Windows_10_business_edition.vmx"的文件，如图2-6所示。

图2-6 选择虚拟机文件

2）启动虚拟机

启动虚拟机电源，进入操作系统，如图2-7所示。

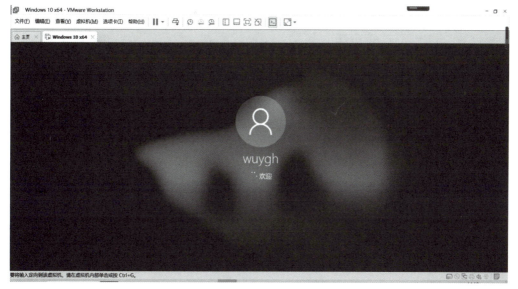

图2-7 进入操作系统

3）添加服务器网卡

进入操作系统后，先打开虚拟系统的设备管理界面，再添加虚拟网卡，如图2-8所示。

4）设置网卡的IP地址

在虚拟系统中设置本地连接的IP地址，需分别设置两块网卡的IP地址，以完成Windows 10网卡的添加，如图2-9和图2-10所示。

32　电子商务安全

图 2-8　添加虚拟网卡

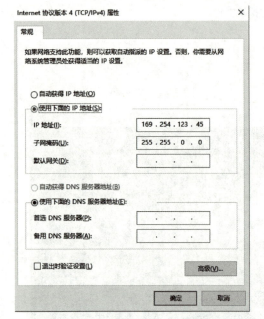

图 2-9　在虚拟系统中设置本地连接的 IP 地址

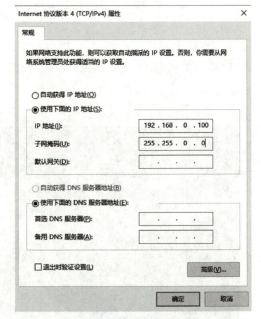

图 2-10　设置虚拟机子网掩码的 IP 地址

## 任务 2　配置虚拟机的网络通信

【任务描述】

雅鹿公司电子商务部的小王要在两台虚拟机之间实现通信,请帮助小王完成这一任务。

【任务分析】

此任务涉及配置虚拟机的网络通信方法等知识点。虚拟机的网卡连接方式有 NAT 模式、桥接模式、仅主机模式3种。

【知识准备】

（1）NAT模式：在NAT模式中，主机网卡直接与虚拟NAT设备相连，虚拟NAT设备与虚拟DHCP服务器一起连接在虚拟交换机VMnet 8上，实现虚拟机联网。

NAT模式利用虚拟NAT设备以及虚拟DHCP服务器使虚拟机连接外网，而VMware Network Adapter VMnet8虚拟网卡是用来与虚拟机通信的。

（2）桥接模式：桥接模式就是将主机网卡与虚拟机的虚拟网卡利用虚拟网桥进行通信的模式。在桥接的作用下，类似于把物理主机虚拟为一个交换机，并将所有桥接设置的虚拟机连接到这个交换机的一个接口上。

（3）仅主机模式：仅主机模式是出于安全考虑，将虚拟机与外网隔开，使虚拟机成为一个独立的系统，只与主机通信。如果要使虚拟机能联网，可以将主机网卡共享给VMware Network Adapter VMnet1网卡，从而达到虚拟机联网的目的。

【任务实施】

（1）检查工作PC是否安装了VMware Bridge Protocol，如图2－11所示。

如果没有安装虚拟机与PC桥接通信的必需协议，则应安装此协议，否则请不要进行下面的工作。

（2）检查虚拟机配置的虚拟网卡，如图2－12所示。

此虚拟机配置了两块虚拟网卡。虚拟网卡的数量可以在创建虚拟机时增加或者删除，配置完成后也可以根据工作需要进行增加或者删除操作。

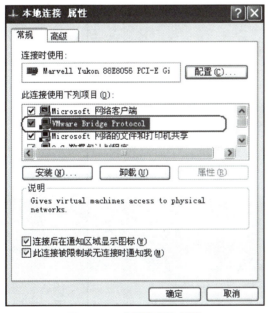

图2－11 查看虚拟机桥接

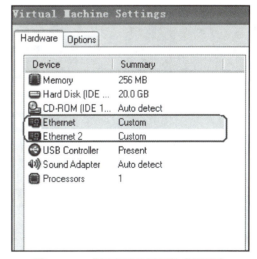

图2－12 查看虚拟机配置的虚拟网卡

（3）检查虚拟网卡的配置信息以及MAC地址。

启动虚拟机后，选择"开始"→"设置"→"网络和Internet"选项来查看网络配置信息，如图2－13所示。

选中其中一块虚拟网卡,查看虚拟网卡的配置信息,如图 2-14 所示。

图 2-13 查看虚拟机的网络配置信息

图 2-14 查看虚拟网卡的配置信息

查看虚拟网卡的 IP 配置信息（DHCP 或者静态 IP）,如图 2-15 所示。
检查虚拟网卡的 MAC 地址,如图 2-16 所示。

图 2-15　查看虚拟网卡的 IP 配置信息

图 2-16　检查虚拟网卡的 MAC 地址

如果 MAC 地址不正确，请手动修改使其与工作 PC 的 MAC 地址保持一致，设置完毕后，应重新启动虚拟机。

（4）检查虚拟网卡的映射及网卡启动协议。

选择 VMware 程序的菜单"编辑"→"虚拟网络编辑器（N）…"选项，查看虚拟网卡的映射信息和虚拟网络的映射信息，如图 2-17 和图 2-18 所示。

网卡启动协议（DHCP 或者静态 IP，使用方法看图下方的文字注释）如图 2-19 所示。

# 电子商务安全

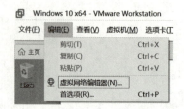

图 2-17　查看虚拟网卡的映射信息

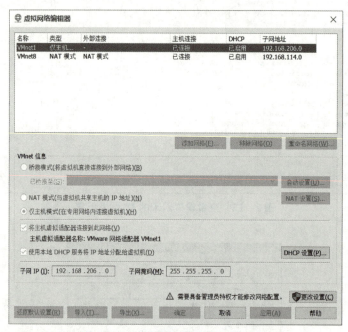

图 2-18　查看虚拟网络的映射信息

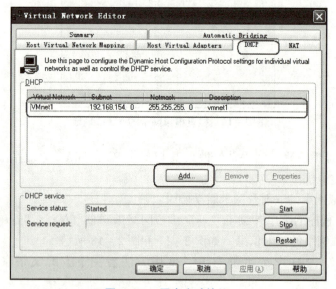

图 2-19　网卡启动协议

这里选择 VMnet1 对应的虚拟网卡使用 DHCP 协议，另外一块虚拟网卡可以手动设置静态 IP 地址；如果两块虚拟网卡都选择动态 IP 地址，那么需要把 VMnet8 也添加到 DHCP 中；如果两块虚拟网卡都选择静态 IP 地址，那么需要把图 2－19 所示界面中的 VMnet1 删除。

（5）虚拟网卡与工作 PC 网卡的桥接。

选择 VMware 程序的菜单"虚拟机（M）"→"设置（S）…"选项，建立虚拟网卡与工作 PC 网卡的桥接，如图 2－20 所示。

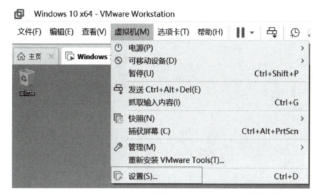

图 2－20　建立虚拟网卡与工作 PC 网卡的桥接

选择连接方式（用户自定义的桥接），如图 2－21 和图 2－22 所示。

图 2－21　为第 1 块网卡选择连接方式

图 2-22 为第 2 块网卡选择连接方式

设置完毕后，重新启动虚拟机即可。使用 ipconfig 命令查看当前虚拟机中两块虚拟网卡的 IP 地址信息，如图 2-23 所示。

图 2-23 查看虚拟机网卡的 IP 地址信息

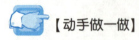【动手做一做】

验证宿主机与虚拟机是否连通以及是否能够正常通信。

# 项目 2.2  操作系统安全设置

党的二十大报告指出，"国家安全是民族复兴的根基，社会稳定是国家强盛的前提。必须坚定不移贯彻总体国家安全观，把维护国家安全贯穿党和国家工作各方面全过程，确保国家安全和社会稳定"。计算机安全是国家安全的重要保障，而操作系统安全是整个计算机系统安全的基础，没有操作系统安全，就不可能真正解决数据库安全、网络安全和其他应用软件的安全问题。操作系统安全具有两层含义：一是指操作系统设计时的安全机制，是通过权限访问控制、信息加密保护、完整性鉴定来实现的；二是指操作系统使用过程中的安全配置，可通过加固操作系统来实现系统的安全。

## 任务 1　Windows 操作系统安全设置

【任务描述】

思政元素 5

雅鹿公司电子商务部总监要求小王完成操作系统的用户安全设置、密码安全设置、系统安全设置、服务安全设置，具体包括以下要求：

（1）开启用户策略，防止字典式密码攻击；

（2）将系统 Administrator 账号改名；

（3）关闭默认的资源共享。

请帮助小王完成这一任务。

【任务分析】

此任务涉及用户安全设置、密码安全设置、系统安全设置、服务安全设置等知识点。

【任务实施】

**1. 防范 Windows 操作系统的安全漏洞**

1）检查计算机中的用户账户，新建用户账户

打开"开始"菜单，选择"运行"选项，在"运行"对话框的文本框中输入"cmd"，单击"确定"按钮，打开命令提示符窗口，输入"net user"，可以查看本地计算机的用户账户，如图 2-24 和图 2-25 所示。

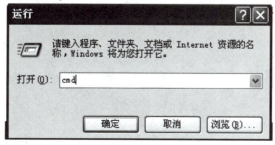

图 2-24　"运行"对话框

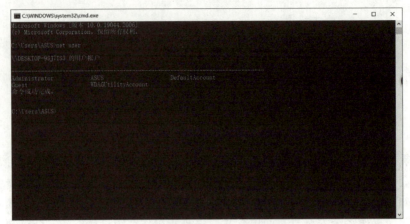

图 2-25　查看本地计算机的用户账户

新建用户账户的方法是在命令提示符下输入"net user admin 123456 /add"。其中,"net user"用于创建和修改计算机上的用户账户;"admin"是新建用户的用户名;"123456"是为用户设置的密码;"/add"就是添加的意思。整条语句的意思就是为本地计算机添加一个名为"admin"的用户并设置密码为"123456",如图 2-26 所示。

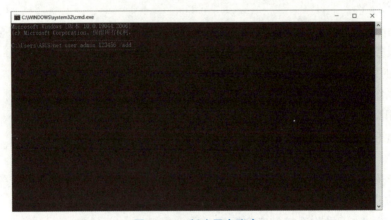

图 2-26　新建用户账户

新建用户后,可使用 net user 命令查看,如图 2-27 所示。

图 2-27　查看新建的用户账户

2) 删除不常用的用户账户

上面新建了一个名为"admin"的用户，若要删除它，可输入"net user admin /del"进行删除，输入命令之后按回车键，系统提示"命令成功完成"，如图 2-28 所示。

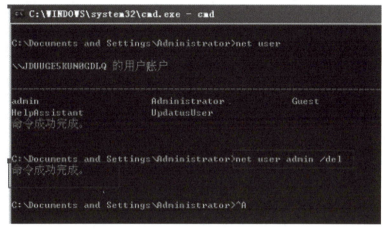

图 2-28 删除计算机中的用户账户

其中，"net user"用于创建和修改计算机上的用户账户；"admin"是账户名；"/del"是删除的意思。整条语句的意思是对本地计算机中一个名为"admin"的用户账户进行删除操作。

3) 用户账户的启用和停用

选择"开始"菜单→"运行"选项，在弹出的"运行"对话框中输入"COMPMGMT.MSC"后，单击"确定"按钮，即可打开"计算机管理"窗口，如图 2-29 所示。

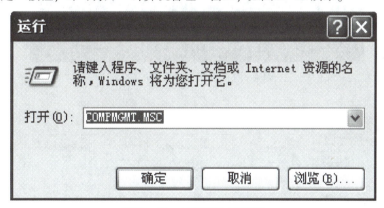

图 2-29 "运行"对话框

在"计算机管理"窗口中选择"本地用户和组"→"用户"选项，如图 2-30 所示。

以 Guest 用户账户为例来作演示。默认 Guest 用户账户是启用的，打开命令提示符，输入"net user guest /active:no"将此用户账户禁用，按回车键后系统提示"命令成功完成"，如图 2-31 所示。

在"计算机管理"窗口中单击鼠标右键执行"刷新"命令，可以看到 Guest 用户账户已经被禁用，如图 2-32 所示。

若要重新启用 Guest 用户账户，可在命令提示符后输入"net user guest /active:y"，按回车键后，系统提示"命令成功完成"，即可启用 Guest 用户账户，如图 2-33 所示。

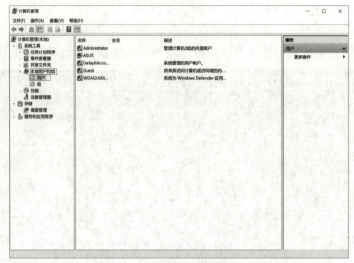

图 2-30 "计算机管理"窗口

图 2-31 停用 Guest 用户账户

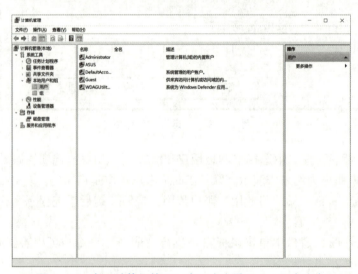

图 2-32 在"计算机管理"窗口中查看 Guest 用户账户

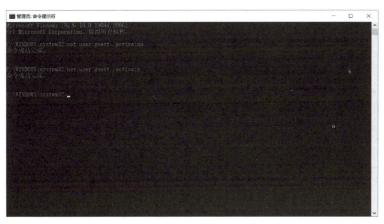

图 2–33　重新启用 Guest 用户账户

4）防范 Web 应用安全漏洞

（1）文件上传漏洞。文件上传漏洞是指在用户上传了一个可执行的脚本文件，并通过此脚本文件获得执行服务器端命令的功能。这种攻击方式是最为直接、最为有效的。有时候几乎没有什么门槛，也就是说任何人都可以进行这样的攻击。文件上传为什么会是漏洞呢？文件上传本身是没有问题的，问题是文件上传后服务器怎么处理和解析这个文件。如果服务器的处理模式不够安全，也就是上传了恶意的可执行文件以后，服务器端执行此文件，那么就会导致严重的后果。

文件上传漏洞通常是网页代码中的文件上传路径变量过滤不严造成的。如果文件上传功能实现代码没有严格限制用户上传文件的后缀以及类型，攻击者可通过 Web 访问的目录上传任意文件，包括网站后门文件（Web shell），进而远程控制网站服务器。

因此，在开发网站及应用程序的过程中，需严格限制和校验上传的文件，禁止上传含有恶意代码的文件，同时限制相关目录的执行权限，防范 Web shell 攻击。

（2）SQL 注入漏洞。SQL 注入攻击（SQL Injection），简称注入攻击、SQL 注入。其被广泛用于非法获取网站控制权，是发生在应用程序的数据库层上的安全漏洞。其是指在设计程序时，忽略了对输入字符串中夹带的 SQL 指令的检查，被数据库误认为是正常的 SQL 指令而运行，从而使数据库受到攻击，可能导致数据被窃取、更改、删除，并进一步导致网站被嵌入恶意代码、被植入后门程序等危害。

在通常情况下，SQL 注入的位置包括表单提交（主要是 POST 请求，也包括 GET 请求）、URL 参数提交（主要为 GET 请求参数）和 Cookie 参数提交。

SQL 注入常见的防范方法如表 2–1 所示。

表 2–1　SQL 注入常见的防范方法

| 防范方法 | 说明 |
| --- | --- |
| 避免网站显示 SQL 错误信息 | 比如类型错误、字段不匹配等，防止攻击者利用这些错误信息进行判断 |
| 所有的查询语句都使用数据库提供的参数化查询接口 | 参数化的语句使用参数而不是将用户输入变量嵌入 SQL 语句中。当前几乎所有数据库系统都提供了参数化 SQL 语句执行接口，使用此接口可以非常有效地防止 SQL 注入攻击 |

续表

| 防范方法 | 说明 |
| --- | --- |
| 对进入数据库的特殊字符进行处理 | 对进入数据库的特殊字符（'、"、< >、&、*；等）进行转义处理，或编码转换 |
| 确认每种数据的类型 | 比如数字型的数据必须是数字，数据库中的存储字段必须对应为 int 型 |
| 网站每个数据层的编码统一 | 建议全部使用 UTF-8 编码，上、下层编码不一致有可能导致一些过滤模型被绕过 |
| 严格限制网站用户的数据库操作权限 | 给此用户提供仅能够满足其工作的权限，最大限度地减少注入攻击对数据库的危害 |

在网站发布之前，可使用一些专业的 SQL 注入检测工具进行检测，及时修补这些 SQL 注入漏洞。

（3）跨站脚本漏洞。跨站脚本攻击发生在客户端，可被用于窃取隐私、钓鱼欺骗、窃取密码、传播恶意代码等攻击。

跨站脚本攻击使用的技术主要为 HTML 和 JavaScript，也包括 VBScript 和 ActionScript 等。跨站脚本攻击对 Web 服务器虽无直接危害，但是它借助网站进行传播，使网站的用户受到攻击，导致网站用户账号被窃取，从而对网站产生较严重的危害。

（4）弱口令漏洞。弱口令（weak password）没有严格和准确的定义，通常认为容易被别人（他们有可能对你很了解）猜测到或被破解工具破解的口令均为弱口令。

（5）HTTP 报头追踪漏洞。HTTP/1.1（RFC2616）规范定义了 HTTP TRACE 方法，主要用于客户端通过向 Web 服务器提交 TRACE 请求进行测试或获得诊断信息。当 Web 服务器启用 TRACE 时，提交的请求头会在服务器响应的内容（Body）中完整地返回，其中 HTTP 头很可能包括 Session Token、Cookies 或其他认证信息。攻击者可以利用此漏洞欺骗合法用户并得到他们的私人信息。该漏洞往往与其他方式配合进行有效攻击，由于 HTTP TRACE 请求可以通过客户浏览器脚本发起（如 XMLHttpRequest），并可以通过 DOM 接口来访问，因此很容易被攻击者利用。

防御 HTTP 报头追踪漏洞的方法通常是禁用 HTTP TRACE 方法。

（6）Struts 2 远程命令执行漏洞。Apache Struts 是一款基于 Java Web 应用程序的开放源代码架构。Apache Struts 存在一个输入过滤错误，如果遇到转换错误可被利用注入和执行任意 Java 代码。

网站存在远程代码执行漏洞的大部分原因是网站采用了 Apache Struts Xwork 作为网站应用框架。该软件存在远程代码执行高危漏洞，导致网站面临安全风险。CNVD 处置过诸多此类漏洞，例如 "GPS 车载卫星定位系统" 网站的远程命令执行漏洞（CNVD-2012-13934）、Aspcms 留言本远程代码执行漏洞（CNVD-2012-11590）等。

修复此类漏洞，只需到 Apache 官网升级 Apache Struts 到最新版本即可。

（7）私有 IP 地址泄露漏洞。IP 地址是网络用户的重要标示，是攻击者进行攻击前需要了解的。获取 IP 地址的方法较多，攻击者也会根据不同的网络情况采取不同的方法，如在局域网内使用 Ping 指令，通过 Ping 对方在网络中的名称而获得 IP 地址；在 Internet 上使用 IP 版的

QQ 直接显示 IP 地址。最有效的办法是截获并分析对方的网络数据包。攻击者可以找到并直接通过软件解析截获后的数据包的包头 IP 信息，再根据这些信息了解具体的 IP 地址。

针对最有效的"数据包分析方法"，可以安装能够自动去掉发送数据包包头 IP 信息的软件。不过使用这些软件有些缺点，譬如耗费资源严重、降低计算机性能；访问一些论坛或者网站时会受影响；不适合网吧用户使用等。现在的个人用户所采用的最普及的隐藏 IP 地址的方法是使用代理服务器，使用代理服务器后，"转址服务"会对发送出去的数据包进行修改，使"数据包分析"方法失效。一些容易泄漏用户 IP 地址的网络软件（QQ、MSN、IE 等）都支持使用代理服务器连接 Internet。

**2. Windows 操作系统安全设置的内容**

相比传统操作系统，Windows 7 系统的安全性更胜一筹，不过这并不意味着该系统的安全性无懈可击，因为在默认状态下该系统的许多安全功能并没有启用或设置，必须对它们进行合适的设置，才能让这些安全功能发挥应有的作用。

1）启用安全功能

启用磁盘加密功能，如图 2-34 所示。

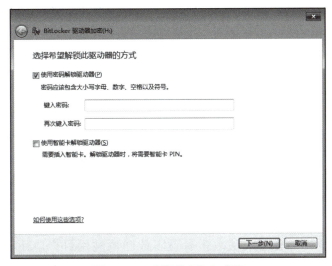

图 2-34　启用磁盘加密功能

Windows 7 系统新增加了保护移动设备安全的全盘加密功能，该功能可以对 USB 设备、闪存设备进行加密，能有效防止隐私信息外泄。

若在 Windows 7 系统中配置启用 BitLocker 功能，可以先打开该系统的"开始"菜单，从中选择"控制面板"选项，打开对应系统的控制面板窗口，依次选择其中的"系统和安全""BitLocker 驱动器加密"功能图标，进入磁盘驱动器列表界面。

其次选中需要进行隐私保护的目标磁盘分区，并单击对应分区右侧的"启用 BitLocker"链接，打开"BitLocker 驱动器加密"向导设置界面，将其中的"使用密码解锁驱动器"选项选中，然后输入合适的解锁密码，之后单击"下一步"按钮，当向导屏幕询问如何存储恢复密钥时，可以根据需要将它保存成文本文件或直接打印出来，最后单击"启动加密"按钮，这样目标磁盘分区就被加密成功了，日后必须凭借合法密钥才能访问其中的数据内容。

2）启用限制策略，拒绝漏洞程序被利用

启用限制策略可以有效地防止字典式攻击。例如，当某一用户连续 5 次登录都失败后，将自动锁定该用户账户，在 30 分钟后自动复位被锁定的用户账户，如图 2-35 所示。

为了保护系统安全，应定期在线更新系统漏洞补丁程序，确保系统漏洞不被非法攻击者利用，可是这种方法仅能保护 Windows 系统自身的安全漏洞，而无法保护一些应用程序的漏洞。为了防止这些应用程序的漏洞被非法利用，可以巧妙配置 Windows 7 系统的软件限制策略，限制那些包含漏洞的应用程序自由连接网络。具体操作步骤如下：

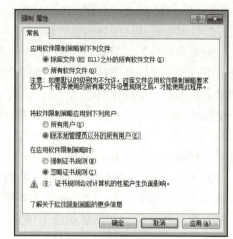

图 2-35 启用限制策略

（1）打开 Windows 7 系统的"开始"菜单，从中依次选择"所有程序"→"附件"→"运行"选项，在弹出的"运行"对话框中输入"gpedit.msc"，按回车键后弹出系统组策略控制台窗口。

（2）依次选择该控制台窗口左侧位置处的"计算机配置"→"Windows 设置"→"安全设置"→"软件限制策略"选项，用鼠标右键单击"软件限制策略"选项，在弹出的快捷菜单中执行"创建软件限制策略"命令。

（3）选中"软件限制策略"分支节点下面的"强制"选项，同时用鼠标双击该选项，打开图 2-35 所示的"强制属性"对话框，选中"除本地管理员以外的所有用户"选项，单击"确定"按钮执行设置保存操作。

（4）选中"软件限制策略"分支节点下面的"其他规则"选项，用鼠标右键单击该选项，从弹出的快捷菜单中选择"新建路径规则"选项，弹出"新建路径规则设置"窗口，单击"浏览"按钮，将包含漏洞的目标应用程序选中并添加进来，最后将"安全级别"调整为"不允许"，这样操作后非法攻击者就不能随意利用目标应用程序的漏洞来攻击 Windows 7 系统。

3）启用控制 UAC 功能，提升安全防范级别

UAC（User Account Control，用户账户控制）是微软公司为提高系统的安全性而在 Windows Vista 中引入的新技术。它要求用户在执行可能会影响计算机运行的操作或执行更改影响其他用户的设置的操作之前，提供权限或管理员密码。通过在这些操作启动前对其进行验证，UAC 可以防止恶意软件和间谍软件在未经许可的情况下在计算机上进行安装或对计算机进行更改，如图 2-36 所示。

UAC 功能并不是 Windows 7 系统的新增功能，不过相比 Windows Vista、Windows 2008 系统中的 UAC 功能，Windows 7 系统的用户账户控制功能有了明显的改善，在区别非法操作、合法操作方面表现得明显更加智能化，并且可以根据实际的安全需要自由控制 UAC 安全级别。

将 UAC 安全级别调整为"始终通知"，可提升 Windows 7 系统的安全防范级别。选择 Windows 7 系统桌面上的"开始"→"控制面板"选项，在弹出的系统控制面板窗口中逐一

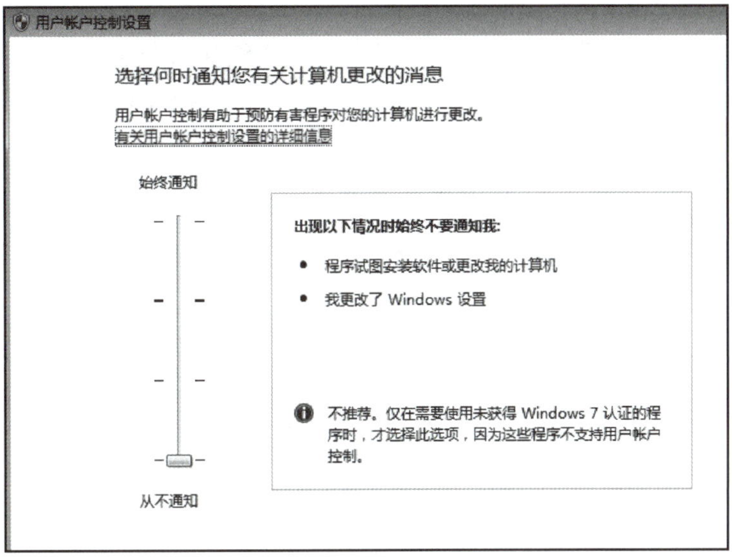

图 2-36 使用 UAC 功能

选择"用户账户和家庭安全""用户账户"图标选项，进入用户账户控制列表界面，单击其中的"更改用户账户控制设置"按钮，打开"用户账户控制设置"对话框，将 UAC 功能的控制按钮置于"始终通知"处，再单击"确定"按钮保存上述设置。

4) 启用智能过滤功能，防止恶意页面攻击

Internet 上的不少网站页面背后都暗含恶意控件或病毒代码，一旦用户不小心访问了这些站点，就会遭到这些恶意控件或病毒代码的攻击，轻则系统被网络病毒袭击，重则本地硬盘被格式化。为了防止本地系统遭到恶意页面的非法攻击，Windows 7 系统自带的 IE 浏览器新增加了智能过滤功能，一旦成功将该功能启用，本地 IE 浏览器就能自动与微软公司的网站数据库连接起来，以便审核校对目标网站的页面是否安全，这样可以有效降低本地系统被恶意站点非法攻击的可能性。启用 Windows 7 系统自带 IE 浏览器的智能过滤功能时的操作步骤：打开 Windows 7 系统自带的 IE 浏览器窗口，单击该窗口菜单栏中的"工具"选项，从下拉菜单中选择"SmartScreen 筛选器"选项，在弹出的"Microsoft Smart Screen 筛选器"对话框中选中"打开 SmartScreen 筛选器"单选框，如图 2-37 所示，单击"确定"按钮保存上述设置。在进行这样的操作后若有正在访问的计算机模拟其他网站或对自己的计算机有威胁，智能过滤功能就会自动弹出警告提示。

5) 启用备份还原功能，轻松恢复重要数据

对重要数据进行备份，在系统崩溃时，只要进行简单的数据恢复操作就能化解安全威胁。Windows 7 系统为用户提供了强大的数据备份还原功能，可以按照设置磁盘备份的操作，对重要数据进行备份。操作方法：打开 Windows 7 系统的"开始"菜单，选择"控制面板"选项，在弹出的系统控制面板窗口中依次单击"系统和安全""备份和还原"功能图标，打开"设置备份"对话框，如图 2-38 所示。

一旦 Windows 7 系统发生瘫痪不能正常运行，只需要简单地重新安装操作系统，之后执行系统还原功能，将备份好的重要数据恢复即可。

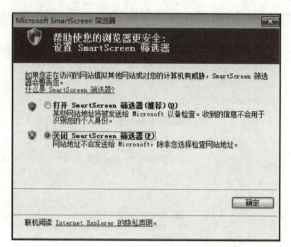

图 2-37　启用智能过滤功能

图 2-38　"设置备份"对话框

## 任务 2　用户账户安全设置

【任务描述】

盘点 2021 年十大网络安全事件，多家网站账户信息泄露、账户资产被盗用的时间被曝光，账户资产被盗用，一时间电子商务信息安全隐患频现。电子商务企业作为大量用户信息的持有者，应对用户信息的安全负责。电子商务企业对用户账户安全应给予足够重视。

针对此情况，雅鹿公司电子商务部总监要求小王完成计算机系统中的用户账户安全设置，完成重要账户名称的更改工作。请帮助小王完成这一任务。

【任务分析】

掌握用户账户安全设置的方法，任务内容分解为：(1) 更改管理员账户名；(2) 创建一个陷阱账户;(3) 不让系统显示上次登录的账户名。

【任务实施】

1. 更改管理员账户名

更改管理员账户名的目的:伪装成普通用户,以防止管理员账户密码被穷举。

由于管理员账户是微软操作系统的默认系统管理员账户,且此账户不能被停用,这意味着非法入侵者可以一遍又一遍地猜测这个账户的密码。将管理员账户重命名为其他名称,可以有效地解决这一问题。下面介绍在 Windows Server 2003 中更改管理员账户名的方法。

(1) 选择"开始"→"程序"→"管理工具"→"本地安全策略"选项,打开"本地安全设置"窗口(注:也可以使用 secpol.msc 命令来完成),如图 2-39 所示。

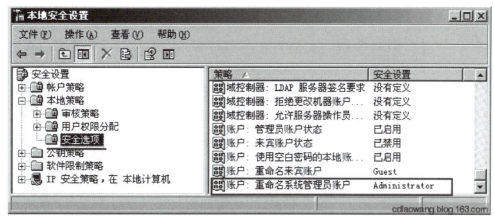

图 2-39  "本地安全设置"窗口

(2) 在左侧窗格中,选择"安全设置"→"本地策略"→"安全选项"选项,在右侧窗格中,双击"账户:重命名系统管理员账户"选项,打开图 2-40 所示的对话框,将管理员账户名改为一个普通的账户名称,如"wanghx",而不要使用如"admin"之类的账户名称,单击"确定"按钮。

图 2-40  "账户:重命名系统管理员账户属性"对话框

(3) 更改完成后,选择"开始"→"程序"→"管理工具"→"计算机管理"选项,打开"计算机管理"窗口(注:也可以用 compmgmt.msc 命令来完成),在左侧窗格中,选择"系统工具"→"本地用户和组"→"用户"选项,默认的管理员账户名已经被更改为"wanghx",如图 2-41 所示。

图 2-41 账户名更改结果

(4) 选择左侧窗格中的"组"选项,双击右侧窗格中的 Administrators 组名,打开"Administrators 属性"对话框,默认只有 Administrator 账户,选中 Administrator 账户,单击"删除"按钮,即可将该账户删除,如图 2-42 所示。

(5) 单击"添加"按钮,打开"选择用户"对话框,单击"高级"按钮,再单击"立即查找"按钮,双击对话框底部的"wanghx"选项,如图 2-43 所示。此时,在"输入对象名称来选择"文本框中自动出现已经重命名的管理员账户名"WIN2003A \ wanghx",如图 2-44 所示。(计算机名 \ 账户名),如图 2-44 所示。

 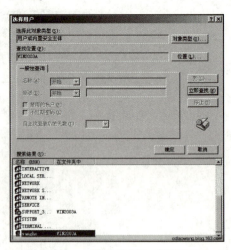

图 2-42 "Administrators 属性"对话框     图 2-43 "选择用户"对话框(1)

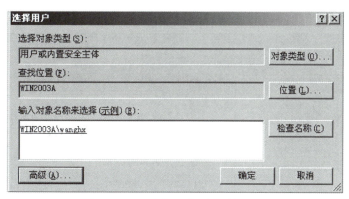

图 2－44　"选择用户"对话框（2）

（6）单击"确定"按钮返回"Administrators 属性"对话框，再单击"确定"按钮完成 Administrators 账户名的更改。

**2. 创建一个陷阱账户**

陷阱账户就是使非法入侵者误认为是管理员账户的非管理员账户。默认的管理员账户在重命名后，可以创建一个同名的拥有最低权限的 Administrator 账户，并把它添加到 Guests 组（Guests 组的权限为最低）中，再为该账户设置一个超过 16 位的超级复杂密码（其中包括字母、数字、特殊符号等字符）。这样可以使非法入侵者需要花费很长的时间才能破解密码，管理员借此可以及时发现非法入侵企图。

1）开启密码策略

实现密码安全性需要以下 4 个策略：

（1）设置密码的复杂性要求；

（2）设置密码的最小值；

（3）设置密码的最长存留期；

（4）设置强制的密码历史。

密码策略的具体设置内容如表 2－2 所示。

表 2－2　密码策略的具体设置内容

| 策略 | 设置 | 要求 |
| --- | --- | --- |
| 密码的复杂性要求 | 启用 | 数字和字母组合 |
| 密码的最小值 | 6 位 | 长度至少为 6 位 |
| 密码的最长存留期 | 15 天 | 超期要求更改密码 |
| 强制的密码历史 | 5 次 | 不能设置相同的密码 |

2）设置陷阱账户

设置陷阱账户的操作步骤如下：

（1）选择"开始"→"程序"→"管理工具"→"计算机管理"选项，打开"计算机管理"对话框，在左侧窗格中，选择"系统工具"→"本地用户和组"→"用户"选项，然后用鼠标右键单击"用户"选项，在弹出的快捷菜单中选择"新用户"命令，打开"新用户"对话框，如图 2-45 所示。

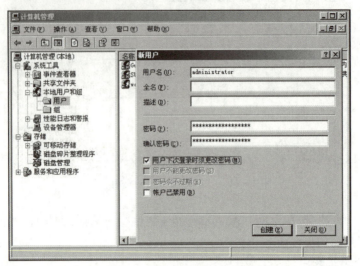

图 2-45 "新用户"对话框

（2）在"用户名"文本框中输入用户名"administrator"，在"密码"和"确认密码"文本框中输入一个较复杂的密码，单击"创建"按钮，再单击"关闭"按钮。

（3）用鼠标右键单击新创建的用户名"administrator"，在弹出的快捷菜单中选择"属性"命令，打开"administrator 属性"对话框，选择"隶属于"选项卡，如图 2-46 所示。

图 2-46 "administrator 属性"对话框

从图 2-46 中可见 administrator 用户默认隶属于 Users 组。

（4）单击"添加"按钮，打开"选择组"对话框，如图 2-47 所示。

（5）单击"高级"按钮，再单击"立即查找"按钮，双击对话框中"搜索结果"列表框中的"Guests"，如图 2-48 所示。

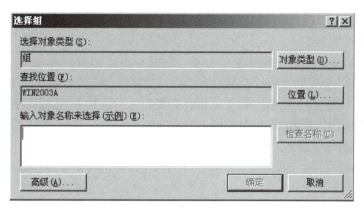

图 2-47  "选择组"对话框

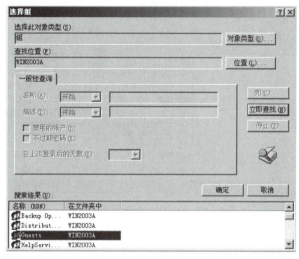

图 2-48  选择"Guests"组名

（6）单击"确定"按钮，返回"administrator 属性"对话框，此时已添加 Guests 组，如图 2-49 所示。

图 2-49  "administrator 属性"对话框

(7) 选中"Users",单击"删除"按钮,再单击"确定"按钮,此时 administrator 账户已被设置为陷阱账户。

**3. 系统不显示上次登录的账户名**

在默认情况下,登录对话框中会显示上次登录的账户名。这使非法入侵者可以很容易地得到系统的此账户名,进而猜测密码,从而给系统带来一定的安全隐患。针对此隐患,可以设置登录时不显示上次登录的账户名来解决这一问题。

(1) 在"本地安全设置"窗口的左侧窗格中,选择"本地策略"→"安全选项"选项。

(2) 在右侧窗格中,找到并双击"交互式登录:不显示上次的用户名"选项,如图 2-50 所示。

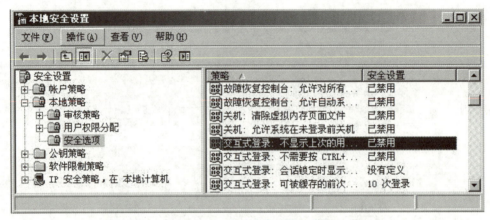

图 2-50 "本地安全设置"窗口

在弹出的"交互式登录:不显示上次的用户名属性"对话框中选中"已启用"单选按钮,即可完成设置。

# 项目 2.3 扫描检测计算机漏洞

扫描往往是入侵的前奏,所以有效地屏蔽计算机端口,保护计算机自身的安全,是计算机管理人员首先考虑的问题。

## 任务 1 扫描网络端口

【任务描述】

雅鹿公司电商专员小王按照公司的安全规章制度,做好每日的计算机巡检工作,需要使用常用网络命令,扫描局域网中的每台计算机,查看常用端口的状态,关闭计算机中开放的危险端口。请帮助小王完成这一任务。

【任务分析】

网络扫描主要分为 3 个阶段：（1）发现目标主机或网络。（2）发现目标后进一步搜集目标信息，包括操作系统类型、运行的服务以及服务软件的版本等。如果目标是一个网络，还可以进一步发现该网络的拓扑结构、路由设备以及各主机的信息。（3）根据搜集到的信息判断或者进一步检测系统是否存在安全漏洞。

【知识准备】

### 1. 网络端口的基本知识

1）网络端口的概念

网络端口是计算机与外界通信交流的出口。其中硬件领域的端口又称为接口，如 USB 端口、串行端口等。软件领域的端口一般指网络中面向连接服务和无连接服务的通信协议端口，是一种抽象的软件结构，包括一些数据结构和 I/O（基本输入/输出）缓冲区。

网络的 TCP 协议是面向连接服务的，UDP 协议是面向无连接服务的，它们使用 16 bit 端口号区分网络中的不同应用程序。

2）常见的网络端口

TCP/UDP 的端口号在 0～65 535 范围内，其中 1 024 以下的端口保留给常用的网络服务。常用的保留 TCP 端口号有：20/21 端口（为 FTP 服务）、23 端口（为 Telnet 服务）、25 端口（为 SMTP 服务）、80 端口（为 HTTP 服务）。常用的保留 UDP 端口号有：53 端口（为 DNS 服务）、67 端口（为 DHCP server 服务）/68 端口（为 DHCP client 服务）、69 端口（为 TFTP 服务）、161 端口（为 SNMP 服务）。

3）TCP 端口和 UDP 端口的区别

（1）TCP 端口为 TCP 传输控制协议通信提供服务，提供的是面向连接、可靠的字节流服务。客户和服务器在彼此交换数据前，必须先在双方之间建立一个 TCP 连接，之后才能传输数据。TCP 提供超时重发、丢弃重复数据、检验数据和流量控制等功能，保证数据能从一端传到另一端。

（2）UDP 端口为用户数据报协议通信提供服务，是一个简单的面向数据报的运输层协议。UDP 不提供可靠性，它只是把应用程序传给 IP 层的数据报发送出去，但是并不能保证它们能到达目的地。由于 UDP 端口在传输数据报前不用在客户和服务器之间建立一个连接，且没有超时重发等机制，故传输速度很快。

### 2. 端口扫描

1）端口扫描的原理

端口和服务进程一一对应，通过扫描开放的端口，就可以判断出计算机中正在运行的服务进程。对网络端口进行扫描可以得到目标计算机开放的服务程序和运行的系统版本信息。

对网络端口的扫描可以通过执行手工命令来实现，但效率较低；也可以通过扫描工具实现，效率较高。扫描工具根据作用的环境不同，可分为两种类型：网络漏洞扫描工具和主机漏洞扫描工具。

2）TCP 协议

端口扫描的方式有全连接扫描、半连接扫描、隐蔽扫描三类。为了理解扫描原理，下面简要介绍 TCP 协议。

（1）TCP 头的数据包格式。一个 TCP 头的数据包包括 6 个标志位，其具体格式如

图 2-51 所示。

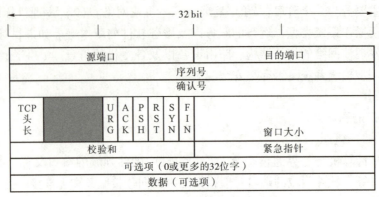

图 2-51　TCP 头的数据包格式

序列号（seq）：占 4 个字节，用来标记数据段的顺序，TCP 把连接中发送的所有数据字节都编上一个序号，第一个字节的编号由本地随机产生。给数据字节编上序号后，就给每一个报文段指派一个序号。序列号（seq）就是这个报文段中的第一个字节的数据编号。

确认号（ack）：占 4 个字节，其是指期待收到对方下一个报文段的第一个数据字节的序号，当前报文段最后一个字节的数据编号 +1 即确认号。

确认 ACK：占 1 位，仅当 ACK = 1 时，确认号字段才有效；当 ACK = 0 时，确认号字段无效。

同步 SYN：连接建立时用于同步序号。当 SYN = 1，ACK = 0 时，表示这是一个连接请求报文段。若同意连接，则在响应报文段中使 SYN = 1，ACK = 1。因此，SYN = 1 表示这是一个连接请求，或连接接收报文。SYN 这个标志位只有在 TCP 建立连接时才会被置 1，握手完成后 SYN 标志位被置 0。

终止 FIN：用来释放一个连接。当 FIN = 1 时，表示此报文段的发送方的数据已经发送完毕，并要求释放运输连接。

注：ACK、SYN 和 FIN 这些大写的单词表示标志位，其值要么是 1，要么是 0；ack、seq 这些小写的单词表示序号。

（2）TCP 建立连接的 3 次握手。TCP 建立连接需要通过 3 次握手实现，其过程如图 2-52 所示。

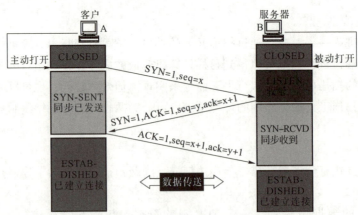

图 2-52　TCP 建立连接的 3 次握手过程

第 1 次握手：主机 A 向主机 B 发送 TCP 连接请求数据包，其中包含主机 A 的初始序列号 seq(A) = x。(其中报文中同步标志位 SYN = 1，ACK = 0，表示这是一个 TCP 连接请求数据报文；序号 seq = x，表明传输数据时的第一个数据字节的序号是 x)。

第 2 次握手：主机 B 收到请求后，会发回连接确认数据包（其中确认报文段中，标识位 SYN = 1，ACK = 1，表示这是一个 TCP 连接响应数据报文，并含主机 B 的初始序列号 seq(B) = y，以及主机 B 对主机 A 初始序列号的确认号 ack(B) = seq(A) + 1 = x + 1)。

第 3 次握手：主机 A 收到主机 B 的确认报文后，还需作出确认，即发送一个序列号 seq(A) = x + 1；确认号为 ack(A) = y + 1 的报文。

(3) TCP 释放连接的 4 次挥手。假设主机 A 为客户端，主机 B 为服务器，TCP 释放连接的过程如图 2 – 53 所示。

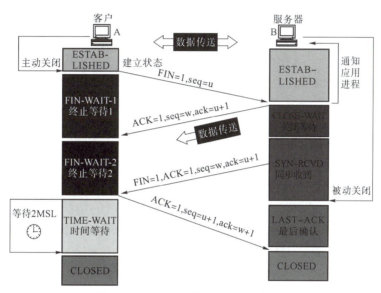

图 2 – 53　TCP 释放连接的 4 次挥手

第 1 次挥手（关闭客户端到服务器的连接）：首先客户端 A 发送一个 FIN，用来关闭客户端到服务器的数据传送，然后等待服务器的确认。其中终止标志位 FIN = 1，序列号 seq = u。

第 2 次挥手：服务器收到这个 FIN，它发回一个 ACK，确认号 ack 为收到的序号加 1。

第 3 次挥手（关闭服务器到客户端的连接）：也是发送一个 FIN 给客户端。

第 4 次挥手：客户端在收到 FIN 后，并发回一个 ACK 报文确认，并将确认序号 seq 设置为收到序号加 1。首先进行关闭的一方将执行主动关闭，而另一方执行被动关闭。

客户端发送 FIN 后，进入终止等待状态，服务器收到客户端的连接释放报文段后，就立即给客户端发送确认，然后服务器就进入 close – wait 状态，此时 TCP 服务器进程就通知高层应用进程，因而从客户端到服务器的连接就释放了。此时是"半关闭"状态，即客户端不可以发送数据报给服务器，但是服务器可以发送数据报给客户端。

此时，若服务器没有数据报要发送给客户端，其应用进程就通知 TCP 释放连接，然后发送给客户端连接释放报文段，并等待确认。客户端发送确认后，进入 time – wait 状态，注意，此时 TCP 连接还没有释放掉，然后经过时间等待计时器设置的 2MSL 后，客户端才进入 close 状态。

3)端口扫描

（1）TCP 扫描。与目标主机建立正常的 TCP 连接，以判断指定端口是否开放。这种方法的缺点是非常容易被记录或者被检测出来。

（2）TCP SYN 扫描。本地主机向目标主机发送 SYN 数据段，如果远端目标主机端口开放，则回应 SYN＝1，ACK＝1，此时本地主机发送 RST 给目标主机，拒绝连接。如果远端目标主机端口未开放，则会回应 RST 给本地主机。由此可知，根据回应的数据段可判断目标主机的端口是否开放。由于 TCP SYN 扫描没有建立 TCP 正常连接，所以降低了被发现的可能，同时提高了扫描性能。

（3）TCP FIN 扫描。本地主机向目标主机发送 FIN＝1，如果远端目标主机端口开放，就丢弃此包，不回应；如果远端目标主机端口未开放，就返回一个 RST 包。TCP FIN 扫描通过发送 FIN 的反馈判断远端目标主机的端口是否开放。由于这种扫描方法没有涉及 TCP 的正常连接，所以使扫描更隐秘，也称为秘密扫描。

（4）UDP ICMP 扫描。这种扫描方法利用了 UDP 协议，当向目标主机的一个未打开的 UDP 端口发送一个数据包时，会返回一个 ICMP_PORT_UNREACHABLE 错误，这样就会发现关闭的端口。

（5）ICMP 扫描。这种扫描方法利用了 ICMP 协议的功能，如果向目标主机发送一个协议项存在错误的 IP 数据包，那么根据反馈的 ICMP 错误报文，可判断目标主机使用的服务。

（6）间接扫描。入侵者间接利用第三方主机进行扫描，以隐藏真正入侵者的痕迹。第三方主机是通过其他入侵方法控制主机的，扫描的结果最终会从第三方主机发送给真正的入侵者。扫描往往是入侵的前奏，所以如何有效地屏蔽计算机的端口，保护自身计算机的安全，成为计算机管理人员首先考虑的问题。常用的端口扫描监测工具包括 ProtectX、PortSentry 等。此外，安装防火墙也是防止端口扫描的有效方法。

【任务实施】

### 1. 了解网络安全漏洞

计算机网络安全漏洞主要来源于 3 个方面：（1）软件设计时的瑕疵，例如 NFS 系统本身不包括身份认证机制；（2）软件本身的瑕疵，例如没有进行数据内容和大小检查，没有进行成功/失败检查等；（3）系统和网络的错误配置，例如使用默认设置等。

网络扫描的主要技术有主机扫描、端口扫描和操作系统指纹扫描。

（1）主机扫描：确定在目标网络上的主机是否可达，同时尽可能多地映射目标网络的拓扑结构，主要利用 ICMP 数据包。

（2）端口扫描：发现远程主机开放的端口以及服务。

（3）操作系统指纹扫描：根据协议栈判别操作系统。

### 2. 检测本机常用端口

（1）使用 ping \ arp \ tracert \ net 命令查看网络连接情况。

说明：ping 是用来测试网络连通性的命令，一旦发出 ping 命令，主机会发出连续的测试数据包到网络中，在通常的情况下，主机会收到回应数据包，ping 命令采用的是 ICMP 协议。

（2）使用 ipconfig 命令查看网络配置。

单击"开始"按钮，在"运行"文本框中输入"cmd"，在打开的命令行窗口中输入

"ipconfig",按回车键即可查看本机的网络配置。

(3)使用 netstat 命令查看端口。

①netstat – nab 命令用于查看端口情况。

②netstat – an 命令用于查看开放的端口。

### 3. 检测本机的危险,提高系统的安全性

1)检测本地共享资源

在运行 cmd 命令后输入"net share",如果看到有异常的共享,就应该关闭。但是有时此次关闭了共享,下次开机时又会出现,那么应该考虑机器是否已经被黑客所控制或者中了病毒。

2)删除共享(每次输入一个)

net share admin$ /delete

net share c$ /delete (如果有 d,e,f,……可以继续删除)

3)删除 ipc$ 空连接

利用 ipc$,连接者无须用户名与密码,就可以与目标主机建立一个空连接。为了防止别人用 ipc$ 和默认共享入侵,需要禁止 ipc$ 空连接,方法如下:

(1)在 Windows 系统桌面,选择"开始"→"运行"选项,在弹出的文本框中输入"regedit",打开注册表。

(2)在注册表中找到"HKEY – LOCAL_MACHINESYSTEMCurrentControSetControlLSA"项并将数值名称为"RestrictAnonymous"的数值数据由 0 改为 1,最后单击"确定"按钮即可。这样重新启动计算机后就不会再生成 IPC$ 空连接了。

4)使用 TCPView 查看开放端口

TCPView 是一款静态显示当前 PC 的端口与线程的工具,占用资源少,在含 NT 内核的系统,如 Windows 2000、Windows XP、Windows 2003 等操作系统中使用可以显示端口所对应的程序图标,从而能看出某个端口是什么程序所打开的,如图 2 – 54 所示。

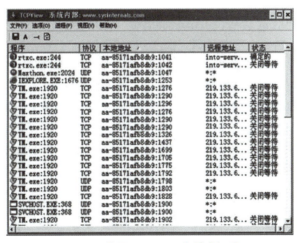

图 2 – 54  使用 TCPView 查看本机端口

有些运行的程序名称可能与系统内的程序名称一样或者类似,但实际上却是黑客软件。其实,可以从硬盘的路径判断出来,在某个程序上单击鼠标右键,在弹出的菜单中选择"进程属性",如图 2 – 55 所示。只要查看程序路径就可知道其是否为正常程序。

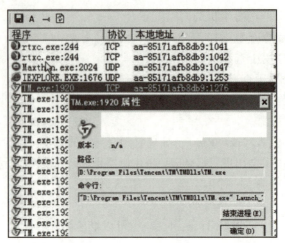

图 2-55 查看程序路径

【动手做一做】

选定某一网站，使用端口扫描工具（X-Scan）进行漏洞扫描，设置好检测范围，开始扫描，查找有漏洞的端口，扫描结束后完成该网站的端口扫描报告。

# 任务 2　抓取与分析数据包

### 【任务描述】

雅鹿公司电商专员小王利用 Wireshark 抓包软件抓取数据包，并要求分析数据包中隐含的用户名和密码。

### 【任务分析】

数据包的种类包括 Http 数据包、UDP 数据包、TCP 数据包、ARP 数据包，本任务围绕数据包的抓取和分析进行。

### 【知识准备】

#### 1. Internet 上对应的七层网络模型

所有的互联网协议都是基于 OSI 模型开发的，OSI 模型分为应用层、表示层、会话层、传输层、网络层、数据链路层和物理层。

TCP/IP 模型是 OSI 模型的简化，TCP/IP 模型分为应用层、传输层、网络层和主机到网络层，OSI 模型与 TCP/IP 模型的联系如图 2-56 所示。

#### 2. 数据包的概念

TCP/IP 协议工作在 OSI 模型的第三层（网络层）、第四层（传输层），帧工作在 OSI 模型的第二层（数据链路层）。包（Packet）是 TCP/IP 协议通信传输中的数据单位，也称"数据包"，包含在帧里。通过抓取与分析数据包，可获得网络相关信息。

### 【任务实施】

#### 1. 利用 Wireshark 抓取 HTTP 数据包

Wireshark 是一款网络抓包软件，可以按照类型抓取 TCP、UDP、HTTP 等不同类型的数据包。

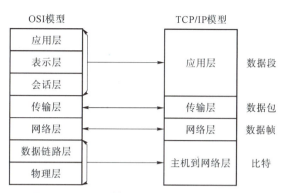

图 2-56  OSI 模型与 TCP/IP 模型的联系

1）确定目标地址

选择 www.baidu.com 作为目标地址。在进行跟踪之前，首先清空 Web 浏览器的高速缓存以确保 Web 网页是从网络中获取的，而不是从高速缓冲区中取得的。之后，还要在客户端清空 DNS 高速缓存，以确保 Web 服务器域名到 IP 地址的映射是从网络中请求的。在 Windows XP 系统中，可在命令提示行中输入 "ipconfig/flushdns"（清除 DNS 解析程序缓存）完成操作。

2）配置过滤器

启动 Wireshark 软件，针对协议进行过滤设置。设置显示过滤器，可以过滤掉所需要的数据包。因为 ping 命令使用的是 ICMP 协议，抓包前使用捕捉过滤器，过滤设置为 icmp。在 Web 浏览器中输入 "http://www.baidu.com"，然后停止分组俘获，如图 2-57 所示。

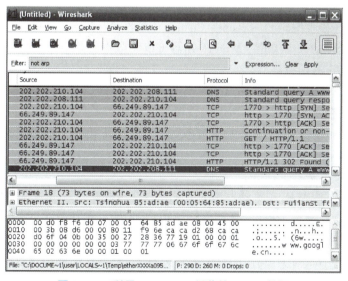

图 2-57  利用 Wireshark 俘获的 HTTP 数据

在 "http://www.baidu.com" 中，"www.baidu.com" 是一个具体的 Web 服务器的域名。最前面有两个 DNS 分组。第一个分组是将域名 www.baidu.com 转换成为对应的 IP 地址的请求，第二个分组包含了转换的结果。

因为网络层 IP 协议是通过点分十进制来表示 Internet 主机的，而不是通过 "www.baidu.com"

这样的域名。当输入"http：//www.baidu.com"时，将要求 Web 服务器从主机 www.baidu.com 上请求数据，但首先 Web 浏览器必须确定这个主机的 IP 地址。随着转换的完成，Web 浏览器与 Web 服务器建立一个 TCP 连接，然后 Web 浏览器使用已建立好的 TCP 连接来发送请求"GET/HTTP/1.1"。这个分组描述了要求的行为（GET）及文件（只写"/"是因为没有指定额外的文件名），还有所用到的协议的版本（HTTP/1.1）。

**2. 分析数据包**

（1）选取一个数据包进行分析，如图 2-58 所示。

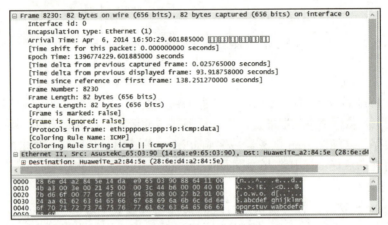

图 2-58　分析一个数据包

User-Agent 首部描述了提出请求的 Web 浏览器及客户机。

接下来是一系列的 Accept 首部，包括 Accept（接收）、Accept-Language（接收语言）、Accept-Encoding（接收编码）、Accept-Charset（接收字符集）。它们告诉 Web 服务器客户 Web 浏览器准备处理的数据类型。Web 服务器可以将数据转变为不同的语言和格式。这些首部同时表明了客户的相关信息。

Keep-Alive 及 Connection 首部描述了有关 TCP 连接的信息，通过此连接发送 HTTP 请求和响应。它表明在发送请求之后连接是否保持活动状态及保持多久。大多数 HTTP1.1 连接是持久的（persistent），意思是在每次请求后不关闭 TCP 连接，而是保持该连接以接收从同一台服务器发来的多个请求。

（2）查看 Web 服务器的应答。

前面已经查看了由 Web 浏览器发送的请求，现在来观察 Web 服务器的回答。响应首先发送"HTTP/1.1 200 ok"，指明它开始使用 HTTP1.1 版本来发送网页。同样，在响应分组中，它后面也跟随着一些首部。最后，被请求的实际数据被发送。

第一个 Cache-control 首部用于描述是否将数据的副本存储或高速缓存起来，以便将来引用。一般个人的 Web 浏览器会高速缓存一些本机最近访问过的网页，需要对同一页面再次进行访问时，如果该网页仍存储于高速缓存中，就不再向服务器请求数据。类似地，在同一个网络中的计算机可以共享一些存储在高速缓存中的页面，以防止多个用户通过到其他网络的低速网络连接从网上获取相同的数据。这样的高速缓存称为代理高速缓存（proxy cache）。在所俘获的分组中看到"Cache-control"的首部值是"private"。这表明服务器已经对这个用户产生了一个个性化的响应，而且可以被存储在本地的高速缓存中，但不是共享的高速缓存代理。

在 HTTP 请求中，Web 服务器列出内容类型及可接收的内容编码。本任务中 Web 服务器选择发送内容的类型是 text/html，且内容编码是 gzip。这表明数据部分是压缩了的 HTML。

根据俘获窗口的内容，回答下列问题：

①浏览器运行的是 HTTP1.0 还是 HTTP1.1？
②访问的服务器所运行的 HTTP 版本号是多少？
③浏览器向服务器指出它能接收何种语言版本的对象？
④计算机的 IP 地址是什么？服务器的 IP 地址是什么？
⑤从服务器向浏览器返回的状态代码是多少？
⑥从服务器上所获取的 HTML 文件的最后修改时间是多少？
⑦返回到浏览器的内容一共多少字节？

（3）HTTP 条件 GET/response 交互。

先启动浏览器，清空浏览器的缓存。在启动 Wireshark 分组俘获器后，便开始 Wireshark 分组俘获。接着在浏览器地址栏中输入如下网址：

http：//gaia.cs.umass.edu/wireshark – labs/HTTP – wireshark – file2.html

浏览器中将显示一个具有 5 行的非常简单的 HTML 文件。

接着在浏览器中重新输入相同的 URL 或单击浏览器中的"刷新"按钮。最后停止 Wireshark 分组俘获，在显示过滤筛选说明处输入"http"，分组列表子窗口中将只显示所俘获到的 HTTP 报文。

根据操作回答：

①分析浏览器向服务器发出的第一个 HTTP GET 请求的内容。在该请求报文中，是否有一行是"IF – MODIFIED – SINCE"？
②分析服务器响应报文的内容，服务器是否明确返回了文件的内容？如何获知？
③分析浏览器向服务器发出的第二个 HTTP GET 请求，在该请求报文中是否有一行是"IF – MODIFIED – SINCE"？如果有，在该首部行后面跟着的信息是什么？
④服务器对第二个 HTTP GET 请求的响应中的 HTTP 状态代码是多少？服务器是否明确返回了文件的内容？

（4）获取长文件。

启动浏览器，将浏览器的缓存清空。启动 Wireshark 分组俘获器，开始 Wireshark 分组俘获。在浏览器地址栏中输入如下网址：

http：//gaia.cs.umass.edu/wireshark – labs/HTTP – wireshark – file3.html

最后停止 Wireshark 分组俘获，在显示过滤筛选说明处输入"http"，分组列表子窗口中将只显示所俘获到的 HTTP 报文。

根据操作回答下列问题：

①浏览器一共发出了多少个 HTTP GET 请求？
②承载这个 HTTP 响应报文一共需要多少个 data – containing TCP 报文段？
③与这个 HTTP GET 请求相对应的响应报文的状态代码和状态短语是什么？
④在被传送的数据中一共有多少个 HTTP 状态行与 TCP – induced continuation 有关？

(5) 嵌有对象的 HTML 文档。

先启动浏览器，将浏览器的缓存清空，然后启动 Wireshark 分组俘获器，开始 Wireshark 分组俘获。接着在浏览器地址栏中输入如下网址：

http：//gaia.cs.umass.edu/wireshark-labs/HTTP-wireshark-file4.html

浏览器将显示一个具有两个图片的短 HTTP 文件。最后停止 Wireshark 分组俘获，在显示过滤筛选说明处输入"http"，分组列表子窗口中将只显示所俘获到的 HTTP 报文。

根据操作回答下列问题：

①浏览器一共发出了多少个 HTTP GET 请求？这些请求被发送到的目的地的 IP 地址是什么？

②浏览器在下载这两个图片时，是串行下载还是并行下载？

(6) HTTP 认证。

先启动浏览器，将浏览器的缓存清空，再启动 Wireshark 分组俘获器，开始 Wireshark 分组俘获，然后在浏览器地址栏中输入如下网址：

http：//gaia.cs.umass.edu/wireshark-labs/protected_pages/HTTP-wireshark-file5.html

浏览器将显示一个 HTTP 文件，输入所需要的用户名和密码（用户名：wireshark-students，密码：network），最后停止 Wireshark 分组俘获，在显示过滤筛选说明处输入"http"，分组列表子窗口中将只显示所俘获到的 HTTP 报文。

根据操作回答下列问题：

①对于浏览器发出的最初的 HTTP GET 请求，服务器的响应是什么？

②当浏览器发出第二个 HTTP GET 请求时，在 HTTP GET 报文中包含了哪些新的字段？

# 项目 2.4　配置防火墙与入侵检测系统

防火墙是指隔离在本地网络与外界网络之间的一道网络安全防御系统，入侵检测系统是一种对网络传输进行即时监视，发现可疑传输时发出警报或者采取主动反应措施的网络安全设备。本项目要求掌握防火墙和入侵检测系统的配置方法。

## 任务 1　安装和配置防火墙

**【任务描述】**

雅鹿公司电商专员小王需要对防火墙进行 IP 规则设置，以使外部网络不能访问内部网络。请帮助小王完成这一任务。

**【任务分析】**

掌握防火墙 IP 规则的设置原理和方法，掌握防火墙应用程序规则的设置原理和方法。

**【知识准备】**

1. 防火墙的概念

1) 防火墙

防火墙是指隔离在本地网络与外界网络之间的第一道防御系统，防火墙是位于内部网络和外部网络之间的屏障，它按照系统管理员预先定义好的规则来控制数据包的进出。防火墙的作用是防止非法用户的进入，对网络访问进行记录和统计，控制对特殊站点的访问。通过防火墙可以隔离风险区域（即 Internet 或有一定风险的外部网络）与安全区域（本地局域网）的连接，同时不会妨碍人们对风险区域的访问。

防火墙的弱点是不能防范内部入侵。

2）防火墙的位置

防火墙一般位于内、外网络之间，至少应具备 3 个端口，分别接内部网络、外部网络和 DMZ 区（非军事化区），如图 2-59 所示。

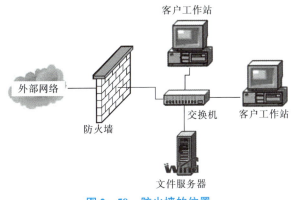

图 2-59　防火墙的位置

防火墙是用于企业内部网络和 Internet 之间实施安全策略的系统，它决定内部服务中哪些可被外界访问，外界的哪些人可以访问内部的哪些服务，同时决定内部人员可以访问哪些外部服务。

**2. 防火墙的功能**

防火墙的功能是管理 Internet 和企业内部网络之间的互相访问；简化安全管理，安全管理措施可以从防火墙上实施；监视网络安全并产生安全报警；是逻辑上的网络地址转换器；审计、记录 Internet 使用量最佳位置；部署 Web 和 FTP 服务器的理想位置；进行集中化安全管理，对网络访问进行记录和统计；控制对特殊站点的访问。

防火墙的主要功能有 5 个：（1）过滤进出网络的数据包；（2）管理进出网络的访问行为；（3）封堵某些被禁止的访问行为；（4）记录通过防火墙的信息内容和活动；（5）对网络攻击进行检测和报警。

**3. 防火墙的基本结构**

1）DMZ

DMZ 是英文"demilitarized zone"的缩写，中文名称为"隔离区"，也称为"非军事化区"。两个防火墙之间的空间被称为 DMZ。与 Internet 相比，DMZ 可以提供更高的安全性。

DMZ 是为了解决安装防火墙后外部网络的访问用户不能访问内部网络服务器的问题而设立的一个非安全系统与安全系统之间的缓冲区。该缓冲区位于企业内部网络和外部网络之间的小网络区域内。在这个小网络区域内可以放置一些必须公开的服务器设施，如企业 Web 服务器、FTP 服务器和论坛等。另外，通过 DMZ 区域，可以更加有效地保护内部网络。这种网络部署，比起一般的防火墙方案，对来自外部网络的攻击者来说又多了一道关卡。

2）防火墙的局限性

不能防止不经过防火墙的攻击；不能防止由于公司泄密者或职员的错误操作而产生的安全威胁；不能防范已感染病毒的软件或文件的传送；不能防止数据驱动型攻击，在表面上看来是无害的数据被邮寄或复制到内部网络主机中，一旦执行就发起攻击。

3）防火墙的设计准则

（1）防火墙的姿态。拒绝每件未被特别许可的事情（限制政策），允许未被特别拒绝的每件事情（宽松政策），多数防火墙都在两种姿态之间采取折中。

（2）防火墙的访问控制策略。当规划一个拥有 DMZ 的网络的时候，可以明确各个网络之间的访问关系，可以确定以下 6 条访问控制策略，如表 2-3 所示。

表 2-3 防火墙的访问控制策略

| 访问控制策略 | 目的 |
| --- | --- |
| 内部网络可以访问外部网络 | 内部网络的用户显然需要自由地访问外部网络。在这一策略中，防火墙需要进行源地址转换 |
| 内部网络可以访问 DMZ | 此策略是为了方便内部网络用户使用和管理 DMZ 中的服务器 |
| 外部网络不能访问内部网络 | 内部网络存放的是公司内部数据，这些数据不允许外部网络用户访问 |
| 外部网络可以访问 DMZ | DMZ 中的服务器本身就是要给外界提供服务的，所以外部网络必须可以访问 DMZ。同时，外部网络访问 DMZ 需要由防火墙完成对外地址到服务器实际地址的转换 |
| DMZ 可以有限制地访问内部网络 | 如果违背此策略，当入侵者攻陷 DMZ 时，就可以进一步进攻到内部网络的重要数据 |
| DMZ 不能访问外部网络 | 此条策略也有例外，比如 DMZ 中放置邮件服务器时，就需要访问外部网络，否则将不能正常工作。在网络中，DMZ 是指为不信任系统提供服务的孤立网段，目的是把敏感的内部网络和其他提供访问服务的网络分开，阻止内部网络和外部网络直接通信，保证内部网络安全 |

（3）防火墙系统的基本成分和基本构件。

**4. 包过滤防火墙**

（1）包过滤防火墙对收到的每一数据包作许可或拒绝决定。

（2）包过滤路由器的优点：速度快、性能高、对用户透明、可进行网络地址转换。

（3）包过滤路由器的局限性：维护比较困难（需要对 TCP/IP 了解）；安全性低（存在 IP 欺骗等）；不提供有用的日志，或根本不提供日志；不防范数据驱动型攻击（缓冲区溢出和输入验证攻击）；不能根据状态信息进行控制；不能处理网络层以上的信息；无法对网络上流动的信息提供全面的控制。

**5. 应用层网关**

应用层网关以存储转发方式，检查和确定网络请求的合法性，以决定是否转发或丢失。

1）应用层网关的优点

网络管理者对每一服务进行完全控制；应用层网关有能力支持用户强制认证并能提供详细的记录信息；应用层网关也比包过滤路由器容易配置和检查。

2)应用层网关的缺点

通过应用层网关的 Telent 访问要求用户通过两步而不是一步来建立连接;每个应用程序都必须有一个代理服务程序来进行完全控制,每一种应用升级时,一般代理服务程序也要升级。

堡垒主机是处于防火墙关键部位、运行应用层网关软件的计算机系统,是能被应用层执行专门功能的组件,它只是简单地被用作 TCP 连接的中继点,而不对传输的数据包进行处理和过滤。

防火墙主要有包过滤路由器、屏蔽主机防火墙和屏蔽子网防火墙三种类型。

屏蔽子网防火墙的优点如下:

(1)入侵者必须闯三关:外部路由器、堡垒主机和内部路由器;

(2)外部路由器是 DMZ 与 Internet 的唯一接口,内部网络对 Internet 来说是"不可见的",Internet 只有通过路由表和域名系统信息交换才能知道 DMZ 的某些系统。

【任务实施】

**1. 安装防火墙**

1)下载天网防火墙

可在网站"http://pfw.sky.net.cn/"下载天网防火墙个人版 v3.0.0.1015 试用版。

2)对该防火墙进行安装

(1)进入"欢迎"界面,选中"我接受此协议"选项,单击"下一步"按钮,如图 2-60 所示。

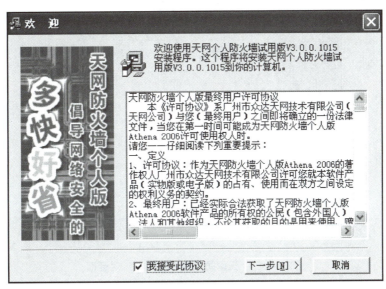

图 2-60 防火墙安装协议

(2)进入"选择安装的目标文件夹"对话框。默认使用的安装目录是"C:\Program Files\SkyNet\Firewall"。如需要更改安装目录,可单击该界面中的"浏览"按钮,选择要安装的目录。确定安装目录后,单击"下一步"按钮,如图 2-61 所示。

(3)打开"选择程序管理器程序组"对话框,单击"下一步"按钮,进入"开始安装"界面,再单击"下一步"按钮,系统开始安装天网防火墙。

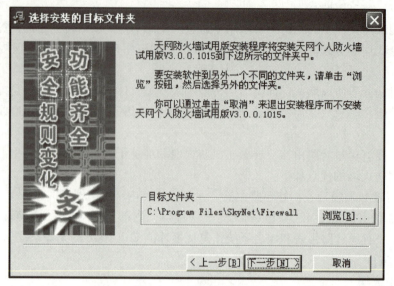

图 2-61 选择安装目录

(4) 在安装过程中,会弹出图 2-62 所示的"天网防火墙设置向导"对话框,阅读说明文字,单击"下一步"按钮。

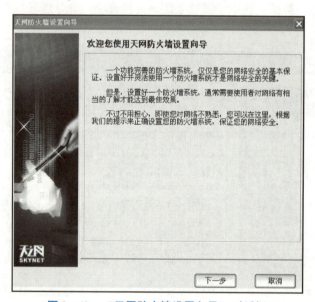

图 2-62 "天网防火墙设置向导"对话框

(5) 进入"安全级别设置"界面,仔细阅读不同的安全级别的安全性说明。

思考:该界面有何用途?记住默认的安全级别,单击"下一步"按钮,如图 2-63 所示。

(6) 进入"局域网信息设置"界面,仔细阅读该界面的说明,保留默认设置不变。

该界面中有两个选择项:"开机的时候自动启动防火墙"和"我的电脑计算机在局域网中使用"。查看该界面中显示的 IP 地址是否是本机地址。单击"刷新"按钮,查看效果。单击"下一步"按钮,如图 2-64 所示。

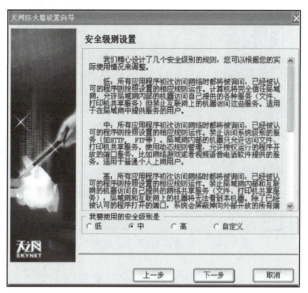

图 2-63　安全级别设置

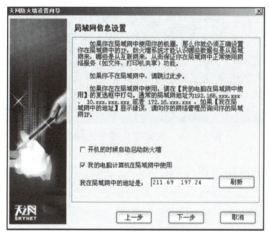

图 2-64　"局域网信息设置"界面

（7）进入"常用应用程序设置"界面，阅读该界面说明。仔细浏览在该界面中包含的应用程序。

思考：如果取消勾选"Internet Explorer"选项，会产生什么样的后果？

保留默认的设置，单击"下一步"按钮，如图 2-65 所示。

（8）进入"向导设置完成"界面，单击"结束"按钮，弹出"安装已完成"界面。取消勾选"安装 CNNIC 中文域名和通用网址客户端软件"选项。

（9）弹出"安装"窗口，要求重新启动计算机，单击"确定"按钮即重新启动计算机。

**2. 配置天网防火墙**

1）启动天网防火墙

（1）选择"开始"→"程序"→"天网防火墙个人版 V2.73"选项，此时会弹出一个对话框，要求输入用户名和注册码，单击"取消"按钮，启动天网防火墙。

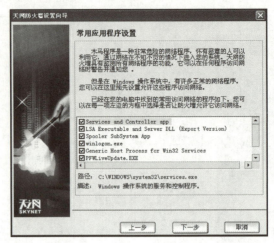

图 2-65　"常用应用程序设置"界面

(2) 在任务栏托盘处会看见一个蓝色的天网防火墙图标,双击该图标,天网防火墙个人版软件就展示在桌面上,如图 2-66 所示。

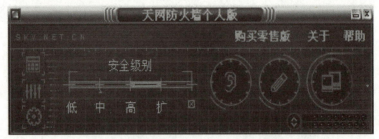

图 2-66　天网防火墙个人版软件

2) 学习应用程序访问网络权限设置功能

(1) 打开 IE 浏览器,试着访问一个网页,看是否能够正常访问。

(2) 单击"应用程序规则"按钮,弹出图 2-67 所示界面。

图 2-67　应用程序规则

(3) 找到 Internet Explorer 应用程序，单击"选项"按钮，弹出"应用程序规则高级设置"对话框，如图 2-68 所示，仔细阅读规则。

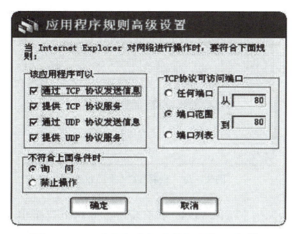

图 2-68 "应用程序规则高级设置"对话框

(4) 选中 Internet Explorer 应用程序，单击"删除"按钮。然后打开 IE 浏览器，试着访问一个网站，看看结果如何。

思考：将此结果和第（1）步的结果比较，看看有何不同。

3) 学习系统设置功能

(1) 单击"系统设置"按钮，弹出系统设置界面，如图 2-69 所示。

图 2-69 系统设置界面

思考1：如果勾选"启动"区域的"开机后自动启动防火墙"选项，会有什么结果？

思考2：如果勾选"应用程序权限"区域的"允许所有的应用程序访问网络，并在规则中记录这些程序"选项，会有什么结果？

(2) 单击"在线升级设置"选项卡，熟悉相关内容。

4) 学习网络访问监控功能

(1) 单击"应用程序网络使用状况"按钮，弹出图 2-70 所示界面。将所有选项展开，查看针对 TCP 协议，本机哪些端口处于监听状态，并记录下来。

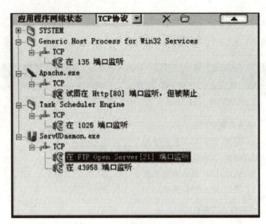

图 2-70　查看 TCP 端口状态

（2）在该界面中，单击"TCP 协议"下拉按钮，显示下拉菜单，然后在下拉菜单中选择"UDP 协议"选项，界面如图 2-71 所示。将所有选项展开，查看针对 UDP 协议，本机哪些端口处于监听状态，并记录下来。

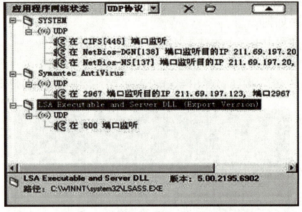

图 2-71　查看 UDP 端口状态

5）学习日志记录功能

单击"日志"按钮，弹出图 2-72 所示界面。

图 2-72　查看日志记录

详细阅读每一条记录,并思考这些记录和本机哪些操作是关联的。

6)学习断开/接通网络功能

单击"断开/接通网络"按钮,打开一个IE窗口,输入刚才访问的网站,看能否再次访问。

### 3. 理解防火墙的 IP 规则

(1)需要两台计算机配对做实验。计算机甲安装并启动天网防火墙,计算机乙不启动天网防火墙并保证没有加载其他防火墙。

(2)在计算机甲上,单击"自定义 IP 规则"按钮,弹出图 2-73 所示界面。

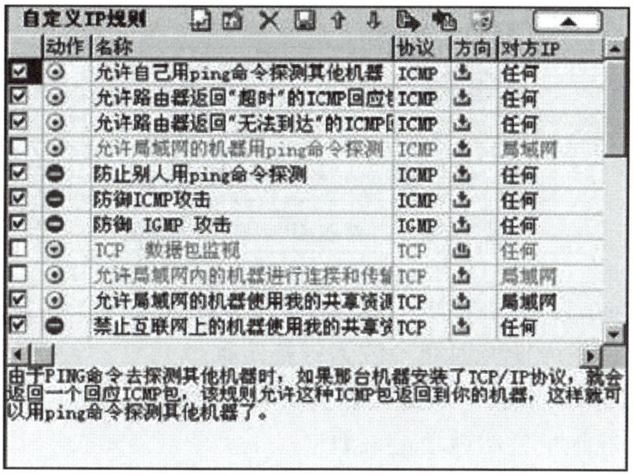

图 2-73 "自定义 IP 规则"界面

(3)获取计算机甲和乙的 IP 地址。在计算机乙上,使用 ping 命令 ping 计算机甲,看能否 ping 通。

在计算机甲上,使用 ping 命令 ping 计算机乙,看是否 ping 通。例如,计算机甲的 IP 地址为 192.169.0.101,则在计算机乙上,选择"开始"→"运行"选项,在"打开"文本框中输入"ping 192.168.0.101 -t",查看弹出窗口显示的 ping 命令执行结果,如图 2-74 所示。

图 2-74 使用 ping 命令

(4)在计算机甲的天网防火墙 IP 规则列表中,找到"防止别人用 ping 命令探测"这条规则,可以看到,使用默认规则时该规则是被勾选的,现在取消勾选。

(5)在计算机乙上,再次使用 ping 命令 ping 计算机甲,查看弹出窗口显示的 ping 命令执行结果,将它与第(3)步的相同操作的结果比较,并思考原因。

(6)在计算机甲的天网防火墙 IP 规则列表中,找到"禁止所有人连接"这条规则,可以看到,使用默认规则时该规则是被勾选的,双击它,弹出"修改 IP 规则"对话框,如图 2-75 所示。

图 2-75 "修改 IP 规则"对话框

(7) 仔细阅读该对话框中的相关信息,思考该规则的功能。在该对话框中,单击"对方 IP 地址"下拉按钮,将"任何地址"改为"指定地址"。

(8) 在"指定地址"的右边,填上计算机乙的 IP 地址。例如,如果计算机乙的 IP 地址为 192.168.0.102,则在地址栏中就填上该地址。

## 任务 2　了解入侵检测系统

防火墙作为网络边界设备,其功能是过滤外部危险数据流,但是由于网络中的安全威胁 80% 来自防火墙内部环境,所以防火墙并不能绝对保护网络的安全。若只依靠防火墙对网络进行安全防御,则不能很好地保证网络安全。入侵检测系统作为防火墙系统的一个有效补充,可以防范防火墙开放的服务入侵,通过事先发现风险来阻止入侵事件的发生。

【任务描述】

雅鹿公司电商专员小王需要使用搜索引擎查找相关资料,以对入侵检测系统作深入了解。请帮助小王完成这一任务。

【任务分析】

此任务涉及入侵检测系统的工作原理和过程。

【任务实施】

**1. 入侵检测系统的基本知识**

1) 入侵检测系统的基本概念

在整个防御体系中,入侵检测系统(Intrusion Detection System,IDS)和防火墙在功能上具有互补性,它们相辅相成,扮演着不同的角色。形象地说,假如防火墙是一幢大厦的门锁,那么入侵检测系统就是这幢大厦里的监视系统,能够捕获并记录网络上的所有数据,同时它也是智能摄像机,能够分析网络数据并提炼出可疑的、异常的网络数据,能够对入侵行为自动地进行反击。

2) 入侵检测系统的主要功能

防火墙并不能防御来自内部的安全威胁,而入侵检测系统能作为防火墙的补充,保护网络不受内部安全威胁。入侵检测系统能监测某些被防火墙认为是正常连接的外部入侵，弥补了防火墙对 IP 欺骗无法防范的缺陷（注意：攻击者获得合法的 IP 地址就可以轻松通过防火墙）。同时入侵检测系统也能监测内部使用者的不当行为，这是防火墙无法做到的。

入侵检测系统的主要功能如下：
（1）监视、分析用户及系统活动；
（2）进行系统构造和弱点的审计；
（3）识别反映已知进攻的活动模式并向相关人士报警；
（4）进行异常行为模式的统计分析；
（5）评估重要系统和数据文件的完整性；
（6）进行操作系统的审计跟踪管理，并识别用户违反安全策略的行为。

3）入侵检测系统的位置

入侵检测系统一般位于防火墙与内部网络之间，如图 2-76 所示。

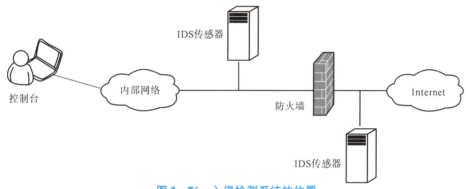

图 2-76 入侵检测系统的位置

### 2. 入侵检测系统的组成

入侵检测系统由以下四个部分组成：

（1）事件产生器（Event Generators）。事件产生器的目的是从整个计算环境中获得事件，并向系统的其他部分提供此事件。

（2）事件分析器（Event Analyzers）。事件分析器经过分析得到数据，并产生分析结果。

（3）响应单元（Response Units）。响应单元是对分析结果作出反应的功能单元，它可以作出切断连接、改变文件属性等强烈反应，也可以只是简单的报警。

（4）事件数据库（Event Databases）。事件数据库是存放各种中间和最终数据的地方的统称，它可以是复杂的数据库，也可以是简单的文本文件。

入侵检测系统的组成如图 2-77 所示。

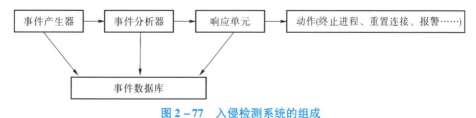

图 2-77 入侵检测系统的组成

**3. 入侵检测系统的工作过程**

入侵检测系统首先通过日志文件等途径进行信息收集，了解和观察入侵者的行为、意图，然后将存储的入侵方式的资料与特征库进行比对，发现入侵的企图。

1）信息收集

信息收集的数据来源及内容如表 2-4 所示。

表 2-4 信息收集的数据来源及内容

| 数据来源 | 内容 |
| --- | --- |
| 主机 | 操作系统审计跟踪信息和系统日志 |
| 网络 | 网络数据 |
| 应用程序 | 应用程序的事件日志 |
| 目标机 | 目标机的事件日志 |

信息收集主要统计正常使用时系统对象（包括用户、文件、目录、设备）的访问次数、操作失败次数和延时等信息。

应用程序日志、安全日志、系统日志、DNS 日志默认位置：% systemroot% \ sys tem32 \ config；

安全日志文件默认位置：C:\systemroot\system32\config\SecEvent. EVT；

系统日志文件默认位置：C:\systemroot\system32\config\SysEvent. EVT；

应用程序日志文件默认位置：C:\systemroot\system32\config\AppEvent. EVT；

Internet 信息服务 FTP 日志默认位置：C:\systemroot\system32\logfiles\msftpsvc1\；

Internet 信息服务 WWW 日志默认位置：C:\systemroot\system32\logfiles\w3svc1\。

2）模式匹配

模式匹配就是将收集到的信息与已知的网络入侵和系统误用模式数据库进行比较，从而发现违背安全策略的行为。

3）结果处理

当一个攻击事件被检测出来以后，IDS 就应该根据入侵事件的类型或性质作出相应的告警与响应。常见的方式有：自动终止攻击过程；终止用户连接；禁止用户账号登录；重新配置防火墙阻塞攻击的源地址；向管理控制平台发出警告，指出事件的发生；向网络管理平台发出 SNMP TRAP；记录事件的日志，包括日期时间、源地址、目的地址、描述与事件相关的数据。

【动手做一做】

在 Windows Server 2022 虚拟机（主机 A）中安装 Session Wall -3 软件，另一 Windows XP 虚拟机（主机 B）用来对主机 A 实施 X - Scan 扫描和 UDP Flood 攻击。在主机 B 上对主机 A 的 80 端口发起 UDP Flood 攻击，使用主机 A 安装的 Session Wall -3 软件查看主机 A 的最近活动情况。

完成任务所需的设备和软件如下：

（1）Windows Server 2022 虚拟机 1 台（主机 A）、Windows XP 虚拟机 1 台（主机 B）；

（2）Session Wall -3 软件 1 套；

（3）X – Scan 软件 1 套；
（4）UDP Flood 软件 1 套。

# 项目 2.5　防范计算机病毒和木马

计算机病毒和木马严重危害电子商务的运营系统，计算机病毒和木马的识别、清除、预防是电子商务安全的重要内容。本项目要求掌握计算机病毒和木马的防范方法。

## 任务 1　防范计算机病毒

【任务描述】

雅鹿公司电商专员小王需要对公司网站进行一次计算机病毒和木马的常规检查。请帮助小王完成上述任务。

【任务分析】

计算机病毒的防范可分为计算机病毒的识别、清除和预防 3 个方面。

【知识准备】

**1. 计算机病毒的特点**

从已经发现的计算机病毒来看，它们具有一些共同的特性。

1）破坏性

计算机病毒入侵计算机系统后，其破坏性的主要表现如下：

（1）占用 CPU 时间和内存开销，从而造成进程堵塞，使计算机运行速度下降，耗尽计算机系统资源；

（2）对数据或文件进行破坏和删除；

（3）在计算机系统开设后门，窃取数据或文件。

2）隐蔽性

计算机病毒入侵后可通过改名或者隐藏自身文件等方法，混杂在正常程序之中，很难被发现。

3）潜伏性

计算机病毒入侵后，一般不立即活动，需要等一段时间，条件成熟后才作用。例如，臭名昭著的 CIH 病毒每逢 4 月 26 日发作。

4）传染性

对于绝大多数计算机病毒来说，传染是它的一个重要特性。它通过修改别的程序，并把自身复制包括进去，从而达到扩散传染的目的。

**2. 计算机病毒的分类**

1）按表现性质，计算机病毒可分为良性病毒和恶性病毒。

（1）良性病毒：良性病毒的危害性小，不破坏系统和数据，但大量占

思政元素 6

用系统开销，使机器无法正常工作甚至陷于瘫痪。如国内出现的圆点病毒就是良性病毒。

（2）恶性病毒：恶性病毒可能会毁坏数据文件，也可能使计算机停止工作。若按激活的时间又可将其分为定时病毒和随机病毒。定时病毒仅在某一特定时间才发作，而随机病毒一般不是由时钟来激活的。

2）按入侵方式，计算机病毒可分为操作系统型病毒、源码病毒、外壳病毒和入侵病毒。

（1）操作系统型病毒：大麻病毒就是典型的操作系统型病毒，这种病毒具有很强的破坏性（用它自己的程序加入或取代部分操作系统进行工作），可以导致整个系统的瘫痪。

（2）源码病毒：在程序被编译之前插入由 FORTRAN、C 或 PASCAL 等语言编制的源程序，完成这一工作的病毒程序一般在语言处理程序或连接程序中。

（3）外壳病毒：常附在主程序的首尾，对源程序不作修改，这种病毒较常见，易于编写，也易于发现，一般测试可执行文件的大小即可知。

（4）入侵病毒：入侵到主程序之中，并替代主程序中部分不常用的功能模块或堆栈区，这种病毒一般是针对某些特定程序而编写的。

**【任务实施】**

**1. 判断计算机感染病毒的方法**

一般来说，当计算机出现以下不正常现象时，应当怀疑是否感染了病毒：

（1）文件的大小和日期发生变化；

（2）系统启动速度比平时慢；

（3）没做写操作时出现"磁盘有写保护"信息；

（4）系统运行速度异常慢；

（5）有特殊文件自动生成；

（6）磁盘空间自动产生坏簇或磁盘空间减小；

（7）文件莫名其妙丢失；

（8）系统异常死机的次数增加；

（9）"COMMAND.COM""AUTOEXEC.BAT""CONFIG.SYS"文件被修改；

（10）程序载入时间和访问磁盘时间比平时长；

（11）用户并没有访问的设备，却出现"忙"信号；

（12）出现莫名其妙的隐藏文件。

**2. 编写宏病毒**

宏病毒属于文件型病毒，会感染 Office 文档，其危害性很大。宏病毒是一种寄存在文档或模板的宏中的计算机病毒。一旦打开这样的文档，文档中的宏就会被执行，于是宏病毒就会被激活，转移到计算机上，并驻留在 Office 文档的 Normal 模板上，所有自动保存的文档都会感染上宏病毒，而且如果其他用户打开了感染宏病毒的文档，宏病毒又会转移到该用户的计算机上。

1）宏病毒自我复制功能演示

（1）打开一个 Word 文档，然后按"Alt + F11"组合键调用宏编写窗口（"工具"→"宏"→"Visual Basic"→"宏编辑器"），在左侧的"Project"→"Microsoft Word 对象"→"This Document"文本框中输入源代码（macro_1.txt），保存。

（2）当前 Word 文档就含有宏病毒，只要下次打开这个 Word 文档，就会执行以上代码，并将自身复制到"Normal.dot"（Word 文档的公共模板）和当前文档的 This Document 中，同时改变函数名（模板中为 Document_Close，当前文档为 Document_Open）。

（3）此时所有的 Word 文档在打开或关闭时都将运行以上病毒代码，在此基础上可以加入适当的恶意代码，进一步影响 Word 的正常使用。本例中只是简单地跳出一个提示框。

2）"台湾 1 号"病毒演示

（1）对前面的恶意代码稍加修改就可以成为宏病毒代码，使其具有一定的破坏性。

（2）以著名宏病毒"台湾 1 号"的恶意代码部分为基础，对源代码作适当修改，使其能够在 Word 版本中运行。

（3）该病毒的效果如下：当打开被感染的 Word 文档时，先进行自我复制，感染 Word 模板，然后检查日期，看是否是 1 日（即在每月的 1 日会发作），然后跳出一个对话框，要求用户进行一次心算游戏，如 4 个小于 10 的数相乘，如果用户的计算正确，那么就会新建一个文档，弹出如下字幕："何谓宏病毒，答案：我就是……；如何预防宏病毒，答案：不要看我……"。如果计算错误，就新建 20 个写有"宏病毒"字样的 Word 文档，然后再一次进行心算游戏，总共进行 3 次，然后跳出程序。

3）计算机病毒查杀

使用宏病毒专杀工具，可对受感染的 Office 文档进行查杀，清除宏病毒，具体操作如下：

（1）打开受感染的 Word 文档，进入宏编辑环境（Alt＋F11），选择"Normal"→"Microsoft Word 对象"→"This Document"选项，清除其中的病毒代码（只要删除所有内容即可）。

（2）执行"Project"→"Microsoft Word"→"This Document"命令，即可清除其中的病毒代码。

（3）实际上，模板的病毒代码只要在处理最后一个受感染文件时清除即可，然而清除模板病毒后，如果重新打开其他已感染文件，模板将再次被感染。

（4）为了保证病毒被彻底清除干净，可以下载宏病毒专杀工具，查杀受感染文档的模板，清除宏病毒。

### 3. 计算机病毒的防范

计算机病毒的防范主要包括以下三方面。

1）备份计算机中的文件

养成定期备份数据和文档的习惯，万一文件被计算机病毒破坏，可以马上恢复。

2）加固计算机系统

安装正版杀毒软件，并定时更新病毒库，同时为计算机安装防火墙，定时更新系统修补漏洞。

3）增强计算机病毒防护意识

定期升级计算机杀毒软件，不使用来历不明的文件，使用文件前必须要用杀毒软件扫描，确认没有病毒后才能进行复制和使用。制订计算机病毒感染突发情况的应急方案，提高警惕性，实行安全巡检制度等。

【动手做一做】

上网通过搜索引擎搜索资料，回答以下问题：

(1) "台湾1号"病毒的主要特征是什么？它是如何传播的？
(2) "台湾1号"病毒有没有变种？举出两个例子，并简单描述它们的特征。
(3) 比较"美丽莎"宏病毒和"台湾1号"病毒，分析它们的异同。

## 任务2　防范木马与蠕虫

根据中国国家计算机病毒应急处理中心最新发布的统计报告显示，在发生危害的程序中，木马占将近45%，蠕虫占25%，计算机病毒占35%，因此，防范木马与蠕虫是计算机安全防范的重点工作。

【任务描述】

雅鹿公司电商专员小王接受了一项新任务：负责检查计算机系统中的木马。请帮助小王完成此任务。

【任务分析】

本任务涉及的知识点有两个：（1）木马和蠕虫的工作原理；（2）预防木马和蠕虫的方法。

【知识准备】

**1. 计算机病毒、木马与蠕虫的相同点**

木马独有的特征是伪装成正常的应用程序，骗取用户的信任而入侵，潜伏在电脑中盗取用户资料与信息。木马与计算机病毒有两点本质的区别：木马不会自动传染，而计算机病毒会自动传染；木马是窃取用户资料，而计算机病毒是破坏计算机系统及文件，造成数据上不可逆转的损坏。

蠕虫具有不利用文件寄生的特征（存在于计算机内存中），蠕虫能利用计算机系统漏洞主动进行攻击，通过网络（主要以电子邮件、恶意网页的形式）迅速传播，可以在很短的时间内蔓延整个网络，造成整个互联网瘫痪性的后果。

计算机病毒、木马与蠕虫的共同特征是自我复制、传播、破坏计算机文件。蠕虫是一种通过网络传播的恶性病毒，它与计算机病毒有一些共性，如传播性、隐蔽性、破坏性等。蠕虫和计算机病毒都具有传染性和复制性，尤其是近年来，越来越多的计算机病毒采取了部分蠕虫技术，而具有破坏性的蠕虫也采取了部分计算机病毒技术。

**2. 计算机病毒、木马与蠕虫的不同点**

计算机病毒、木马与蠕虫的区别如表2-5所示。

表2-5　计算机病毒、木马与蠕虫的区别

| 特点 | 计算机病毒 | 木马 | 蠕虫 |
| --- | --- | --- | --- |
| 影响方式 | 寄生，影响宿主计算机的文件系统 | 隐蔽在计算机中，计算机仍能正常工作，目的是窃取信息 | 独立存在，影响网络性能和系统性能 |
| 复制机制 | 插入宿主程序中 | 不具备自我复制能力 | 自身复制 |
| 传染机制 | 在宿主程序中运行 | 捆绑在其他文件中，随着其他文件的读取进行传播 | 系统存在的漏洞 |

续表

| 特点 | 计算机病毒 | 木马 | 蠕虫 |
|---|---|---|---|
| 传染目标 | 针对本地文件 | 针对网络上的计算机 | 针对网络上的计算机 |
| 触发传染 | 计算机使用者 | 木马有服务器和客户端，服务器存在于被入侵的电脑中，中了木马的计算机可以被人为控制 | 程序自身 |
| 防范措施 | 从宿主文件中清除 | 从宿主计算机系统中清除 | 为计算机系统打补丁 |

计算机病毒主要攻击的是文件系统，在其传染的过程中，计算机使用者是传染的触发者，是传染的关键环节；而蠕虫是利用计算机系统漏洞进行传染的，在搜索到网络中存在漏洞的计算机后进行主动攻击。病毒传染的过程与计算机操作者是否进行操作无关。

【任务实施】

**1. 了解木马的隐身术**

木马隐藏的主要途径有以下几种。

（1）木马隐藏在启动程序中。木马会隐藏在操作系统的启动程序中，启动组对应的文件夹为"C:\windows\start menu\programs\startup"，在注册表中的位置为"HKEY_CURRENT_USER\Software\Microsoft\Windows\CurrentVersionExplorer\ShellFolders Startup ='C:\windows\start menu\programs\startup'"。

（2）木马隐藏在应用程序中。木马是一个服务器/客户端程序，为了不被用户轻易地删除，木马常常和某一应用程序捆绑在一起，然后上传到服务器并覆盖原文件，这样即使木马被删除了，只要运行捆绑了木马的应用程序，木马又会被自动安装。

（3）木马隐藏在配置文件中。操作系统的"Config.sys"配置文件也是木马的藏身之处，而且利用配置文件的特殊作用，木马很容易就能在计算机中运行。

（4）木马隐藏在"Win.ini"中。"Win.ini"是Windows系统的一个基本系统配置文件。打开"Win.ini"文件，在该文件的［windows］字段中有启动命令"load ="和"run ="。在一般情况下，"="后面是空白的，如果有后跟程序，例如，"run = c:\windows\file.exe load = c:\windows\file.exe"，这个"file.exe"很可能是木马程序。

（5）木马隐藏在普通文件中。通过文件捆绑机，就能将木马与普通文件捆绑在一起，对于Windows操作者，只要打开被捆绑的文件，木马就被激活运行。例如，把可执行文件伪装成图片或文本——在程序中把图标改成Windows的默认图标，再把文件名改为"*.jpg.exe"，由于Windows的默认设置是"不显示已知的文件后缀名"，文件将会显示为"*.jpg"，当使用者单击这个图标时，即激活木马运行。

（6）木马隐藏在注册表中。由于操作系统的注册表比较复杂，木马常常喜欢隐藏在这里。例如，木马通常会隐藏在"HKEY_LOCAL_MACHINE\Software\Microsoft\Windows\CurrentVersion"下所有以"run"开头的键值、"HKEY_CURRENT_USER\Software\Microsoft\Windows\CurrentVersion"下所有以"run"开头的键值、"HKEY－USERS\.Default\Software\Microsoft\Windows\CurrentVersion"下所有以"run"开头的键值。

木马文件很像系统自身文件，通过伪装蒙蔽使用者，如"Acid Battery v1.0木马"，将注册表"HKEY－LOCAL－MACHINESOFTWAREMicrosoftWindowsCurrentVersionRun"下的

Explorer 键值改为 Explorer = "C：WINDOWSexpiorer.exe"，木马与真正的 Explorer 之间只有 "i" 与 "l" 的差别。

【动手做一做】

通过 regedit 命令打开注册表编辑器，找到 "HKEY – LOCAL – MACHINESoftwareMicrosoft WindowsCurrentVersionRun" 目录，查看键值中有没有自己不熟悉的自动启动文件，扩展名为 "exe"。

（7）木马隐藏在 "System.ini" 中。Windows 安装目录下的 "System.ini" 也是木马喜欢隐藏的地方，在该文件中的 [boot] 字段中，正确的文件名应该是 "explorer.exe"，如果不是 "explorer.exe"，有 "shell = Explorer.exe file.exe" 这样的内容，这里的 "file.exe" 就是木马服务器程序。另外，在 "System.ini" 的 [386Enh] 字段，要注意检查此段内的 "driver = 路径\程序名"，这里也有可能被木马所利用。例如，"System.ini" 中的 [mic]、[drivers]、[drivers32] 这3个字段起到加载驱动程序的作用，所以此处也是木马的藏身之处。

（8）木马隐藏在 "Winstart.bat" 中。"Winstart.bat" 文件也是一个能自动被 Windows 加载运行的文件，它在多数情况下由应用程序及 Windows 自动生成，在执行了 "Win.com" 并加载了多数驱动程序之后开始执行。由于 "Autoexec.bat" 的功能可以由 "Winstart.bat" 代替完成，因此木马完全可以像在 Autoexec.bat 中那样被加载运行，危险由此而来。

2. 了解木马的工作原理

木马是一种计算机黑客用于远程控制计算机的程序，一旦进入就会驻扎在计算机里，随着计算机的运行而自动运转，并对目标计算机进行特殊的操作，一般是窃取密码和重要文件，对控制计算机实施监控和资料修改等操作。

木马若要正常工作，必须由客户端程序和服务器程序建立网络通信，这种通信是基于 IP 地址和端口号的。隐藏在服务器中的木马一旦被触发，就会不断将通信的 IP 地址和端口号发给客户端，客户端利用服务器发出的信息与服务器建立一条通信线路，最终通过这条线路控制服务器中的计算机。绝大多数木马的客户端和服务器通信协议使用的是 TCP/IP 协议，也有部分使用 UDP 协议进行通信。

常见的普通木马是安装在用户计算机里的一段服务程序，而攻击者控制的则是相应的客户端程序。服务程序通过特定的端口，打开用户计算机的连接资源。一旦攻击者所掌握的客户端程序发出请求，木马便和它连接起来，将用户的信息窃取出去。这种连接方法叫作主动连接，如图 2-78 所示。

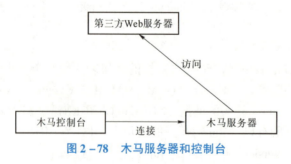

图 2-78 木马服务器和控制台

在通常情况下，服务器的木马首先要伪装成合法的程序，以隐藏自己的行踪；然后通过修改注册表设置触发条件，保证自己可以被执行，一旦发现自己的注册表被修改或删除就能自动修复。

### 3. 了解木马的传播方式

木马的传播方式比较多，主要有以下几种：

（1）利用文件下载进行传播。木马感染了要下载的文件，当下载文件到本地计算机系统，用户打开文件时，木马会自动植入计算机中。

（2）利用系统漏洞进行传播。木马主动寻找计算机系统中存在的漏洞，偷偷开启后门，可随时入侵。

（3）利用电子邮件进行传播。感染了木马的邮件一旦被打开，木马就被激活。

（4）利用远程连接进行传播。

（5）利用网页进行传播。

（6）利用网络蠕虫进行传播。

### 4. 识别钓鱼网站

如今，网上购物已成为人们的生活习惯，网上商城也多如牛毛，随之而来的各种诈骗网站防不胜防。那么，应该如何识别钓鱼网站呢？

钓鱼网站往往会仿冒知名网站，比如仿冒淘宝网、京东商城等电子商务网站。首先检查网站的域名，确认打开的网站是否是正规的网站，仿冒网站的域名与正规网站的域名存在细微差别，往往是一字之差。

如果在购物过程中收到卖家发来的链接，或 QQ 好友发来的网站链接，或者在浏览网页时弹出来的购物窗口链接，就需要验证链接的真实性，仔细观察网站地址、页面是否是官方网站，如图 2-79 所示。

图 2-79　验证网站的真实性

在不能准确识别钓鱼网站的情况下，一定要谨慎操作，切记不要登录账号，否则账号密码容易泄露。

### 5. 蠕虫的防范

1）蠕虫的定义

蠕虫是指"通过计算机网络进行自我复制的恶意程序，泛滥时可以导致网络阻塞和瘫痪"。从本质上讲，蠕虫和计算机病毒的最大区别在于蠕虫是通过网络进行主动传播的，而计算机病毒需要用户的手工干预（如各种外部存储介质的读写）。

蠕虫有多种形式，包括系统漏洞型蠕虫、群发邮件型蠕虫、共享型蠕虫、寄生型蠕虫和混和型蠕虫。系统漏洞是滋生蠕虫的温床，系统漏洞型蠕虫利用客户机或者服务器的操作系统、应用软件的漏洞进行传播，是目前最具有危险性的蠕虫。由于系统漏洞型蠕虫利用了软件系统在设计上的缺陷，并且它们的传播都利用现有的业务端口，因此传统的防火墙对其几乎无能为力。以"冲击波"蠕虫为例，它就是利用 Microsoft RPC DCOM 缓冲区溢出漏洞进行传播的。系统漏洞型蠕虫传播快、范围广、危害大。例如，2001年"红色代码"蠕虫的爆发给全球带来了20亿美金的损失，而 SQL Slammer 只在10分钟内就传遍了世界各地。

近5年来针对微软操作系统漏洞的5个最著名的蠕虫：红色代码、SQL Slammer、冲击波、震荡波、Zobot。这5个蠕虫都是臭名昭著的蠕虫，其中 Zobot 到2005年12月还在网络上肆虐。SQL Slammer（2003年）是一款 DOS 恶意程序，它利用 SQL Server 的弱点采取阻断服务攻击1434端口，并在内存中感染 SQL Server，通过被感染的 SQL Server 大量地散播阻断服务攻击与感染，造成 SQL Server 无法正常作业或宕机，使网络拥塞。

2）防范蠕虫

防范蠕虫可采取以下5个措施：

（1）为操作系统勤打补丁。一般来说，一个操作系统漏洞被发现后，大概在15天以内相关的病毒就会出现，因此有必要随时关注操作系统的补丁升级情况，养成每天定时查看补丁升级的习惯。这里的补丁不仅包括操作系统自身的补丁，也包括其他应用程序的补丁，例如 ftp 服务器的补丁等。

（2）设置运行权限。很多蠕虫感染的条件是 root 级运行的进程出现漏洞，这时蠕虫才有权限进行上载、执行，在 Windows 操作系统中大多数后台进程是以 Administrator 权限执行的，蠕虫带来的危害也相当大；在 Linux 操作系统下可设置非关键进程，以使用普通用户或以 chroot 方式避免权限提升。

（3）关闭不必要的服务。尽量少开计算机服务，以最小化风险。

（4）安装并配置好防火墙。防火墙只允许特定端口的数据包通过，即只允许特定程序访问网络。

（5）对感染蠕虫的计算机主机进行隔离和恢复，防止蠕虫泛滥。

【动手做一做】

清除通过 U 盘传播的"recycler"蠕虫，清除步骤如下：

（1）打开"我的计算机"，选择"工具"→"查看"选项，把"文件夹"选项改为"显示受保护的系统文件"，显示所有文件，显示扩展名，因为后面要删除的 wincfgs.exe 的属性是隐藏的，所以通过普通查看的方式是找不到的。

（2）打开"任务管理器"，找到"wincfgs.exe"进程，停用该进程。

（3）打开"msconfig"（"开始"→"运行"→"msconfig"），去掉"wincfgs.exe"。

（4）打开注册表（"开始"→"运行"→"regedit"），查找"wincfgs.exe"，找到下列选项：

"HKLM\SOFTWARE\Microsoft\WindowsNT\CurrentVersion\Windows"（其中Load="C:\windows\system32\wincfgs.exe"删除）；

"HKEY_LOCAL_MACHINE\SOFTWARE\Microsoft\SharedTools\MSConfig\startupreg\Load"（删除）；

"HKEY_CURRENT_USER\Software\Microsoft\Windows\ShellNoRoam\MUICache"（删除）；

（5）查找"C:/windows/KB20060111.exe 和 c:/windows/system32/wincfgs.exe"并删除。

## 实验二　网络扫描与监听

思政元素8

### 一、实验目的

（1）了解 TCP/IP 模型的层次结构；
（2）了解 TCP/IP 协议的内容；
（3）能够抓取并分析一次完整通信的数据包；
（4）能够对 TCP/IP 协议抓包的检测结果进行分析；
（5）能够利用 SNIFFER 进行网络流量检测；
（6）掌握防范网络监听的方法。

### 二、实验准备

（1）使用的工具软件：VMware 软件、Sniffer pro 软件。
（2）TCP/IP 协议知识：

①TCP/IP 模型包括4个层次：应用层、传输层、网络层、主机到网络层。

a. 传输层提供了 TCP 和 UDP 两种传输协议：

TCP 是面向连接的、可靠的传输协议。它把报文分解为多个段进行传输，在目的站重新装配这些段，必要时重新发送没有收到的段。

UDP 是无连接的传输协议，由于对发送的段不进行校验和确认，因此它是"不可靠"的。

b. 网络层的主要协议为 IP 协议。IP 协议规定了数据传输时的基本单元和格式。如果以货物运输为喻，IP 协议规定了货物打包时的包装箱尺寸和包装的程序。除此以外，IP 协议还定义了数据包的递交办法和路由选择。同样用货物运输作比喻，IP 协议规定了货物的运输方法和运输路线。

②网络监听原理。TCP/IP 协议的工作方式为将要发送的数据帧发往物理连接在一起的所有主机。帧头包含应该接收数据包的主机的地址。数据帧到达一台主机的网络接口时，在正常情况下，网络接口读入数据帧，并检查数据帧帧头中的地址字段，如果数据帧携带的物

理地址是自己的,或者物理地址是广播地址,则将数据帧交给上层协议软件,否则就将这个帧丢弃。对于每个到达网络接口的数据帧,都要进行这个过程。

当主机工作在监听模式下时,不管数据帧的目的地址是什么,所有的数据帧都将被交给上层协议软件处理。只能监听同一个网段的主机。这里"同一个网段"是指物理上的连接,因为不是同一个网段的数据包,所以网关就被滤掉了,传不到该网段来。

网络监听原本是网络管理员使用的一个工具,主要用来监视网络的流量、状态、数据等信息。它对网络上流经自己网段的所有数据进行接收,从中发现用户的有用信息。

### 三、实验过程

**任务一　使用 Sniffer 软件抓包分析 ICMP 协议**

本任务需在小组合作的基础上完成。每个小组由两个成员组成,两台计算机相互之间通信,通过 Sniffer 软件截取通信数据包,分析数据包,完成工作内容。填写"小组情况表",如表 2 – 6 所示。

表 2 – 6　小组情况表

| 小组成员姓名 | 成员机的 IP 地址 |
| --- | --- |
| A | |
| B | |

(1) 通过 ipconfig 命令获取本机的 IP 地址,并填写"小组情况表"。

(2) 定义过滤器。运行 Sniffer 软件,选择"系统"→"捕获"→"定义过滤器"选项,弹出"定义过滤器 – 捕获"对话框,将"高级"选项卡设置为"IP→ICMP",如图 2 – 80 所示。

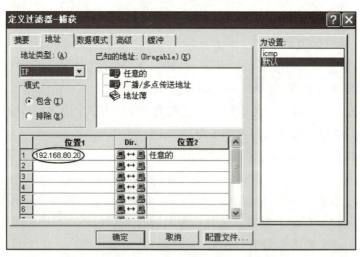

图 2 – 80　"定义过滤器 – 捕获"对话框

(3) 执行"捕获"命令开始抓包。从本机 ping 小组另一位成员的计算机,截取 ping 过程中的通信数据,如图 2 – 81 和图 2 – 82 所示。

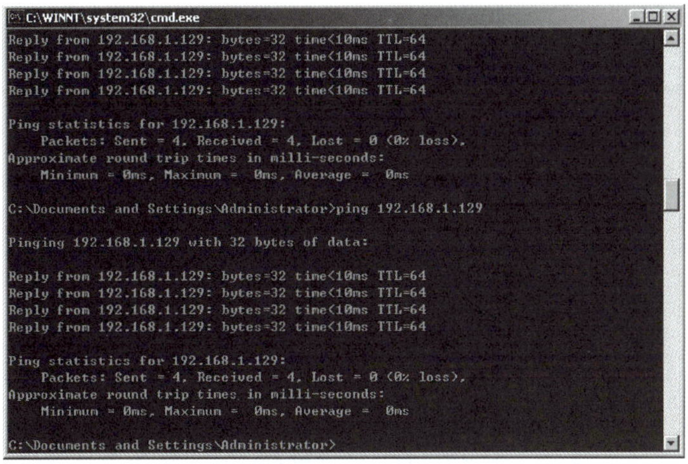

模块二 电子商务的网络安全技术

图 2-81 ping 对方的计算机

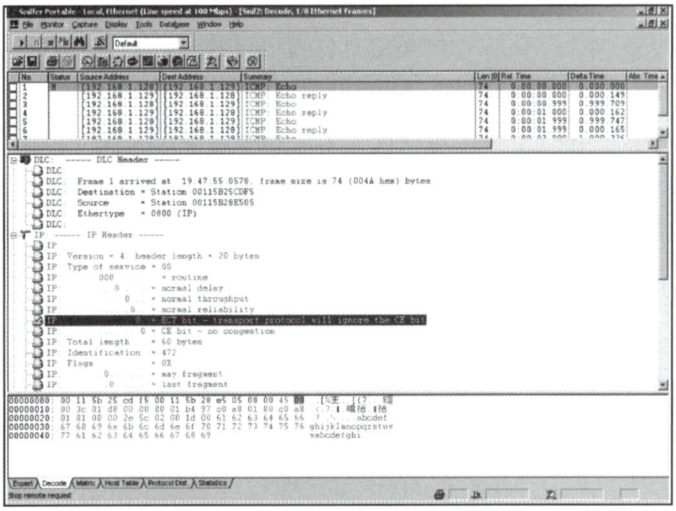

图 2-82 截取 ping 过程中的通信数据

(4) 分析截取的由于第 (3) 步操作而从本机发送到目的机的数据帧中的 IP 数据报文，填写表 2-7。

表 2-7 IP 数据报文

| IP 协议版本号 | |
|---|---|
| 服务类型（使用中文明确说明服务类型，比如"要求最大吞吐量"） | |
| IP 数据报文头长度 | |
| 数据报文总长度 | |
| 标识 | |
| 数据报文是否要求分段 | |

续表

| IP 协议版本号 | |
|---|---|
| 分段偏移量 | |
| 在发送过程中经过几个路由器 | |
| 上层协议名称 | |
| 报文头校验和 | |
| 源地址 | |
| 目标地址 | |

**任务二 开启 telnet 服务，使用 Sniffer 软件截取 telnet 操作中的通信数据**

**1. 开启 telnet 服务**

（1）用鼠标右键单击"我的计算机"图标，选择"管理"→"服务和应用程序"→"服务"→"telnet"选项，用鼠标右键单击"telnet"项，单击"属性"→"启动类型"→"自动"→"应用"→"服务状态"→"启动"→"确定"按钮即可。

（2）关闭防火墙。用鼠标右键单击屏幕右下角网络图标并选择"更改 Windows 防火墙设置"→"关闭"选项。

同时对同伴的计算机进行操作：单击"控制面板"→"Windows 防火墙"→"高级"→"telnet"→"确定"按钮。

（3）为 administrator 用户设置密码。用鼠标右键单击"我的计算机"图标，选择"管理"→"本地用户和组"选项，用鼠标右键单击"administrator"用户，选择"设置密码"选项，在密码设置好后，单击"确定"按钮。

**2. 使用 Sniffer 软件截取操作中的通信数据**

从本机通过 telnet 命令远程登录本小组另一位成员的计算机，然后使用"dir"文件目录查看命令，查看对方 C 盘根目录下的文件系统结构，最后使用 exit 命令退出，如图 2-83 所示。

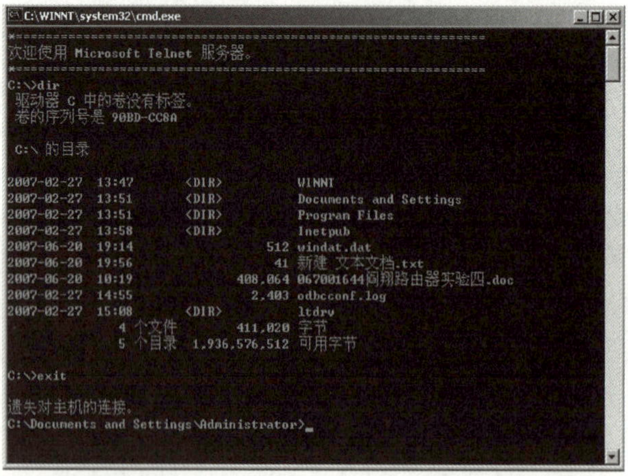

图 2-83 使用"dir"文件目录查看命令

使用 Sniffer 软件分析截取的由第（1）步操作从本机发送到目的机的数据帧中的 TCP 数据报文，如图 2-84 所示。

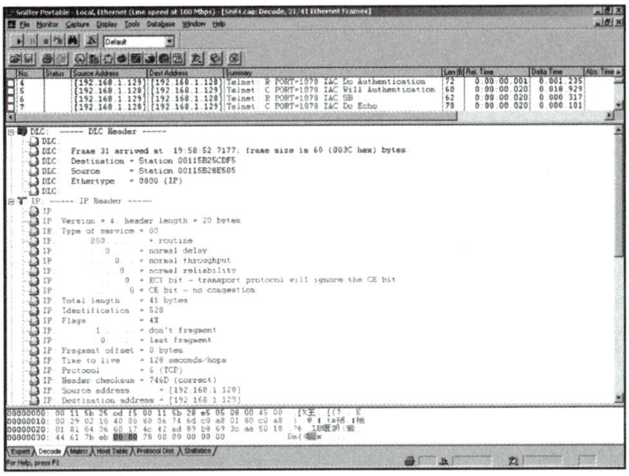

**图 2-84　用 Sniffer 软件分析截取的数据帧中的 TCP 数据报文**

将分析结果记录在表 2-8 中。

**表 2-8　TCP 数据报文**

| 数据发送端口号 | |
|---|---|
| 通信目标端口号 | |
| TCP 数据报文序号 | |
| TCP 数据报文确认号 | |
| 下一个 TCP 数据报文序号 | |
| 标志位含义（如"确认序号有效"） | |
| 窗口大小 | |
| 校验和 | |
| 源 IP 地址 | |
| 目标 IP 地址 | |

## 四、实验报告

撰写实验报告，交流实验心得体会。

# 课后练习题（二）

**课后习题二　答案**

## 一、填空题

1. 计算机病毒的 4 个特点是：_____、_____、_____、_____。
2. 在 Windows 7 中，取消 IPC$ 默认共享的操作是_____。

3. 在命令提示符下输入"NET USER ADMIN 123456 /ADD"的含义是_____
_____。
4. 防火墙主要有_____、_____、_____ 3 种类型。扫描方式可以分成_____和_____两大类。
5. _____是基于主机之上，对系统中不合适的设置、脆弱的密码及其他同安全规则抵触的对象进行检查。
6. 一次成功的攻击可以归纳成基本的 5 个步骤，即"黑客攻击五部曲"，分别为_____、_____、获得系统或管理员权限、种植后门和在网络中隐身。

## 二、选择题

1. 以下不是漏洞扫描的主要任务的是（　　）。
   A. 查看错误配置　　　　　　　　　B. 弱密码检测
   C. 发现网络攻击　　　　　　　　　D. 发现软件
2. 为了防御网络监听，最常用的方法是（　　）。
   A. 采用物理传输（非网络）　　　　B. 信息加密
   C. 无线网　　　　　　　　　　　　D. 使用专线传输
3. 用于检查 Windows 系统中弱口令的安全工具是（　　）。
   A. L0phtCrack　　B. COPS　　C. SuperScan　　D. Ethereal
4. "冲击波"蠕虫利用 Windows 的（　　）系统漏洞
   A. SQL 中的空口令漏洞　　　　　　B. ".ida"漏洞
   C. Microsoft RPC DCOM 缓冲区溢出漏洞　　D. WebDav 漏洞
5. （　　）就是通过各种途径对所要攻击的目标进行多方面的了解，确定攻击的时间和地点。
   A. 扫描　　B. 入侵　　C. 踩点　　D. 监听
6. 对非连续端口进行的、源地址不一致、时间间隔长、没有规律的扫描，称为（　　）。
   A. 乱序扫描　　　　　　　　　　　B. 慢速扫描
   C. 有序扫描　　　　　　　　　　　D. 快速扫描
7. 以下属于 SSL 协议电子商务活动的一个典型应用是（　　）。
   A. TLS　　B. HTTPS　　C. EJB　　D. WPA

## 三、简答题

1. 网络黑客的主要攻击手段有哪些？如何防范？
2. 如何查看本地计算机开放端口？139 端口、445 端口的作用是什么？如何关闭这两个端口？

# 模块三

# 数据加解密技术

密码学是一门关于数据加密和解密的学科,数据加密技术的目的是提高信息系统中数据的安全性和保密性,随着信息技术的发展和人们对计算机的依赖性的加强,计算机信息保密日益引起人们的关注,密码学显得越来越重要。

数据加密技术主要包括数据传输、数据存储、数据完整性的鉴别以及密钥管理等方面的内容。

## 【知识目标】

1. 了解古典密码加解密文件
2. 了解古典密码加解密技术
3. 掌握现代密码的对称密码加解密技术
4. 掌握现代密码的非对称密码加解密技术
5. 了解量子密码技术

## 【技能目标】

1. 会用凯撒密码、维吉尼亚密码、Playfair 密码加解密技术
2. 会用仿射密码加解密文件
3. 会用对称密码和非对称技术
4. 能用 PGP 软件进行数据加密

## 【素质目标】

1. 牢固树立安全保密的责任意识
2. 提高密码的安全防范意识

# 项目 3.1　使用古典密码加解密文件

数据加密是电子商务活动中最基本的安全防范措施,其原理是利用一定的加密算法将明

文转换成难以识别和理解的密文。从密码学的发展历程来看，可分为古典密码学阶段和现代密码学阶段。

古典密码可分为置换密码和替代密码两大类。古典密码的分类如图 3-1 所示。

图 3-1　古典密码的分类

单表替代密码进行加解密时，可使用一个固定的替换表。单表替代密码又可分为移位密码、仿射密码、密钥短语密码等。多表替代密码进行加解密时，可使用多个替换表。多表替代密码有维吉尼亚密码、希尔（Hill）密码、Playfair 密码等。

## 任务 1　使用凯撒密码加解密文件

思政元素 9

### 【任务描述】

密码技术最早被应用在军事上，在两军交战时，情报的传递必须经过加密，用特定的规则来打乱文字的排序，敌军在截取信息之后，除非掌握密钥，也就是解密的规则，否则只能看到杂乱无序，或毫无意义的文字。

如果设定移位长度为 3，那么字母 A 将会被 D 替换，B 将会被 E 替换，依此类推。已知明文 "meet me after the toga party"，请使用凯撒密码求出密文。

### 【任务分析】

凯撒密码属于移位密码，其数学描述如下：

对于明文字符 $x$，其加密密钥为 $k$，加密方法为 $y = x + k$，$k = 1, 2, \cdots, 25$，解密方法为 $x = y - k$，$k = 1, 2, \cdots, 25$。

使用暴力破解法可以破解凯撒密码，因为凯撒密码只有 25 种密匙，暴力破解法就是将 25 种可能性逐个进行检测从而求出密文。

### 【知识准备】

**1. 密码学基础**

1）密码学的发展历史

根据发展阶段，密码学可分为古典密码学阶段（古代—1949 年）、近代密码学阶段（1949—1975 年）和现代密码学阶段（1976 年至今）。

密码学（Cryptology）一词源自希腊文 "kryptós"，直译即为 "隐藏的" 之意。电子商务活动中的身份认证和数字签名是应用密码学最广泛的领域。

密码学的演进过程：单表替代密码→多表替代密码→机械密码→现代密码（对称与非对称密码体制）。

2)密码学的基本概念

(1)明文(Plaintext):在密码学中,要传送的以通用语言明确表达的文字内容称为明文。

(2)密文(Cipher):由明文经变换而形成的用于密码通信的一串符号称为密文。

(3)加密(Encrypt):把明文按约定的变换规则变换为密文的过程称为加密。

(4)解密(Decrypt):收信者用约定的变换规则把密文恢复为明文的过程称为解密。

(5)密钥(Keyword):密钥是一种参数,它是在明文转换为密文或密文转换为明文的算法中输入的参数。密钥分为对称密钥与非对称密钥。

3)密码加解密的机制

密码就是将正常的、可识别的信息转变为无法识别的信息的号码。加密过程的公式表示为 $C = E_{ke}(M)$,解密过程的公式表示为 $M = D_{kd}(C)$。

其中,$C$ 表示密文,$M$ 表示明文,$E$ 表示加密,$D$ 表示解密,$ke$ 表示加密密钥,$kd$ 表示解密密钥。密码加解密的机制如图 3-2 所示。

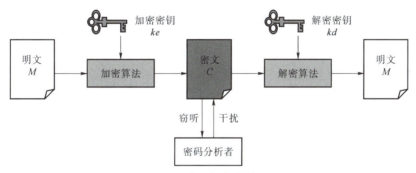

**图 3-2 密码加解密的机制**

**2. 密码的分类**

1)移位密码

移位密码的原理非常简单,密钥空间小,通过穷举法攻击容易破解。移位密码没有隐藏明文的字频信息,破解者可轻易实现破解。破解移位密码的流程如图 3-3 所示。

例如,通过统计发现,一篇密文中最多的字母是 e,使用移位加密方式对该文进行加密,破解过程如下:首先统计密文中出现最多的字母,发现是 h。然后用 h-e=3,得到偏移量为 3。只需要将密文全部减 3,就可得到明文。

2)置换密码

把明文中的字母或数字重新排列,字母或数字本身不变,但其位置发生了改变,这样所编成的密码称为置换密码。置换密码通过重新编排消息字母隐藏信息。置换密码又称为换位密码。

实现置换密码的一种常用方法是矩阵换位法,该方法将明文中的字母按照给定的顺序安排在一个矩阵中,然后根据密钥提供的顺序,重新组合矩阵中的字母,从而形成

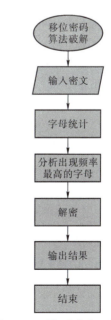

**图 3-3 破解移位密码的流程**

密文。

具体的思路：通过改变矩阵的大小和选出顺序可以得到不同形式的密码，其中有一种巧妙的方法，即先选出一个词语作为密钥，去掉重复字母然后按字典顺序给密钥字母一个编号，于是得到一组与密钥对应的数字序列，最后根据此序列按列选出密文。

### 3. 古典密码

1）古典密码的起源

古代加密方法大约起源于公元前 400 年，长期的战争使斯巴达人发展出了自己的一套加密方式。公元前 5 世纪，斯巴达人使用一种名为"scytail"的器械，把一个带状长条纸呈螺旋形紧紧地绑在一根木棍上，之后再沿着木棍的纵轴沿水平方向从左到右书写文字，在带状长条纸解开后，纸条上的文字消息杂乱无章，无法理解，这就是密文。收信人需要使用一根同样直径的木棍重复这个过程，就能看到原始的消息，得到明文。这是人类历史上使用的最早加密器械。

2）凯撒密码的起源和算法机制

凯撒密码是已知最早的移位密码，凯撒密码诞生于公元前 1 世纪的高卢战争，根据《高卢战记》的描述，凯撒密码是古罗马凯撒大帝在营救西塞罗战役时用来保护重要军情的加密系统。

凯撒密码算法的数学语言描述，简单地说就是一组含有参数 $k$ 的变换 $E$。

设已知信息 $M$（称作明文）通过变换 $E_k$ 得到密文 $C$，数学公式即 $C = E_k(M)$。这个过程称为加密，参数 $k$ 称为密钥。加密算法 $E$ 确定之后，由于密钥 $k$ 不同，密文 $C$ 也不同。

从密文 $C$ 恢复明文 $M$ 的过程称为解密。解密算法 $D$ 是加密算法 $E$ 的逆运算，解密算法也是含有参数 $k$ 的变换。

【任务实施】

#### 1. 使用手工计算破解凯撒密码

凯撒密码作为一种最为古老的对称加密体制，在古罗马的时候就已经很流行，其基本思想是：通过把字母移动一定的位数来实现加密和解密。明文中的所有字母都在字母表上向后（或向前）按照一个固定数目进行偏移后被替换成密文。例如，当偏移量是 3 的时候，所有的字母 A 将被替换成 D，B 被替换成 E，依此类推，X 变成 A，Y 变成 B，Z 变成 C。由此可见，位数就是凯撒密码加密和解密的密钥，从而得到凯撒密码表，如表 3 - 1 所示。

表 3 - 1 凯撒密码表

| 明文 | A | B | C | D | E | F | G | H | I | J | K | L | M | N | O | P | Q | R | S | T | U | V | W | X | Y | Z |
|---|---|---|---|---|---|---|---|---|---|---|---|---|---|---|---|---|---|---|---|---|---|---|---|---|---|---|
| 密文 | D | E | F | G | H | I | J | K | L | M | N | O | P | Q | R | S | T | U | V | W | X | Y | Z | A | B | C |

对于明文"meet me after the toga party"，查凯撒密码表，得到密文为"phhwphdiwhu wkhwrjdsduwb"。

#### 2. 使用 CAP4 软件进行凯撒密码加解密

加密分析软件 CAP4 是国外流行的密码学教学软件，该软件内置了维吉尼亚加解密算法。

有一次古罗马军事统帅凯撒写的明文是"meet me after the toga party",密钥为3,现使用加密分析软件 CAP4 形成密文。

加密分析软件 CAP4 是由 Dr. Richard Spillman 为教学而研制的密码制作和分析工具,该软件内置了古典和现代密码学中的相关算法。

打开该软件后,首先在"Plaintext"文本框中输入明文"meet me after the toga party",如图 3-4 所示。

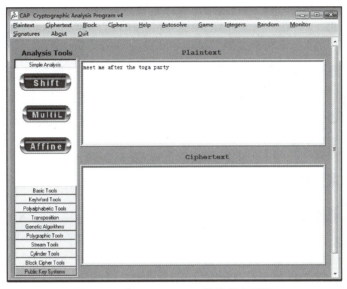

图 3-4  在"Plaintext"框中输入明文

单击"Ciphers"菜单,执行"Simple Shift"命令,如图 3-5 所示。

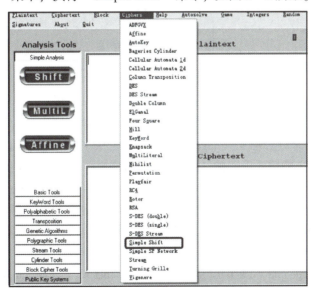

图 3-5  执行"Simple Shift"命令

在打开的对话框中,输入移动的位数,即加密的密钥,在此输入"3",如图 3-6 所示。

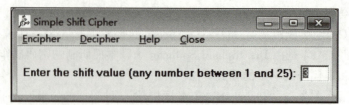

图 3-6 输入密钥

单击对话框上的"Encipher"按钮，完成加密操作，生成的密文显示在"Ciphertext"文本框中，如图 3-7 所示，得到密文为"phhwphdiwhuwkhwrjdsduwb"。

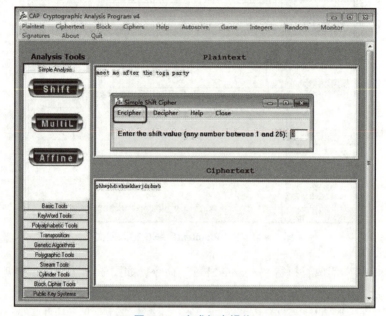

图 3-7 完成加密操作

## 任务 2　使用维吉尼亚密码加解密文件

16 世纪法国外交家维吉尼亚（Vigenere，1523—1596）发明的维吉尼亚（Vigenere）密码是密码学发展历史上的重要里程碑，维吉尼亚（Vigenere）密码属于替代密码。

【任务描述】

雅鹿公司电商专员小王需要通过搜索引擎了解维吉尼亚密码的加解密机制，并使用维吉尼亚加解密如下文件内容。请帮助小王完成这一任务。

密钥：stick（长度为 5）

明文：Almost all people work hard for success, but not all people can success. Many people ask how to make success. I think the answer is persistence. The way to success is full of failure and difficulty. People should never give up when meet them.

【任务分析】

维吉尼亚密码是最古老、最著名的多表替代密码之一，与位移密码相似，但维吉尼亚密码的密钥是动态周期变化的。该密码体制有一个参数 $n$。在加解密时，同样把英文字母映射为 $0 \sim 25$ 的数字再进行运算，并按 $n$ 个字母一组进行变换。明文空间、密文空间及密钥空间都是长度为 $n$ 的英文字母串的集合，因此可表示加密变换定义如下：

设密钥 $k = (k_1, k_2, \cdots, k_n)$，明文 $M = (m_1, m_2, \cdots, m_n)$，加密变换为 $E_k(M) = (c_1, c_2, \cdots, c_n)$，其中 $c_i = (m_i + k_i) \mod 26$（$i = 1, 2, \cdots, n$）。对密文 $c = (c_1, c_2, \cdots, c_n)$ 的解密变换为 $D_k(C) = (m_1, m_2, \cdots, m_n)$，其中 $m_i = (c_i - k_i) \mod 26 (i = 1, 2, \cdots, n)$。

**【知识准备】**

**1. 替代密码**

替代是古典密码中的最基本的处理技巧之一。替代密码是指先建立一个替换表，加密时将需要加密的明文依次通过查表，替代为相应的字符，明文字符被逐个替代后，生成无任何意义的字符串，即密文，替代密码的密钥就是其替代表。

**2. 替代密码的分类**

1）单表替代密码

单表替代密码的密码算法在加解密时使用一个固定的替代表。单表替代密码又分为一般单表替代密码、移位密码、仿射密码和密钥短语密码。

2）单表替代密码的加解密原理

一般单表替代密码的原理是以 26 个英文字母集合上的一个置换 $\pi$ 为密钥，对明文消息中的每个字母依次进行变换。其可描述为：明文空间 $M$ 和密文空间 $C$ 都是 26 个英文字母的集合，密钥空间 $k = \{\pi : Z_{26} \to Z_{26} | \pi$ 是置换$\}$，是所有可能置换的集合。

对任意 $\pi \in k$，定义：

加密变换：$e\pi(M) = \pi(M) = C$

解密变换：$d\pi(C) = \pi^{-1}(C) = M$，$\pi^{-1}$ 是 $\pi$ 的逆置换。

3）多表替代密码

多表替代密码的密码算法在加解密时使用多个替代表。多表替代密码有维吉尼亚密码、希尔（Hill）密码和 Playfair 密码等。

**3. 替代和移位的区别**

1）明文字母顺序的区别

替代保持明文字母顺序，而移位则打乱明文字母顺序。

2）密钥量的区别

移位的密钥量为 $n!$，取决于字母串的个数 $n$，如果 $n$ 较小，就很容易通过遍历找到密钥。单表替代的密钥量是 $q!$，多表替代有多种情况。

3）字母量的区别

移位不会出现字母串以外的字母，而替代可能出现字母串以外的字母。

**【任务实施】**

**1. 使用手工计算进行维吉尼亚密码的加解密**

1）根据维吉尼亚密码表进行加密

加密的口诀：密钥指示列，明（密）文指示行，即密码表的最上面一行是明（密）文所在的位置，密码表的最左侧一列是密钥所在的位置。

例如，明文为"MEET ME ON THURSDAY"，密钥为"VIGILANCE"，加密方法如下：

（1）先在最上面一行定位明文的第一个字母 M，然后沿着 M 所在的列，往下划一条竖线；

（2）在密码表的最左侧列中定位密钥的第一个字母 V，然后沿着 V 所在的行，往右划一条横线；

（3）两条线的交叉点就是密文 H；

（4）依此类推，就可以得到密文为"HMKB XEBP XPMY LLYR"。

2）根据维吉尼亚密码表进行解密

解密的口诀：密钥指示列，找到密文向左看。同理逆向推理可得。

例如，密文为"HMKB XEBP XPMY LLYR"，密钥为 VIGILANCE，解密方法如下：

（1）在密码表的最左侧列中定位密钥的第一个字母 V，然后沿着 V 所在的行，往右方查找；

（2）找到字母 H 后，再向上到密码表的最上面一行，定位出明文的第一个字母 M；

（3）依此类推，就可以得到明文"MEET ME ON THURSDAY"。

具体破解示例如图 3-8 所示。

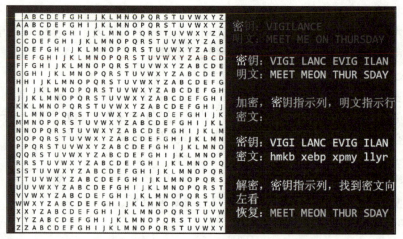

图 3-8　具体破解示例

### 2. 使用 CAP4 软件进行维吉尼亚密码的加解密

已知明文：Almost all people work hard for success, but not all people can success. Many people ask how to make success. I think the answer is persistence. The way to success is full of failure and difficulty. People should never give up when meet them.

1）猜测密钥的长度

使用 CAP4 软件，把密文复制进"Ciphertext"文本框中，单击"Polyalphabetic Tools"→"Kasiski"→"Run"按钮，得到该密文的关键字组长为 5，如图 3-9 所示。

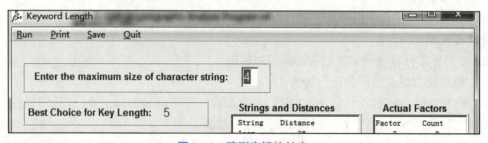

图 3-9　猜测密钥的长度

根据运行的结果，使用普通的维吉尼亚解密法进行解密。

2）猜测密钥

单击"Polyalphabetic Tools"→"Low Freq"按钮，在"Enter Possible Key Word Length"文本框中输入"5"，得出最有可能的密钥为"stiak"，如图3-10所示。

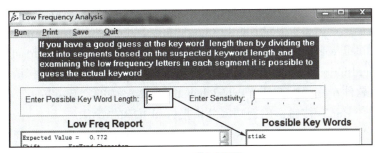

图3-10　猜测密钥

3）根据密钥破解出明文

由于知道该密文是使用维吉尼亚密码加密而成的，所以运行"Cipher"→"Vigenere"命令进行解密。在"KeyWord"文本框中输入"stiak"，单击"Decipher"按钮得到明文，如图3-11所示。

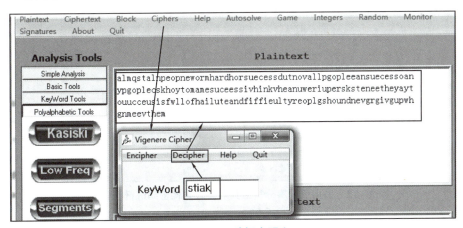

图3-11　破解出明文

**3. 破解多表替代密码**

（1）多表替代密码的特点。单表替代密码明文中单字母出现的频率分布与密文中相同，多表替代密码使用从明文字母到密文字母的多个映射来隐藏单字母出现的频率分布，每个映射是简单替代密码中的一对一映射。多表替代密码将明文字母划分为长度相同的消息单元，称为明文分组，对明文成组地进行替代，同一个字母有不同的密文，这改变了单表替代密码中密文的唯一性，使密码分析更加困难。

多表替代密码的特点是使用了两个或两个以上的替代表，著名的维吉尼亚密码和希尔（Hill）密码均是多表替代密码。

（2）多表替代密码的破解难度。多表替代密码的破解比单表替代密码难得多，因为在单表替代下，字母的频率、重复字母模式、字母结合方式等统计特性，除改变了字母名称之外，都未发生变化，依靠这些不变的统计特性，就能破译单表替代密码，而在多表替代下，原来明文中的这些特性通过多个替代表的平均作用被隐蔽起来，因此简单的频率分析方法就失效了。

(3) 使用 CAP4 软件对多表替代密码进行破解。

已知密文："uhhogwivggiefqwvmwneutkkvfchozjnjyxbtlurfvhtxvaorcsefgpduogxfsdthd opvesevzsuh hurfshtxcywniteqjmogvzeuirtxpdhzismltixhhzlfrwniurdtwniwzieddzevngkvxeqzeoyiuvnoizenphxmogznmmel txsaqymfnwojuhhxidelbmogvzeuirtgblfapbthyeoifbxiawjsfsqzqbtfnxiertigoxthjnwnigrdsiuhhtxieukgfiyorhsw gxjoqieorhpidtwnigrdsiprirehtkkyteu" 采用维吉尼亚密码加密，密钥长度是 5，请分析得出明文。

单击 CAP4 软件左侧分析工具 "Polyalphabetic Tools" 中的 "Low Freq" 按钮，输入密钥可能长度，单击 "Run" 按钮，出现频率分析报告和可能的密钥。

再使用可能的密钥对密文进行解密，看是否能够正确解密出明文，直到找到正确的密钥为止。密文越长，用频率分析的效果越好。采用低频率分析工具对多表替代密码进行密钥分析如图 3-12 所示。

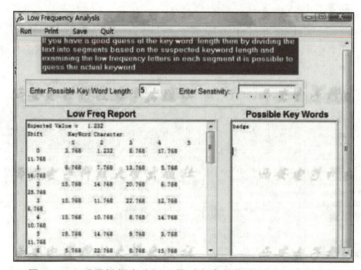

图 3-12 采用低频率分析工具对多表替代密码进行密钥分析

(4) CAP4 软件提供了很多实用的密码分析工具，一般来说，破解密码不可能一次成功，往往需要尝试很多方法，学习者应当在掌握密码算法的基础上进行分析。

【讨论】

使用简单频率分析方法破解单表替代密码的缺点是什么？

 【动手做一做】

选择一门编程语言，编写维吉尼亚密码算法的实现程序。要求：用户从键盘输入密钥 k 和任意的明文信息，输出相应的密文。

## 任务 3 使用 Playfair 密码加解密文件

1854 年，英国人查尔斯·惠斯通（Charles Wheatstone）为了避免单表替换加密中单频率分析造成密码容易被破解的问题,发明了Playfair密码,该密码也是一种替代密码。

**【任务描述】**

明文为"where there is life, there is hope",已知密钥为"crazy dog",请使用Playfair密码加密方法生成密文。

**【任务分析】**

Playfair密码属于多表替代密码,密文编写分为编制密钥矩阵、整理明文、编写密文3步。

Playfair密码的破解思路:从明文的语言特征入手,即要统计字母的频率,同时也要考虑是否有标点符号、空格等非实义字符。

**【知识准备】**

**1. 多表替代密码**

多表替代密码的特点是使用两个或两个以上替代表。Playfair密文编写的第一步是编制密码表。例如,密钥是"DEATH"。除去重复出现的字母,将密钥字母逐个加入5×5的密钥矩阵,剩下的空间将未加入的英文字母依A~Z的顺序加入密钥矩阵内(将I和J视作同一字母),如图3-13所示。

图3-13　5×5的密钥矩阵

**2. Playfair密码的加密**

Playfair密码算法依据一个5×5的密钥矩阵来编写,密钥矩阵里排列有25个字母。如果一种语言的字母超过25个,可以去掉使用频率最小的一个。例如,法语一般去掉w或k,德语则是把i和j合起来当成一个字母看待。英语中z使用最少,可以去掉它。Playfair密码的加密过程如下。

1)编制密钥矩阵

密钥矩阵是一个由关键词组成的5×5字母矩阵(不包含字母j,如果出现字母j,将会被i代替)。在这个5×5的矩阵中,第一列(或第一行)是密钥,其余按照字母顺序排列。密钥是一个单词或词组,若有重复字母,可将后面重复的字母去掉,当然也要把使用频率最小的字母去掉。

例如,若关键词为"harpsicord",则相应的密钥矩阵如图3-14所示。

图3-14　密钥矩阵

2)整理明文

具体规则如下:

(1)将明文每两个字母组成一对。

(2)如果成对后有两个相同字母紧挨或最后一个字母是单个的,就插入一个字母X(或者Q)。例如,明文"communist"应整理为co,mx,mu,ni,st。

3)编写密文

具体规则如下:

(1)同行取右边。若$p_1 p_2$在同一行,对应密文$c_1 c_2$分别是紧靠$p_1 p_2$右端的字母。其中第一列被看作最后一列的右方。例如,按照前表,ct对应dc。

(2)同列取下边。若$p_1 p_2$在同一列,对应密文$c_1 c_2$分别是紧靠$p_1 p_2$下方的字母。其中第一行被看作最后一行的下方。

（3）其他取交叉。若 $p_1\ p_2$ 不在同一行，不在同一列，则 $c_1\ c_2$ 是由 $p_1\ p_2$ 确定的矩形的其他两角的字母（至于横向替代还是纵向替代要事先约定或自行尝试）。例如，按照前表，wh 对应 ku 或 uk。

【任务实现】

### 1. 使用手工计算方法加密

1）编制密钥矩阵

首先将密钥填写在一个 5×5 的矩阵中（将字母 I 和 J 看成同一字母，放在同一格），密钥为"crazy dog"，如图 3-15 所示。

图 3-15　密钥矩阵

2）整理明文

将明文"where there is life, there is hope". 整理为"WH ER ET HE RE IS LI FE TH ER EI SH OP EX"。

3）编写密文

根据规则（1）同行取右边；（2）同列取下边；（3）其他取交叉，得到密文为"KU YO XD OL OY PL FK DL FU YO LG LN NG LY"。

按若干个字母为一组进行排列，如 5 个一组就是"KUYOX DOLOY PLFKD LFUYO LGLNN GLY"。

### 2. 使用 CAP 4 软件加密

1）猜测密钥的长度

使用 CAP4 软件，把明文复制进"Plaintext"文本框中，如图 3-16 所示。

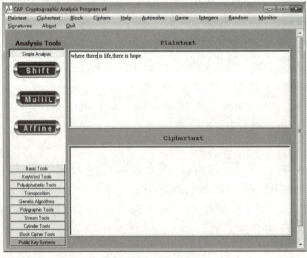

图 3-16　输入明文

2）生成密钥矩阵

执行"Ciphers"→"Playfair"命令，在弹出的对话框中输入密钥"crazy dog"，然后单击"Set Key"按钮，生成密钥矩阵，如图 3 – 17 所示。

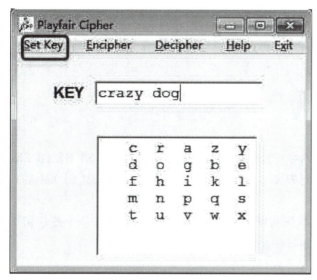

图 3 – 17　生成密钥矩阵

3）生成密文

单击"Encipher"按钮生成密文，如图 3 – 18 所示。

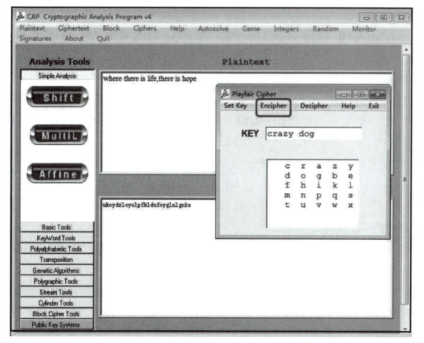

图 3 – 18　生成密文

【动手做一做】

已知明文为"HIDE THE GOLD IN THE TREE STUMP",现在以"PLAYFAIR EXAMPLE"为密钥,求使用Playfair密码加密得到的密文。

解:首先取"PLAYFAIR EXAMPLE"为密钥,构造密钥矩阵为

P L A Y F
I R E X M
B C D G H
K N O Q S
T U V W Z

要加密的明文两两字母分组为"HI DE TH EG OL DI NT HE TR EX ES TU MP",然后按照明文加密规则,得到密文"BM OD ZB XD NA BE KU DM UI XM MO UV IF"。

### 3. 解密

Playfair解密算法首先将密钥填写在一个 $5 \times 5$ 的矩阵中(去 Q 留 Z),矩阵中其他未用到的字母按顺序填在矩阵剩余位置中,由密文得到明文。

1)解密规则

解密规则如下:

(1)若 $c_1 c_2$ 在同一行,对应明文 $p_1 p_2$ 分别是紧靠 $c_1 c_2$ 左端的字母。其中最后一列被看作第一列的左方。

(2)若 $c_1 c_2$ 在同一列,对应明文 $p_1 p_2$ 分别是紧靠 $c_1 c_2$ 上方的字母。其中最后一行被看作第一行的上方。

(3)若 $c_1 c_2$ 不在同一行,不在同一列,则 $p_1 p_2$ 是由 $c_1 c_2$ 确定的矩形的其他两角的字母。

2)解密练习

**例3.1** 已知密钥为"boys and girls are students"(按行填充密钥,不在同一行的明文字母,行不变列变),密文为"GUUID BCYXN YOETK RUGAB EMBCE TDICQ LDHYB JRMRD IRCV",求明文。

**例3.2** 已知密钥为"father"(按行填充密钥,不在同一行的明文字母,行变列不变),密文为"OPHEN UMRFP EFPVI DLRGQ NRRNW RHKNR SVNYF HSVFI IJRQP AFK",求明文。

### 4. Playfair密码破解难度分析

(1)优点:Playfair密码有 $26 \times 26 = 676$ 种字母对,因为字母出现的频率被均匀化,所以基于字母频率攻击难以实现。

(2)缺点:Playfair密码比简单移位密码相对安全一些,但是因为英文和其他语言中每个字母都有一定的使用频率,破解者根据字母使用频率就可以破解。每个明文字母在密文中仅对应5种可能的字母。系统可用双频率分析的方法进行破解。除非密钥很长,否则矩阵的剩余行是可以预测出来的。

具体的分析方法:在英语中最常用的连字有:th, he, an, in, re, er……,请注意:连字 re 和 er 都很常见。如果在密文中像 ig 和 gi 这样的字母对出现得比较多,一个很自然的

猜测就是 r, i, e, g 这些字母在矩阵中为同一行或同一列，或形成一个长方形。

## 任务 4　使用希尔（Hill）密码加解密文件

【任务描述】

希尔（Hill）密码是运用基本矩阵原理的替代密码，由数学家 Lester S. Hill 在 1929 年发明。希尔（Hill）密码是一种分组密码。它将 $n$ 个连续的明文字母串加密成 $n$ 个连续的密文字母串。它的意义在于第一次在密码学中用到了代数方法（线性代数、模的运算）。

（1）使用搜索引擎查找希尔（Hill）密码的加密机制。

（2）使用希尔（Hill）密码加密消息"meet me at the usual place at ren rather than eight o'clock"，密钥为 $\begin{pmatrix} 9 & 4 \\ 5 & 7 \end{pmatrix}$，要求写出计算过程和结果。

【任务分析】

希尔（Hill）密码加解密涉及矩阵与逆矩阵的运算。

【知识准备】

**1. 矩阵的运算法则**

（1）矩阵与矩阵相乘。两个矩阵相乘的必要条件：第一个矩阵的列数必须 = 第二个矩阵的行数。

例如，第一个矩阵是 $m \times n$ 的矩阵，第二个矩阵是 $n \times p$ 的矩阵，则二者相乘的结果就是 $m \times p$ 的矩阵，且得到的矩阵中的元素具有以下特点：

第一行第一列元素为第一个矩阵第一行的每个元素和第二个矩阵第一列的每个元素乘积的和。依此类推，第 $i$ 行第 $j$ 列的元素就是第一个矩阵第 $i$ 行的每个元素与第二个矩阵第 $j$ 列的每个元素的乘积的和，如图 3-19 所示。

定义　若 $A = (a_{ij})_{m \times s}, B = (b_{ij})_{s \times n}$，

规定　$AB = C = (c_{ij})_{m \times n}$，

其中　$c_{ij} = (a_{i1} \quad a_{i2} \quad \cdots \quad a_{is}) \begin{pmatrix} b_{1j} \\ b_{2j} \\ \vdots \\ b_{sj} \end{pmatrix}$

$= a_{i1}b_{1j} + a_{i2}b_{2j} + \cdots + a_{is}b_{sj} = \sum_{k=1}^{s} a_{ik}b_{kj}$

$(i = 1, 2, \cdots, m; j = 1, 2, \cdots, n)$

图 3-19　矩阵乘法规则

（2）矩阵的求逆运算。逆矩阵的概念：设 $A$ 是数域上的一个 $n$ 阶矩阵，若在相同数域上存在另一个 $n$ 阶矩阵 $B$，使得 $AB = BA = E$，则称 $B$ 是 $A$ 的逆矩阵，而 $A$ 被称为可逆矩阵（注：$E$ 为单位矩阵），$A$ 的逆矩阵记作 $A^{-1}$。

逆矩阵的唯一性：若矩阵 $A$ 是可逆的，则 $A$ 的逆矩阵是唯一的。

$n$ 阶矩阵 $A$ 可逆的充分必要条件是它能表示成一系列初等矩阵的乘积,即 $A = Q_1 Q_2 \cdots Q_m$,从而推出可逆矩阵可以经过一系列初等行变换化成单位矩阵,即必有一系列初等矩阵 $Q_1 Q_2 \cdots Q_m$,使得

$$Q_m Q_{m-1} \cdots Q_1 A = E \tag{3-1}$$

则

$$A^{-1} = Q_m Q_{m-1} \cdots Q_1 A = E \tag{3-2}$$

把 $A$、$E$ 这两个 $n$ 阶矩阵凑在一起,做成一个 $n \times 2n$ 阶矩阵 $(A, E)$,按矩阵的分块乘法,式 (3-1)、式 (3-2) 可以合并写成

$$Q_m Q_{m-1} \cdots Q_1 (A, E) = (Q_m Q_{m-1} \cdots Q_1 A, Q_m Q_{m-1} \cdots Q_1 E) = (E, A^{-1}) \tag{3-3}$$

这样就可以求出矩阵 $A$ 的逆矩阵 $A^{-1}$。

**例 3.3** 设 $A = \begin{pmatrix} 0 & 1 & 2 \\ 1 & 1 & 4 \\ 2 & -1 & 0 \end{pmatrix}$,求 $A^{-1}$。

**解:** 对式 (3-3) 进行初等行变换逐步得到

$$\begin{pmatrix} 0 & 1 & 2 & 1 & 0 & 0 \\ 1 & 1 & 4 & 0 & 1 & 0 \\ 2 & -1 & 0 & 0 & 0 & 1 \end{pmatrix} \rightarrow \begin{pmatrix} 1 & 1 & 4 & 0 & 1 & 0 \\ 0 & 1 & 2 & 1 & 0 & 0 \\ 2 & -1 & 0 & 0 & 0 & 1 \end{pmatrix}$$

$$\rightarrow \begin{pmatrix} 1 & 0 & 0 & 2 & -1 & 1 \\ 0 & 1 & 0 & 4 & -2 & 1 \\ 0 & 0 & -2 & 3 & -2 & 1 \end{pmatrix} \rightarrow \begin{pmatrix} 1 & 0 & 0 & 2 & -1 & 1 \\ 0 & 1 & 0 & 4 & -2 & 1 \\ 0 & 0 & 1 & -\dfrac{3}{2} & 1 & -\dfrac{1}{2} \end{pmatrix}$$

于是 $A^{-1} = \begin{pmatrix} 2 & -1 & 1 \\ 4 & -2 & 1 \\ -\dfrac{3}{2} & 1 & -\dfrac{1}{2} \end{pmatrix}$。

**说明:** 此方法适用于求元素为具体数字的矩阵的逆矩阵。

**2. 希尔(Hill)密码的加解密算法**

希尔(Hill)密码的加解密算法的基本思想是将 $n$ 个明文字母通过线性变换转化为 $n$ 个密文字母,解密时只需作一次逆变换即可,密钥就是变换矩阵。

设明文 $m = (m_1 + m_2 + \cdots + m_n) \in Z_{26}^n$,密文 $c = (c_1, c_2, \cdots, c_n) \in Z_{26}^n$,密钥为 $Z_{26}$ 上的 $n \times n$ 阶可逆方阵 $K = (k_{ij})_{n \times n}$,则

加密:密文 $c = mK \bmod 26$

解密:明文 $m = cK^{-1} \bmod 26$

**【任务实施】**

**1. 了解希尔(Hill)密码的加解密算法**

1) 希尔(Hill)密码的概念

希尔(Hill)密码事实上是一个矩阵乘法体系,加密密钥是一个矩阵 $K$,密钥就是 $K^{-1}$,每个字母当作 26 进制数字:$A$ 当作 0,$B$ 当作 1,$C$ 当作 2,……一串字母当成 $n$ 维向量,跟一个 $n \times n$ 的矩阵相乘,再将得出的结果 mod 26,如图 3-20 所示。

密文向量 $\begin{pmatrix}5\\11\end{pmatrix}\begin{pmatrix}18\\13\end{pmatrix}\begin{pmatrix}11\\2\end{pmatrix}\begin{pmatrix}9\\24\end{pmatrix}\begin{pmatrix}25\\10\end{pmatrix}\begin{pmatrix}25\\3\end{pmatrix}\begin{pmatrix}5\\5\end{pmatrix}\begin{pmatrix}12\\19\end{pmatrix}\begin{pmatrix}8\\8\end{pmatrix}$

密文　ek rm kb ix yj yc ee ls hh

解密　只要将解密矩阵 $\boldsymbol{A}^{-1}(\text{mod}26)=\begin{pmatrix}1 & 8\\0 & 9\end{pmatrix}$ 左乘密文向量即可求得明文向量，从而查出明文

结论　使用希尔(Hill)密码时的加密矩阵应该模26可逆

**图 3-20　希尔（Hill）密码的加解密**

注意：

（1）用作加密的矩阵（即密钥）必须是可逆的，否则就不可能解密。

（2）只有矩阵的行列式和 26 互质，该矩阵才是可逆的。

2）希尔（Hill）密码算法

希尔（Hill）密码算法的基本思想是：将 $n$ 个明文字母通过线性变换转换为 $n$ 个密文字母。解密只要作一次逆变换，密钥就是变换矩阵本身。

希尔（Hill）密码属于多码代换密码，可以利用矩阵变换方便地描述，有时又称为矩阵变换密码。

令明文字母表为 Z，若采用 L 个字母为单位进行代换，则多码代换是映射 f：Z→Z。若映射是线性的，则 f 是线性变换，可以用 Z 上的 L×L 矩阵 $\boldsymbol{K}$ 表示，$\boldsymbol{K}=(k)$ 为密钥。若是满秩的，则变换为一一映射，且存在逆变换 $\boldsymbol{K}^{-1}$，使 $\boldsymbol{KK}^{-1}=\boldsymbol{K}^{-1}\boldsymbol{K}=I$。将 $L$ 个字母的数字表示为 $Z$ 上的 $L$ 维矢量 $\boldsymbol{m}=(m_1, m_2, \cdots, m_L)$，相应的密文矢量 $\boldsymbol{c}=(c_1, c_2, \cdots, c_L)$ 为 $\boldsymbol{mK}=\boldsymbol{c}$，以 $\boldsymbol{K}^{-1}$ 作为解密矩阵，可由 $\boldsymbol{c}$ 恢复出相应的明文 $\boldsymbol{c}\cdot\boldsymbol{K}^{-1}=\boldsymbol{m}$。

3）使用手工计算进行希尔（Hill）密码的加解密

（1）首先，列出 26 个字母与数字的对应关系（可由加解密双方约定），如表 3-2 所示。

**表 3-2　字母与数字的对应关系**

| A | B | C | D | E | F | G | H | I | J | K | L | M | N | O | P | Q | R | S | T | U | V | W | X | Y | Z |
|---|---|---|---|---|---|---|---|---|---|---|---|---|---|---|---|---|---|---|---|---|---|---|---|---|---|
| 1 | 2 | 3 | 4 | 5 | 6 | 7 | 8 | 9 | 10 | 11 | 12 | 13 | 14 | 15 | 16 | 17 | 18 | 19 | 20 | 21 | 22 | 23 | 24 | 25 | 26 |

根据希尔（Hill）密码的加密方法 $\boldsymbol{C}=\boldsymbol{KP}\ mod\ 26$（注：$\boldsymbol{C}$ 是密文，$\boldsymbol{K}$ 是密钥，$\boldsymbol{P}$ 是明文），将明文两两分组为“me et me at th eu su al pl ac ea tt en ra th er th an ei gh to cl oc kx”。

根据前文的介绍可得最终密文为“GVUIGVKODZYPUHEKJHUZWFZFWSJSDZMUD ZMYCJQM-FWWUQRKR”。

（2）求密钥 $\boldsymbol{K}=\begin{pmatrix}9 & 4\\5 & 7\end{pmatrix}$ 的逆矩阵 $\boldsymbol{K}^{-1}$。

$$\boldsymbol{K}^{-1}=\begin{pmatrix}9 & 4\\5 & 7\end{pmatrix}^{-1}=\frac{1}{43}\begin{pmatrix}7 & -4\\-5 & 9\end{pmatrix}\text{mod } 26=23\begin{pmatrix}7 & -4\\-5 & 9\end{pmatrix}\text{mod } 26=\begin{pmatrix}161 & -92\\-115 & 9\end{pmatrix}\text{mod } 26$$

$$= \begin{pmatrix} 5 & 12 \\ 15 & 25 \end{pmatrix}$$

通过 $K^{-1}$ 和密文可以破解出明文。

### 2. 使用 CAP4 软件进行希尔（Hill）密码的加解密

CAP4 软件内置了希尔（Hill）密码加解密算法，使用 CAP4 软件进行希尔（Hill）密码的加解密更加方便快捷。

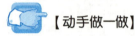

【动手做一做】

（1）甲方收到乙方的一封密文信息，密文如下：

WOWUYSBACPGZSAVCOVKPEWCPADKPPABUJCQLYXQEZAACPP

按约定，他们之间采用 Hill 2 密码通信，密钥是二阶矩阵 $A = \begin{pmatrix} 1 & 2 \\ 0 & 3 \end{pmatrix}$，且汉语拼音的 26 个字母与 0~25 之间的整数建立一一对应关系，称之为字母的表值如表 3-3 所示。问这段密文

表 3-3 字母的表值

| A | B | C | D | E | F | G | H | I | J | K | L | M |
|---|---|---|---|---|---|---|---|---|---|---|---|---|
| 1 | 2 | 3 | 4 | 5 | 6 | 7 | 8 | 9 | 10 | 11 | 12 | 13 |
| N | O | P | Q | R | S | T | U | V | W | X | Y | Z |
| 14 | 15 | 16 | 17 | 18 | 19 | 20 | 21 | 22 | 23 | 24 | 25 | 0 |

解：

①设明文信息只需要 26 个字母（A~Z），通信双方给出这 26 个字母的表值，根据表值将明文信息用数字表示。

②选择一个二阶可逆方阵 $A$，即密钥矩阵。

③将明文字母依次逐对分组，Hill 2 密码的加密矩阵为二阶矩阵，明文字母两个一组（Hill $n$ 密码，$n$ 个明文字母为一组），若最后一组只有一个字母，则补充一个无意义的字母，称为哑字母。由明文字母的表值查出每一组两个明文字母的表值，得到一个二维列向量 $\alpha$。

④$A$ 左乘以 $\alpha$ 得到一个新的二维向量 $\beta = A\alpha$，反查字母的表值得到密文字母，从而完成加密过程。

（2）甲方截获了一段密文 "OJWPISWAZUXAUUISEABAUCRSIPLBHAAMMLPJJOTENH"，经过分析，这段密文是使用 Hill 2 密码加密的，而且目前仅知道密文 UCRS 代表 TACO，请破解这段密文的内容。

## 任务 5　使用仿射密码加解密文件

【任务描述】

已知仿射密码的密文为 "JACKOZOO"，字母表为 Z26，密钥 $K = (11, 7)$，试使用手工

计算和 CAP 4 软件两种方法进行解密。

**【任务分析】**

仿射密码和移位密码一样，也是一种置换密码。不同的是，移位密码使用的是模 $n$ 加，而仿射密码使用的是模 $n$ 乘。在安全性方面，仿射密码同移位密码一样，也是较差的，这两种密码都没有隐藏明文的字频信息，破解者能够轻易实现破解。

把加法密码和乘法密码联合起来，就得到了所谓的仿射密码。仿射密码有两个密钥，乘法密码使用第一个密钥，加法密码使用第二个密钥。

**【知识准备】**

### 1. 仿射变换

仿射密码是一种置换密码。加法密码和乘法密码结合就构成仿射密码。仿射变换就是"线性变换" + "平移"。线性变换是通过矩阵乘法来实现的，仿射变换则是通过矩阵乘法和矩阵加法实现的。

仿射变换可以写成 $Y = AX + b$ 的形式。线性变换不能表示平移，而仿射变换则可以，仿射变换在几何学上相当于两次平移变换与一次原点旋转变换，如图 3-21 所示。

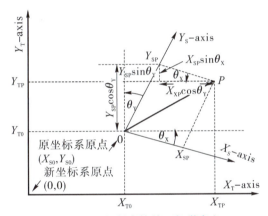

图 3-21 仿射变换的几何学含义

### 2. 模逆

模就是取余，在现代公钥密码体制中，加密和解密的过程都涉及求解模逆元的问题。求解模逆元，可以使用穷举法和扩展欧几里得算法等多种方法。

1）扩展欧几里得算法

扩展欧几里得算法是计算最大公约数的一个方便实用的方法。

$123 = 1 \times 123 + 0 \times 11$

$11 = 0 \times 123 + 1 \times 11 | 11$

$2 = 1 \times 123 + (-11) \times 11 | 5$

$1 = (-5) \times 123 + 56 \times 11$

将 123 和 11 都表示成 $x \times 123 + y \times 11$ 的格式，然后相减，在最右侧一栏写上每次减去的被减数的倍数，依次进行，直到减数变为 1 为止。然后取第三列的最下面的一个数，再对 123 取模，即得 11 对 123 的模逆。

该算法的好处是以该算法的程序求任何模逆都是非常高效的。为了加深理解，看如下例子：

求 1 211 对 13 211 的模逆。

```
13211  1  0      //这一行的1和0是固定的
1211  0  1  |10    //这一行0和1也是固定的，后面的10是13211减掉的1211的倍
数，意思为减掉10个1211
1101  1  -10  |1    //第一个1为上一行的第二个1抄下来
 -10 = 0 - 1*10    //上一行的算这一行的，后面的1依然为减掉的倍数
110  -10  11  |10    // -10为带抄下来，11 = 1 - ( -10 ) *1，10为倍数
1  -120    //很快就到1，这时的-120就是要求的
 -120 % 13211 =13091 .   //即1211对13211的模逆
```

2）求解过程

若 $a$，$b$ 两数的乘积对正整数 $n$ 取模的结果为 1，则称 $a$，$b$ 互为对方的模逆。若 $a$，$b$ 互为 $n$ 的模逆，即 $b$ 为 $a$ 的模 $n$ 的逆元，则 $b$ 为 $a^{-1} \bmod n$，记为 $a^{-1}b \equiv 1 \bmod n$。

只有当 $a$ 与 $n$ 互素的时候，$a$ 才是有模逆的。在其他情况下是不存在模逆的，比如 2 对 26 就没有模逆。

例如：3 * 7 = 21
　　　21 % 20 = 1    //所以 3、7 互为 20 的模逆
　　　9 * 3 = 27
　　　27 % 26 = 1    //所以 9、3 互为 26 的模逆

思考：如何求 11 对 123 的模逆？

**【任务实施】**

**1. 仿射密码的加密原理介绍**

1）移位密码的加密原理

移位密码也称为加法密码，移位密码的加密过程实际就是密钥的加法。其加密函数表示如下：

$y_i = x_i + k \bmod 26$

明文是 $x_i$，密钥是 $k$，将明文加上密钥的取余部分，就得到了密文 $y_i$。

2）仿射密码的加密原理

（1）在仿射密码加密中，字母表中的字母被赋予一个数字，例如，$a=0$，$b=1$，$c=2$，…，$z=25$。

仿射密码加密的密钥是 0 ~ 25 的数字对 $(a, b)$。$a$ 与 26 的最大公约数必须为 1，这就是说能整除 $a$ 和 26 的数只有 1。现在假设 $m$ 为明文字母的数字，而 $c$ 为密文字母的数字，那么，这两个数字有如下关系：

$c = (am + b) \bmod 26$

$m = a^{-1}(c - b) \bmod 26$

其中，mod 26 的操作是除以 26，得其余数。

（2）仿射密码用到的仿射函数表示为

$e(x) = ax + b \bmod 26$，且 $a$ 与 26 的最大公因子为 1，密钥就是 $(a, b)$。

仿射密码加密的思路为：首先将明文乘以密钥的一部分，然后再加上密钥的剩余部分。在上述仿射函数中，$x$ 代表明文，先将明文乘以密钥的一部分 $a$，然后再加上密钥的剩余部分 $b \bmod 26$，求解得到密文 $e(x)$。

仿射密码的密钥空间仅比移位密码的大一些，密钥空间 = ($a$ 可以取的值) × ($b$ 可以

取的值) = 12 × 26 = 312。此外,仿射密码拥有与移位密码同样的缺点,即明文和密文之间的映射关系是固定的。因此,使用频率分析方法一样可以轻而易举地破解仿射密码。

**2. 仿射密码加解密实例**

**例 3.4** 已知加密使用了仿射密码,密文为"JACKOZOO",使用模逆运算进行破解。

**解:** 将 26 个字母与 0~25 的整数建立一一对应关系,其字母的表值具体如表 3-4 所示。

表 3-4 例 3.4 字母的表值

| a | b | c | d | e | f | g | h | i | j | k | l | m |
|---|---|---|---|---|---|---|---|---|---|---|---|---|
| 0 | 1 | 2 | 3 | 4 | 5 | 6 | 7 | 8 | 9 | 10 | 11 | 12 |
| n | o | p | q | r | s | t | u | v | w | x | y | z |
| 13 | 14 | 15 | 16 | 17 | 18 | 19 | 20 | 21 | 22 | 23 | 24 | 25 |

(1) 求 11 对 26 的模逆:

$11^{-1} \mod 26 = 19$

(2) 解密变换为:$x = 19(y - 7) \mod 26$

(3) 由 JACKOZOO

→ 9 0 2 10 14 25 14 14

→ 12 23 9 5 3 4 3 3

→ M X J F D E D D

所以明文为"MXJFDEDD"。

**例 3.5** 使用仿射密码解密密文"AXG",密钥 $k = (7, 3)$。

**解:** (1) 3 个字母对应的数值是 0、23、6。

(2) 解密过程如下:

由 $D_k(c) = k3(c - k2) \mod n$(其中 $(k3 \times k1) \mod 26 = 1$);

可知 $k3 \times 7 = 1 \pmod{26}$(其实,就是 $1/\mod 26$),也就是存在整数 $t$,使

$$7 \times k3 + 26t = 1 \tag{3-4}$$

利用辗转相除法求解 $k3$:

$$26 = 7 \times 3 + 5 \tag{3-5}$$

(对 26 作形如 $a \times b + c$ 的分解,其中 $c$ 是余数)

$$7 = 5 \times 1 + 2 \tag{3-6}$$

(对 7 作形如 $a = c \times m + n$ 的分解,其中 $a$,$c$ 是上一步的,$m$ 是乘数,$n$ 是余数)

$5 = 2 \times 2 + 1$;

(一直循环上一步,直到余数 $n = 1$)

进行回代:

1 = 5 − 2 × 2

　= 5 − (7 − 5 × 1) × 2(第一个 2 用式 (3-6) 代替,也就是 2 = 7 − 5 × 1)

　= 3 × 5 − 2 × 7

　= 3 × (26 − 7 × 3) − 2 × 7(5 用式 (3-5) 代替,也就是 5 = 26 − 7 × 3)

　= −11 × 7 + 3 × 26(直到不用进行代替,也就是得到只有 7 和 26 的表达式)

对比式（3-4）可知：
$t=3$，$k3=-11$
所以：
$Dk(c)=k3(c-k2)\bmod n <=> Dk(c)=-11(c-3)\bmod 26$
对于第一位 A：
$-11(0-3)\bmod 26=(-11\times -3)\bmod 26=7$
对于第二位 X：
$-11(23-3)\bmod 26=(-11\times 20)\bmod 26=(-220)\bmod 26=(26\times -9)+14=14$
（使用计算器求（-220）mod 26，不同的计算器会有不同的结果，百度的计算器求得是14，不能直接在计算器上输入"-220mod 26"，那样会得出负数）
其实，可以算出$(-11)\bmod 26=15$，再计算$(15\times 20)\bmod 26=14$。
对于第三位 G：
$-11(6-3)\bmod 26=(-11\times 3)\bmod 26=(-33)\bmod 26=19$（计算方法同上）
三个明文值为 7，14，19，对应的明文是 HOT，也就是 hot。

### 3. 仿射密码的加解密算法

仿射密码的加解密算法是：
$C=Ek(m)=(k1m+k2)\bmod n$
其中，$C$是密文；$k1$、$k2$是密钥；$E$是加解密方法；$m$是明文。
$M=Dk(c)=k1(c-k2)\bmod n$
仿射密码具有可逆性的条件是$\gcd(k,n)=1$。
当$k1=1$时，仿射密码变为加法密码；当$k2=0$时，仿射密码变为乘法密码。
仿射密码中的密钥空间的大小为$n\phi(n)$，当$n=26$时，$\phi(n)=12$，因此仿射密码的密钥空间为$12\times 26=312$。
仿射密码的加密流程如图3-22所示。

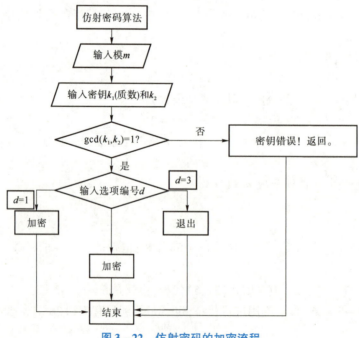

图3-22 仿射密码的加密流程

### 4. 使用 CAP4 软件进行仿射密码加解密

1) 使用 CAP4 软件进行加密

**步骤1**：在 CAP4 软件中加载要加密的明文"mw.txt"。

**步骤2**：选择"Cipher"→"Affine Cipher"选项，弹出图 3 – 23 所示对话框。

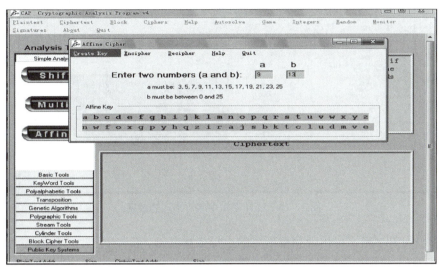

图 3 – 23  设置加密密钥

**步骤3**：选择"Affine Cipher"→"Encipher"选项进行加密，如图 3 – 24 所示。

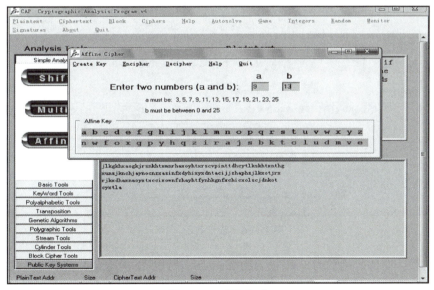

图 3 – 24  进行加密

2) 使用 CAP4 软件进行解密

解密的前提是已经知道密文是采用仿射密码加密的。

**步骤1**：打开 CAP4 软件，加载已经获取的密文"fsbhmi.txt"，并单击"Basic Tools"工具条中的"Freq"按钮，统计密文中每个字母出现的频率，如图 3 – 25 所示。

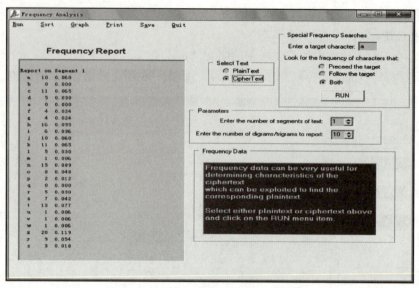

图 3-25 统计密文中字母出现的频率

通过统计可知，密文中出现频率最高的字母依次是 X、H、N、T、C、K、J，故可假设密文字符 X 对应的明文字符为 E，密文字符 H 对应的明文字符为 T。

**步骤 2**：单击"Simple Analysis"工具条中的"Affine"按钮，输入上述字母对，如图 3-26 所示。

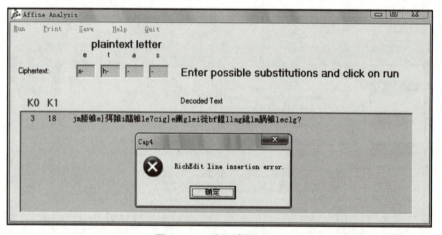

图 3-26 验证猜测（1）

注意：设仿射函数为 $y = k1x + k0 \mod 26$，所以 $k1$ 的取值只能属于下列整数集合 $\{1, 3, 5, 7, 9, 11, 15, 17, 19, 21, 23, 25\}$。很明显，以上猜测有误，故可以进一步假设密文字母 X 对应的明文字符为 E，密文字符 N 对应的明文字符为 T，经测试可知，该猜测也不成立。接着测试可以发现密文字符 X 对应明文字符 E，密文字符 T 对应明文字符 T 的假设也不成立。试假设密文字符 C 对应明文字符 T。

**步骤 3**：进一步验证上述猜测，其结果如图 3-27 所示。

通过测试发现，此次假设成立，即该段密文采用的仿射变换函数可能为 $y = 9x + 13 \mod 26$。

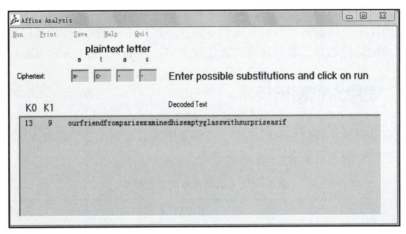

图 3－27 验证猜测（2）

**步骤 4**：采用上述假设结果，选择"Cipher"→"Affine"选项，破解密文，如图 3－28 所示。

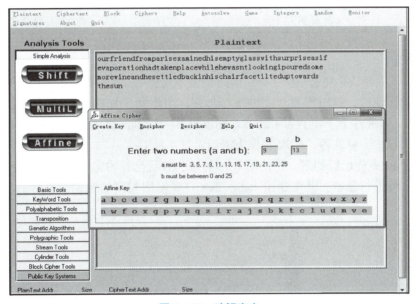

图 3－28 破解密文

采用以上猜测结果破解密文所获取的明文具有意义，所以可以认定该次加密操作采用的加密变换函数为 $y = 9x + 13 \mod 26$。

# 项目 3.2 使用现代密码技术加解密文件

现代密码技术分为对称密码技术和非对称密码技术两大类。对称密码技术的加密密钥和解密密钥相同，所以密钥不能公开。对称密码算法有 DES、3DES、IDEA、AES、RC4、RC5 等。非对称密码技术的加密密钥和解密密钥不同，所以用来加密的密钥可以公之于众，用于解密的密钥则必须保持私有。非对称密码算法有 RSA、Diffe – Hellman 和 Rabin 等。

## 任务 1　使用对称密码技术

在计算机安全领域，特别是密码学中，通常使用人名作主人公，许多人名表示不同的角色，人名与角色的对应关系如表 3 – 5 所示。

表 3 – 5　人名与角色的对应关系

| 人名 | 角色 | 人名 | 角色 |
| --- | --- | --- | --- |
| Alice | 所有协议中的第一个参加者 | Bob | 所有协议中的第二个参加者 |
| Card | 三、四方协议中的参加者 | Dave | 四方协议中的参加者 |
| Eve | 窃听者 | Mallory | 恶意的主动攻击者 |
| Trent | 值得信赖的仲裁者 | Walter | 监察人 |
| Peppg | 证明人 | Victor | 验证者 |

【任务描述】

现在 Alice 要给 Bob 发送一份文件，文件内容非常机密。Alice 不希望文件在发送的过程中因被人截取而泄密。这时需要对文件进行加密，当然除了加密外，还需要让 Bob 能够解密。就像 Alice 对文件上了锁，为了让 Bob 能够解开，则 Bob 必须有钥匙对文件解锁。在信息安全或密码学中，将这种"钥匙"称为密钥。

Bob 和 Alice 事先已经约定，将使用 DES 算法，并且已经约定好使用的密钥。于是 Alice 使用密钥对文件进行加密，并发送给 Bob。Bob 只要使用相同的密钥对文件进行解密即可，如图 3 – 29 所示。

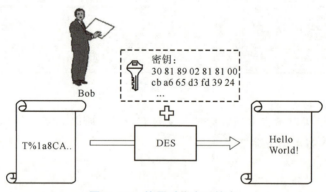

图 3 – 29　使用对称密码技术

上网搜索 DES 算法，并将其应用在电子商务活动的文件加解密中。

【任务分析】

本任务涉及 DES 密钥管理，包括密钥的产生、分配、存储、校验和 DES 明文的处理。

【知识准备】

**1. 对称密码体制**

实现古典密码有两种基本方法——代替和置换，它们是构造现代对称分组密码的核心方式。

比较常见的对称密码算法有 DES、3DES、RC4、AES、DEA、IDEA 等。在众多对称密码算法中，影响最大的是 DES 算法。DES 是 Data Encryption Standard（数据加密标准）的缩写，它是由 IBM 公司研制的一种对称密码算法，美国国家标准局于 1977 年把它作为非机要部门使用的数据加密标准。

**2. DES 算法**

DES 密码是采用传统替代与置换的加密方法的分组密码系统。

1）DES 算法的划分

DES 算法由对密钥的处理和对明文数据的处理两部分组成。

（1）对密钥的处理。把 64 位密钥（实际用的是 56 位，去掉了 8 个奇偶校验位）分散成 16 个 4 位的子密钥。

（2）对明文数据的处理。加密一组明文，每个子密钥按照顺序（1~16）以一系列的位操作施加于数据上，每个子密钥一次，一共重复 16 次。每次迭代称为一轮，最终生成密文。

2）DES 算法的入口参数

DES 算法的入口参数有三个：Key、Data、Mode。其中 Key 为 8 个字节共 64 位，是 DES 算法的工作密钥；Data 也为 8 个字节 64 位，是要被加密或解密的数据；Mode 为 DES 算法的工作方式，有两种：加密或解密。

3）DES 算法的特点

（1）每次加密的密文长度为 64 位（8 个字节）；

（2）当相同的明文使用相同的密钥和初始向量时，CBC 模式总是产生相同的密文；

（3）密文块依赖以前的操作结果，所以不能进行重新排列；

（4）可以使用不同的初始化向量避免相同的明文产生相同的密文，可在一定程度上抵抗字典攻击；

（5）当一个错误发生以后，当前和以后的密文都会被影响。

4）DES 加密过程

明文的处理经过了三个阶段，如图 3-30 所示。

（1）第一阶段：初始置换。64 位明文经过初始置换被重新排列。

（2）第二阶段：16 次迭代变换。进行 16 轮相同函数的作用，每轮作用都有置换和替代。最后一轮迭代的输出为 64 位，它是输入明文和密钥的函数。其左半部分和右半部分互换产生预输出。

（3）第三阶段：逆（初始）置换。它是初始置换的逆置换，记为 $IP^{-1}$。在对 16 次迭代的结果（$R16, L16$）再使用逆置换 $IP^{-1}$ 后得到的结果，即可作为 DES 算法的 64 位密文 $Y$ 输出，即 $Y = IP^{-1}(R16, L16)$。

图 3-30 所示的左半部分给出了明文处理过程，右半部分给出了使用密钥的过程。密钥经过初始置换（置换选择 1）后，经过循环左移和置换（置换选择 2）分别得到子密钥 $Ki$ 并将其用作每一轮的迭代。每轮的置换函数都一样，但是密钥的循环移位使子密钥互不

相同。

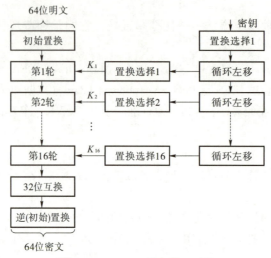

图 3-30 64 bit 明文处理过程

子密钥的产生如图 3-31 所示。

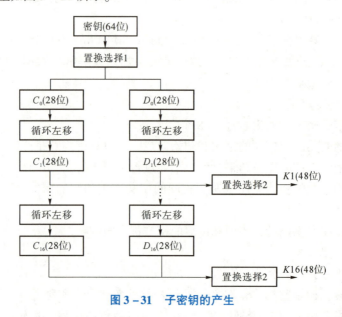

图 3-31 子密钥的产生

DES 算法输入 64 位的密钥,密钥各比特分别标记为 1~64。DES 算法流程如图 3-32 所示。

从 DES 算法流程可以看出,整个 DES 加密过程需要 16 个轮密钥($K1,K2,K3,K4,\cdots,K16$)参与运算,才能完整地将明文输入块变换成密文输出块。

5)DES 解密过程

DES 解密过程与其加密过程基本相同。两者的不同之处在于解密时子密钥 $Ki$ 的使用顺序与加密时相反,如果子密钥为 $K1,K2,\cdots,K16$,那么解密时子密钥的使用顺序为 $K16,K15,\cdots,K1$,即使用 DES 解密算法进行解密时,将以 64 位密文作为输入,第 1 次迭代运

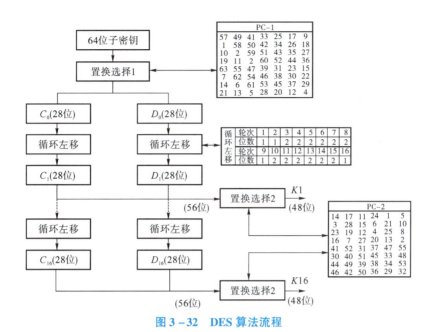

图 3-32 DES 算法流程

算使用子密钥 $K16$，第 2 次迭代运算使用子密钥 $K15$，……，第 16 次迭代使用子密钥 $K1$，其他运算与加密算法相同。这样，最后输出的是 64 位明文，如图 3-33 所示。

$LD1 = RD0 = LE16 = RE15$

$RD1 = LD0 \oplus F(RD0, K16)$

$\quad\quad = RE16 \oplus F(RE0, K16)$

$\quad\quad = (LE15 \oplus F(RE15, K16)) \oplus F(RE15, K16)$

异或运算有性质：$(A \oplus B) \oplus C = A \oplus (B \oplus C); D \oplus D = 0; E \oplus 0 = E$

因此有 $LD1 = RE15$ 和 $RD1 = LE15$，所以解密过程的第一轮输出为 $LE15 \| RE15$，正是加密过程中第 16 轮输入左、右 32 位互换值，对于其他轮也是如此，所以 DES 解密算法是 DES 加密算法的逆过程，如图 3-34 所示。

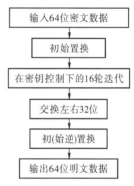

图 3-33 输出 64 位明文

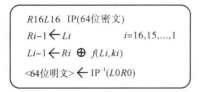

图 3-34 DES 解密算法是 DES 加密算法的逆过程

注：$i$ 表示迭代次数；$\oplus$ 表示按位异或；$f$ 为加密函数。

**【任务实施】**

**1. 了解对称密码体制**

1）对称密码体制的概念

对称密码体制采用对称密码算法，其加解密运算使用的是同样的密钥，信息的发送者和信息的接收者在进行信息的传输与处理时,必须共同持有该密钥(称为对称密钥),如图 3-35 所示。

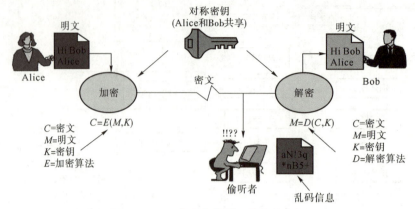

图 3-35 两个通信者需要共享的密钥

2) 对称密码算法带来的问题

对称密码算法的运算速度快,但是存在难以解决的弱点,主要有以下 3 个:

(1) 密钥管理问题。通信双方必须统一密钥,如何才能把密钥安全送到收信方是对称密码体制的突出问题,如图 3-36 所示。

图 3-36 密钥的保密问题

如果每对通信者都需要一对不同的密钥,那么 n 个用户通信就需要 n! 对密钥。两两分别用一个密钥时,则 n 个用户需要 $C_n^2 = n(n-1)/2$ 个密钥,当使用量增大时,密钥空间急剧增大,出现了密钥管理量剧增、管理难度大的问题。例如,当 $n=100$ 时,共需要 4 995 个密钥;当 $n=5\,000$ 时,密钥会增加到 12 497 500 个。

(2) 密钥传输问题。因为需要安全共享密钥,所以对协商密钥的信道的安全性的要求比正常的传送消息的信道的安全性要高。

(3) 数字签名问题。传统密码算法无法满足抗抵赖的需求;现代密码技术应用到电子商务活动中时,也出现了如何满足抗抵赖的需求的问题,对称密码算法无法解决该问题。

**2. 使用 CAP 4 软件进行 DES 加解密**

1) 使用 CAP 4 软件进行 DES 加密

打开 CAP 4 软件,在"Plaintext"文本框内输入需要加密的字符,本任务输入"beijing",然后选择"Ciphers"→"DES"选项,弹出"Data Encryption Standard DES"对话框,在密钥框中输入 8 位密钥,本任务中输入"12345678",单击"Encipher"按钮,如图 3-37 所示。

加密成功后,在"Ciphertext"框出现二进制的密文。

2) 使用 CAP 4 软件进行 DES 解密

将密文复制到"Ciphertext"文本框中,选择"Ciphers"→"DES"选项,输入正确的

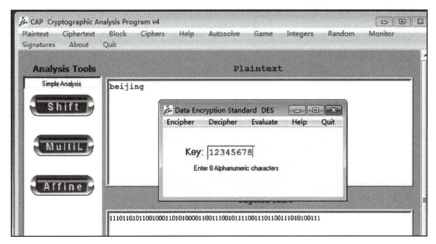

图 3-37  进行 DES 加密

数值产生密钥,单击"Decipher"按钮进行解密,结果返回明文。

请尝试使用不同的密钥,观察返回的明文。

### 3. 对称密码技术的密钥管理和保护

密钥的分配和更换过程需要对用户透明,但是对称密码的密钥不能公开,所以其密钥管理需要重点防范,遵循"密钥永远不可以以明文的形式出现在密码装置之外"的原则,密码装置是一种保密工具,既可以是硬件,也可以是软件。

## 任务 2　使用非对称密码技术

非对称密码算法又称为公开密钥算法,是在 1976 年由 Diffie 和 Hellman 在其《密码学的新方向》一文中提出的,该算法有效解决了对称密码算法存在的一系列问题。

思政元素 10　　思政元素 11

### 【任务描述】

在非对称密码中,Alice 使用 Bob 的公钥加密,Alice 发送机密信息给 Bob,Bob 收到加密信息后,Bob 使用自己的私钥解密,如图 3-38 所示。

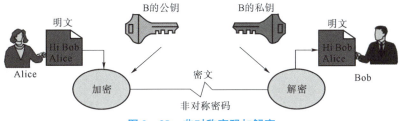

图 3-38　非对称密码加解密

雅鹿公司电商专员小王需要详细了解非对称密码的加解密原理。请帮助小王完成这一任务。

### 【任务分析】

此任务涉及非对称密码的加解密过程。非对称加密算法需要两个密钥进行加密和解密,一个密钥是公钥,另一个密钥是私钥。

【知识准备】
**1. 基本概念**

1）公开密钥基础设施 PKI

公开密钥基础设施 PKI 是一种遵循既定标准的密钥管理平台。它能够为所有网络应用提供加密和数字签名等服务及所必需的密钥和证书管理体系，为用户建立一个安全的网络运行环境。

2）数字信封

数字信封技术使用两层加密体系，结合了对称密码算法和非对称密码算法的优点，既利用了对称密码算法运算速度快的优点，又利用了非对称密码算法保密性高的优点。

数字信封的作用是分发对称密钥。在数字信封中，信息发送方采用对称密钥来加密信息内容，然后将此对称密钥用接收方的公开密钥加密之后，将它和加密后的信息一起发送给接收方，接收方先用相应的私钥打开数字信封，得到对称密钥，然后使用对称密钥解开加密信息。

数字信封具有一定的局限性，信息发送方和接收方必须确保密钥的安全传输，以保证数字信封的有效使用。

3）数字摘要

数字摘要是将任意长度的消息变成固定长度的短消息，它类似于一个自变量是消息的函数，也就是 Hash 函数。数字摘要就是采用单向 Hash 函数将需要加密的明文"摘要"成一串固定长度（128 位）的密文，这一串密文又称为数字指纹。它有固定的长度，而且不同的明文"摘要"成密文，其结果总是不同的，而同样的明文其"摘要"结果必定一致。

4）数字签名

数字签名技术有效保证了信息的完整性、有效性、安全性和不可抵赖性。信息的发送方用私钥对数字摘要加密，从而形成发送方的数字签名。

**2. 非对称密码技术的常用算法**

非对称密码系统是一种公开密钥的密码系统，要求密钥成对使用，即加密和解密分别由两个密钥来实现，每个用户都有一对密钥。其典型算法有 RSA 算法、SHA–1 算法、MD5 算法等。

1）SHA–1 算法

SHA–1 算法也属于单向散列算法，是一种生成信息摘要的算法。SHA–1 算法可以从明文生成 160 位的信息摘要。

例如，给定明文"abcd"，生成的 SHA–1 摘要为

81FE8BFE87576C3ECB22426F8E57847382917ACF

SHA–1 算法可以保证信息的完整性，因为单向散列算法不能够由信息摘要反推出原内容。

2）MD5 算法

MD5 算法也属于单向散列算法，能将任意大小的数据映射到一个较小的、固定长度的唯一值。加密值强的散列一定是不可逆的。散列同时也具备了防冲突的特性，MD5 算法比 SHA–1 算法的运行速度大约快 33%。

**3. 非对称密码学基础**

对于传统对称密码而言，密文的安全性完全依赖于密钥的保密性，一旦密钥泄露，将毫

无保密性可言。由于传统对称密码体制出现了密钥管理的困难，如 2 000 个用户保密通信，每个人需要保存 1 999 个密钥［两两保密通信需要共（2 000×19 999）/2 = 1×999 000 个密钥，每人保管 1 999 个］，所以在密钥管理分配上有困难。

非对称密码解决了上述问题，即每个人有一对密钥（公钥和私钥），将公钥公开，私钥自己保管，这样每人只要保管好自己的私钥就可以了。在通信时，使用收信方的公钥进行加密，收信方使用自己的私钥进行解密。在身份认证时，签名者使用私钥签名，验证签名者使用签名者的公钥验签。

非对称密码（公钥密码）体制的特点如下：

（1）公钥的公开特性。在非对称密码体制中，公钥是公开的，只有私钥是需要保密的。

（2）私钥的保密特性。在非对称密码体制中，只要保障私钥是安全的，那么加密就是可信的。由公钥和密码算法推测出私钥，这在计算上是不可行的。

（3）公钥密码的非对称特性。在非对称密码体制中，可使用两个独立的密钥。

（4）公钥算法的安全性基于难解可计算问题。在非对称密码体制中，公钥算法是基于数学函数而不是基于代替和置换。在近代非对称密码系统的研究中，其安全性都是基于难解的可计算问题，如大数分解问题和计算有限域的离散对数问题等。

### 4. 传统密码和公钥密码的区别

传统密码和公钥密码的区别如表 3 – 6 所示。

表 3 – 6　传统密码和公钥密码的区别

| 特性 | 传统密码 | 公钥密码 |
| --- | --- | --- |
| 密钥 | 加密和解密使用相同的密钥 | 加密和解密使用不同的密钥 |
| 算法 | 加密和解密使用相同的算法 | 加密和解密使用相同的算法 |
| 密钥分发 | 收发双方共享密钥 | 发送方拥有加密或解密密钥，而接收方拥有另外一个密钥 |
| 密钥保密 | 加密密钥和解密密钥都需要保密 | 公钥公开，私钥一定要自己保管 |
| 密钥破解 | 如果知道算法和若干密文，不足以破解出密钥 | 知道算法和其中一个密钥及若干密文，不足以破解出另外一个密钥 |

对称加密与非对称加密的区别如表 3 – 7 所示。

表 3 – 7　对称加密与非对称加密的区别

| 特性 | 对称加密 | 非对称加密 |
| --- | --- | --- |
| 密钥数目 | 单一密钥 | 密钥是成对的 |
| 密钥种类 | 密钥是秘密的 | 密钥一个私有、一个公开 |
| 密钥管理 | 简单，不好管理 | 需要数字证书及可靠的第三者 |
| 加密的相对速度 | 非常快 | 慢 |
| 用途 | 用来进行大量资料的加密 | 用来加密保密程度要求高的信息 |

## 【任务实施】
### 1. 了解 RSA 算法的原理

1) RSA 算法的由来

1977 年,罗纳德·李维斯特(Ron Rivest)、阿迪·萨莫尔(Adi Shamir)和伦纳德·阿德曼(Leonard Adleman)一起提出了 RSA 算法。当时他们三人都在麻省理工学院工作实习。RSA 就是他们三人姓氏开头字母拼在一起组成。RSA 能同时用于加密和数字签名的非对称密码算法,被 ISO 推荐为公钥数据加密标准。

2) RSA 算法的理论基础

1987 年 7 月,美国首次公布 RSA 算法,该算法的理论基础是大数分解和素数检测。RSA 算法基于一个简单的数论事实:将两个大数相乘容易,但是想要对其乘积进行质因子分解却极其困难,因此可以将其乘积公开作为加密密钥。例如,计算 7 817 和 7 333 的乘积很容易,但反过来计算一个大数的质因子就很困难,例如,对于 57 322 061 这个大数来说,不能轻而易举地计算出它的两个质因子。

正是由于大数的质因子分解过程非常困难,这种特性被应用非对称密码技术。采用非对称加密机制,发送方发送的信息都采用两个质数的乘积进行加密,只有知道这两个质因子的人才有可能对已经加密的信息进行解密,那些中途窃取信息的人由于不知道用于加密的质因子,所以无法破解信息的内容。非对称密码技术正是通过这一过程来达到保护信息的目的的。

RSA 算法的原理是找两个很大的质数,其中一个对外界公开,称为公钥,另一个称为私钥,用公钥加密的密文可以用私钥解密,反之亦然。RSA 算法的优、缺点如表 3-8 所示。

表 3-8 RSA 算法的优、缺点

| RSA 算法 | | 具体描述 |
| --- | --- | --- |
| 优点 | RSA 算法可实现身份鉴别功能 | 发信人首先需要使用接收信人的公钥,将传输信息加密,通过网络传给收信人;然后收信人再使用自己的私钥解密信息,由此可确认能读懂信的人必是正确的收信人,因此 RSA 算法可实现身份的鉴别,防止身份冒用 |
| | RSA 算法可实现数字签名功能 | 如果发信人用自己的私钥将传输信息加密,就相当于在此消息上作了签名。收信人只有用发信人的公钥才能将其解开。这样可以证明信件确实是由原发信人发出的,别人无法假冒其名义,这便实现了数字签名功能,防止发送的信息被伪造和篡改 |
| 缺点 | 计算速度慢 | RSA 算法的计算量很大,加解密信息的效率低 |

3) RSA 算法的数学描述

RSA 算法的数学描述如下:

(1) 选择一对不同的、足够大的质数 $p$, $q$。

(2) 计算 $n = pq$。

(3) 计算 $f(n) = (p-1)(q-1)$,同时对 $p$, $q$ 严加保密,不让任何人知道。

(4) 找一个与 $f(n)$ 互质的数 $e$,且 $1 < e < f(n)$。

(5) 计算 $d$,使得 $de \equiv 1 \bmod f(n)$。这个公式也可以表达为 $d \equiv e-1 \bmod f(n)$。

说明:"≡"是数论中表示同余的符号。公式中,"≡"符号的左边必须和右边同余,也就是两边的模运算结果相同。显而易见,不管 $f(n)$ 取什么值,符号右边 $1 \bmod f(n)$ 的结果都等于 1;符号的左边 $d$ 与 $e$ 的乘积作模运算后的结果也必须等于 1。这就需要计算出 $d$ 的值,让这个同余等式能够成立。

(6) 公钥 $KU = (e, n)$,私钥 $KR = (d, n)$。

(7) 加密时,先将明文变换成 $0 \sim n-1$ 的一个整数 $M$。若明文较长,可先分割成适当的组,然后再进行交换。设密文为 $C$,则加密过程为 $C \equiv M^e \bmod n$,解密过程为:$M \equiv C^d \bmod n$。

注:如果知道加密算法,从加密密钥得到解密密钥在计算上是不可行的(单向函数的性质)。RSA 算法的数学原理如表 3-9 所示。

表 3-9 RSA 算法的数学原理

| 公钥 $KU$ | $n$:两质数 $p$ 和 $q$ 的乘积($p$ 和 $q$ 必须保密)<br>$e$:与 $(p-1)(q-1)$ 互质 |
|---|---|
| 私钥 $KR$ | $d: e^{-1} \bmod (p-1)(q-1)$<br>$n$ |
| 加密 | $C \equiv M^e \bmod n$ |
| 解密 | $m \equiv C^d \bmod n$ |

4) RSA 算法的安全性

RSA 算法是目前最有影响力和最常用的公钥加密算法,它能够抵抗目前为止已知的绝大多数密码攻击,已被 ISO 推荐为公钥数据加密标准。

只要 RSA 密钥的长度足够长,使用 RSA 算法加密的信息很难被破解。RSA 算法的安全性依赖于大数分解,取决于从公钥 $(e, n)$ 计算出私钥 $(d, n)$ 的困难程度。后者等同于从 $n$ 找出它的两个质因子 $p$ 和 $q$。因此,$n$ 的值越大,其分解难度越大。

RSA 实验室认为,512 位的 $n$ 已不够安全,在 1997 年或 1998 年后应停止使用,个人应用 768 位的 $n$,企业应用 1 024 位的 $n$,极其重要的场合应用 2 048 位的 $n$。

假设一台计算机一次运算的时间需要 1 μs,则分解 $n$ 所需要的时间如表 3-10 所示。

表 3-10 大数质因子分解的运算次数和运算时间

| $n$ 的十进制位数 | 运算次数 | 运算时间 |
|---|---|---|
| 50 | $1.4 \times 10^{10}$ | 3.9 h |
| 75 | $9.0 \times 10^{12}$ | 104 天 |
| 100 | $2.3 \times 10^{15}$ | 74 年 |
| 200 | $1.2 \times 10^{23}$ | $3.8 \times 10^9$ 年 |
| 300 | $1.5 \times 10^{29}$ | $4.9 \times 10^{15}$ 年 |
| 500 | $1.3 \times 10^{39}$ | $4.2 \times 10^{23}$ 年 |

由表 3-10 可知，随着模 $n$ 位数的增加，RSA 算法的安全性提高，但其加密解密所耗的时间也延长。因此，需根据所保护信息的敏感度、攻击者破解所需要花的代价值不值得系统所要求的反应时间，来综合考虑并决定密钥的长度。在分布式计算和量子计算理论日趋成熟的今天，RSA 算法安全性受到了严峻挑战。

**2. 非对称密码体制的优、缺点**

1) 非对称密码体制的优点

（1）非对称密码技术与对称密码技术相比，其优势在于不需要共享通用的密钥。

（2）公钥在传递和发布过程中即使被截获，由于没有与公钥匹配的私钥，截获公钥对入侵者没有太大意义。

（3）密钥分配简单。

2) 非对称密码体制的缺点

加密算法复杂，加密和解密的速度比较慢。

**3. 非对称密码的加解密过程**

在非对称密码体系中，密钥被分解为一对，即公钥和私钥。这对密钥中的公钥（加密密钥）通过非保密方式向他人公开，而另一把作为私钥（解密密钥）加以保存。公钥用于加密，私钥用于解密。私钥只能由生成密钥的交换方掌握，公钥可广泛公布。非对称密码的加解密过程如图 3-39 所示。

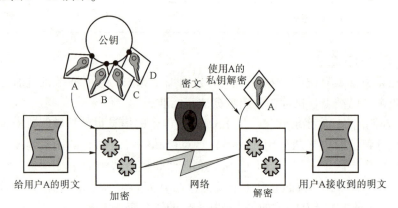

图 3-39 非对称密码的加解密过程

**例 3.6** 在非对称密码体制中，单向函数的构造基于大数 $n$ 质因子分解的困难，因此 $n$ 的两个质因子 $p$ 与 $q$ 都应取大质数。为了便于理解，选取两个较小的质数来说明该体制。在 RSA 算法中，质数 $p=7$，$q=11$，已知加密密钥 $e=7$，计算解密密钥 $d$。

**解**：

$N = pq = 7 \times 11 = 77$

$\phi(n) = (p-1)(q-1) = 6 \times 10 = 60$

根据公式 $d \times e \equiv 1 \mod (p-1)(q-1)$，又 $e=7$，所以 $7 \times d \equiv 1 \mod 60$，即 $7d \mod 60 = 1$。

$7 \times 43 = 301$

301 除以 6 刚好余 1，所以 $d = 43$。

**例 3.7** 在使用 RSA 算法加密时，已知明文 $M=3$，公钥是 $(e=7, n=20)$，私钥是 $(d=3, n=20)$，求解密文 $C$。

**解:**

$M=3$ 的加密,根据公式 $C = m^e \bmod n$。

$3^7 = 2\,187 \equiv 7 \bmod 20$,求解得到密文 $C = 7$。

【动手做一做】

(1) 异或运算练习。

在加解密时,经常使用异或运算,异或(xor)是一个数学运算符,它应用于逻辑运算,数学符号为"⊕",计算机符号为"xor"。

异或运算法则为:$a \oplus b = (\neg a \wedge b) \vee (a \wedge \neg b)$

如果 $a$、$b$ 值不相同,那么异或结果为 1;如果 a、b 值相同,那么异或结果为 0。

异或也叫半加运算,其运算法则相当于不带进位的二进制加法。在二进制下用 1 表示真,用 0 表示假,则异或运算法则为:$0 \oplus 0 = 0$, $1 \oplus 0 = 1$, $0 \oplus 1 = 1$, $1 \oplus 1 = 0$(同为 0,异为 1)。

这些法则与加法是相同的,只是不带进位。

程序中有 3 种演算子:XOR、xor、⊕。

使用方法如下:

$z = x \oplus y$

$z = x$ xor $y$

(2) 对字符'A'使用密钥 7 进行异或运算,结果是_____。

**解:**

字符'A'的 ASCII 编码为 65:00000000 01000001;

取整数 7:00000000 00000000 00000000 00000111;

异或运算结果:00000000 00000000 00000000 01000110。

## 任务 3　使用 PGP 软件进行数据加密

【任务描述】

为了提高电子商务活动的安全性,雅鹿公司电子商务部在发送邮件时,需要对邮件加密。小王需要选择保密性好且使用方便的邮件加密软件。PGP 是目前企业应用非常广泛的一款邮件加密软件,但是小王对 PGP 软件的加密原理和具体的使用方法都不了解,请帮助小王完成该任务。

【任务分析】

该任务涉及 PGP 软件的运行、PGP 软件中密钥的产生和存储、PGP 软件中公钥的管理等知识点。

【知识准备】

非对称密码体制是现代密码学的最重要的发明和进展。在非对称体制中,加密密钥不同于解密密钥。人们将加密密钥公之于众,谁都可以使用;而解密密钥只有解密人自己知道,如图 3-40 所示。

非对称密码的加解密原理见前文,这里不再赘述。

图 3-40　公钥无须保密

**【任务实施】**

PGP 是一款基于 RSA 算法的邮件加密软件，可以用来对邮件加密以防止非授权者阅读，还能对邮件加上数字签名而使收信人可以确认邮件发送者的身份。PGP 软件还可以应用于文件存储过程，提供认证和保密业务。

**1. PGP 软件的安装**

进入 PGP 软件的安装界面，单击"Next"按钮，出现选择用户类型对话框，选择"No, I'm a New User"选项，如图 3-41 所示。

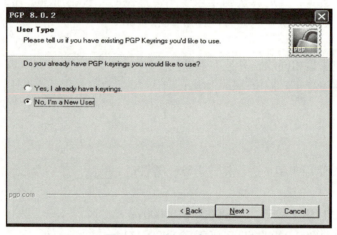

图 3-41　选择用户类型

（1）因为在用户类型对话框中选择了新用户，在计算机启动以后，自动提示建立 PGP 密钥，并要求选择安装组件，如图 3-42 所示。

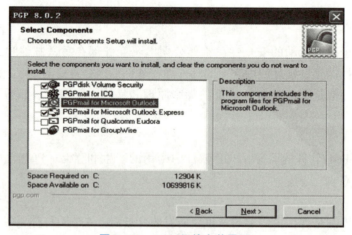

图 3-42　PGP 组件安装界面

（2）安装选项如图 3-43 所示。

模块三 数据加解密技术

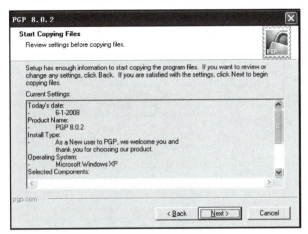

图 3-43 安装选项

(3) 单击"Next"按钮，出现图 3-44 所示对话框。

图 3-44 产生密钥向导

(4) 单击"下一步"按钮，在用户信息对话框中输入相应的姓名和电子邮件地址，如图 3-45 所示。

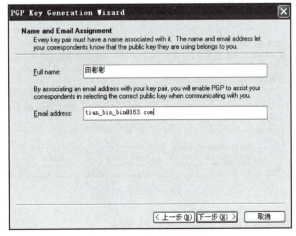

图 3-45 输入用户信息

(5) 在 PGP 密码输入框中输入 8 位以上的密码并确认，如图 3-46 所示。

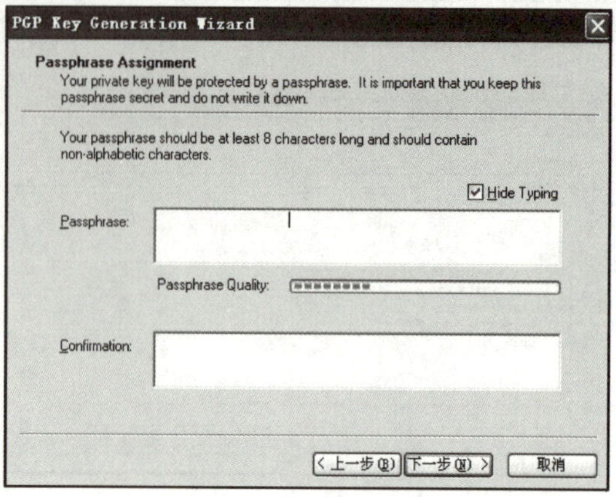

图 3-46 输入密码

(6) PGP 软件会自动产生 PGP 密钥，生成的密钥如图 3-47 所示。

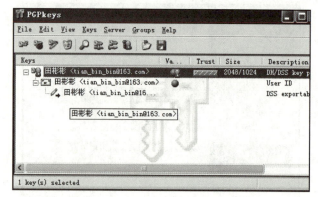

图 3-47 生成的密钥

(7) 到此为止，公钥和私钥都已经生成。为了保证私钥及公钥的安全，选择"导出菜单"选项，弹出备份密钥对话框，单击"Save Backup Now"按钮，如图 3-48 所示。

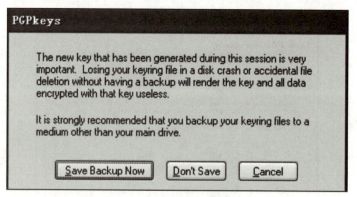

图 3-48 备份密钥文件

(8) 选择公钥文件的保存位置，如图 3-49 所示。

模块三 数据加解密技术 131

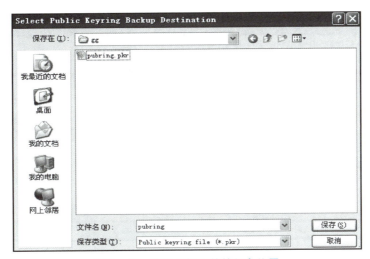

图 3-49 选择公钥文件的保存位置

（9）选择私钥文件的保存位置，如图 3-50 所示。

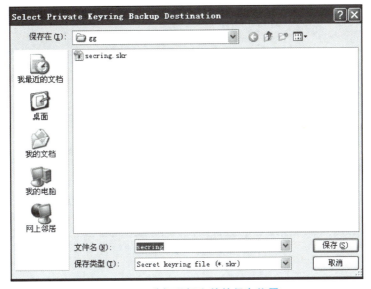

图 3-50 选择私钥文件的保存位置

**2. 使用 PGP 软件加密邮件**

在 PGP 软件中，信息摘要是一串能表达内容的 160 bit 或 128 bit 的二进制特征数。信息内容和信息摘要是一一对应的，不同的内容所产生的信息摘要不同，内容即使有一个字节的改变，信息摘要的结果都会发生较大的变化。

使用 PGP 软件加密邮件的步骤如下：

（1）首先导入对方的公钥环和私钥环，如图 3-51 所示。

（2）发送邮件。单击"创建邮件"按钮，在收件人地址栏中输入收件人地址及主题，选中邮件内容中的全部信息。单击鼠标右键，在弹出的菜单选择"剪切"命令，如图 3-52 所示。

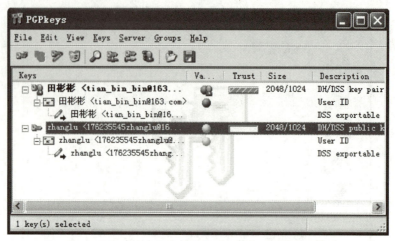

图 3-51　导入对方的公钥环和私钥环

图 3-52　选中要加密的信息

选择 "开始" → "PGPKeys" → "PGPmail" 选项，单击 "PGPmail" 工具栏上的 "Encrypt and Sign" 按钮（左数第 4 个），如图 3-53 所示。

图 3-53　单击 "Encrypt and Sign" 按钮

选择需要加密并签名的文件，如图 3-54 所示。

单击 "Clipboard" 按钮，出现密钥选择对话框，如图 3-55 所示。

将图 3-55 所示对话框中的 "zhanglu <176235545zhanglu@163.com>" 拖拉到下面的

"Recipients"区域中,如图 3-56 所示。

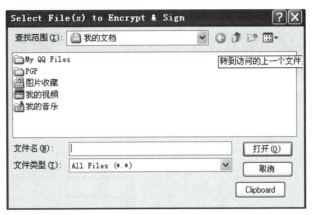

图 3-54 选择需要加密并签名的文件

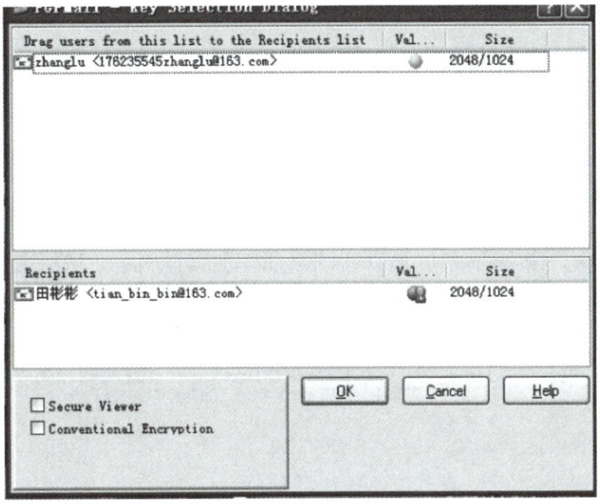

图 3-55 密钥选择对话框

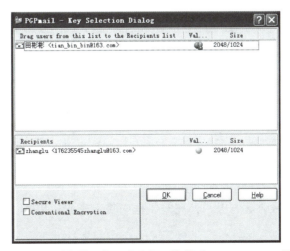

图 3-56 将对方的公钥环和私钥环拖拉到"Recipients"区域

单击图3-56所示对话框中的"OK"按钮,弹出"PGPmail_ Enter Passphrase"对话框,输入PGPmail密码,如图3-57所示。

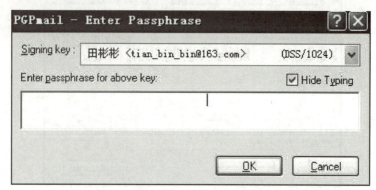

图3-57 输入PGPmail密码

加密后的密文如图3-58所示。

图3-58 加密后的密文

邮件正文已经被加密成乱码的形式,然后将密文以邮件的形式发送出去,一封加密邮件就成功发送了。

(3) 接收邮件。当收件人收到发过来的邮件时,全选邮件内容,然后单击鼠标右键,选择"复制"命令,如图3-59所示。

此时加密的邮件内容已经进入粘贴板中,单击"PGPmail"工具栏中左数第5个按钮(解密/校检),弹出图3-60所示对话框。

根据图3-60所示对话框的提示,在输入框中输入密码,单击"OK"按钮,可看到邮件已经解密成功。

### 3. PGP软件的安全服务

PGP软件的安全服务如表3-11所示。

图 3-59　选择并复制加密的邮件内容

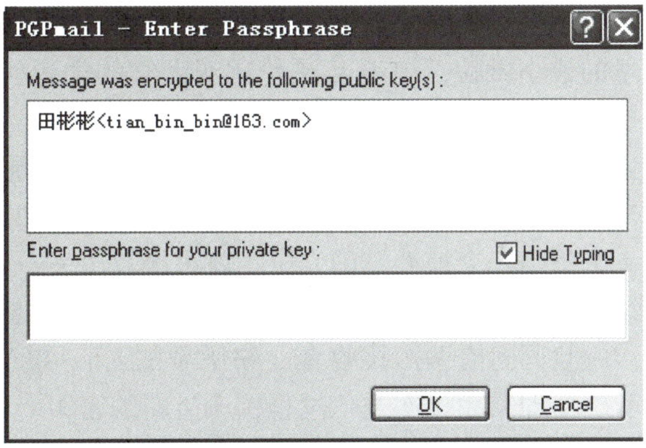

图 3-60　解密/校检邮件内容

表 3-11　PGP 软件的安全服务

| 安全服务 | 算法 | 说明 |
| --- | --- | --- |
| 机密性 | IDEA，RSA | 发信人产生一次会话密钥，或以 RSA 体制下收信人的公钥加密，会话密钥和消息一起送出 |
| 认证性 | RSA，MD-5 | 用 MD-5 杂凑消息，并以收信人的（数字签名）RSA 公钥加密，与消息一起送出 |
| 压缩 | ZIP | 用于消息的传送和存储，提供完整性 |
| E-mail 兼容性 | 基数-64 变换 | 对 E-mail 应用提供透明性，可将加密消息用基数-64 变换成 ASCII 字符串 |
| 分段功能 | — | 为了适应最大消息长度限制，PGP 软件实行分段并重组 |
| 不可抵赖性 | — | 中转消息时，可以对消息源进行认证 |

## 任务 4　展望量子密码技术

【任务描述】

雅鹿公司的小王和小李在讨论"量子密码在电子商务中的应用"的话题，两人讨论的焦点如下：

(1) 量子密码的保密性究竟高在哪里？

(2) 量子密码是如何进行数据加密的？

请参与到小王和小李的讨论中，说出你的观点和理由。

思政元素 12

【任务分析】

党的二十大报告指出，"加快实施创新驱动发展战略，加快实现高水平科技自立自强"。量子科技是当前全球最前沿技术之一，量子通信具有"不可窃听、不可复制、无法破译"的特质，是确保信息安全的重要措施之一。量子密码不同于普通密码，是量子力学与经典密码学相互融合的产物。量子密码的保密性主要涉及算法复杂性。量子密码的安全性是基于量子特性的。本任务主要涉及量子密码的加密原理等知识点。

【知识准备】

量子是指物质和能量的最小微粒，1970 年哥伦比亚大学的学者威斯纳（S. Wiesner）最先提出利用量子效应保护信息，开创了量子密码的先河。

量子密码技术是以量子物理学为基础，利用量子力学"测不准原理"，即不可能同时测量粒子的不同特征值，来保证量子密码的安全性，同时能对窃听者的行为和存在进行检测。

依据量子纠缠特征，测量出一个被纠缠的光子，就可推算出另一个光子的性质。粒子的基本性质存在于量子纠缠态中，由纠缠光子构造的密码只能通过发送器和吸收器才能阅读，而且只能一对一地进行。一旦同时有两个接收者（窃听者加入），就会干扰量子通信系统的状态，从而发现有人窃听，立即结束该次通信过程，产生新的密钥。

【任务实施】

**1. 量子密码概述**

1）量子密码的起源

量子密码是密码学与量子力学结合的产物，它利用了系统所具有的量子力学特性来保证通信的安全。最早将量子物理用于密码学的是美国科学家威斯纳（Stephen Wiesner）。他于 1970 年提出，利用单量子状态制造不可伪造的"电子钞票"，但这个设想的实现需要长时间保存单量子态，不太现实，并没有被人们接受，但他的研究成果开创了量子密码的先河，在密码学历史上具有划时代的意义。

2）量子密码的理论基础

传统粒子与量子的区别如表 3 - 12 所示。

表 3 - 12　传统粒子与量子的区别

| 传统粒子 | 量子 |
| --- | --- |
| 传统意义上，任何粒子都处于一个明确的状态，测量行为不会改变其状态 | 量子同时处于不同的状态，这些状态有不同的发生概率（量子叠加性），一旦被测量，状态就被确定 |

如果不破坏量子的状态，就无法获取量子中保存的信息。利用这一特征，人们可以编写适用于量子计算机的信息加密软件，当黑客企图窃取信息时，软件将会发出警报信息，然后自动中断本次信息的传输过程。

目前量子密码学是安全保密方面最新的研究领域，是近年来国际学术界的前沿研究热点。面对未来具有超级计算能力的量子计算机，现行基于解自然对数及质因子分解困难度的加密系统、数字签章及密码协议都将变得不安全。量子密码学实现了经典密码学无法达到的两个目的：一是合法的通信双方可察觉潜在的窃听者并采取相应的措施；二是无论破解者有多么强大的计算能力，窃听者都无法破解量子密码。量子密码是保障未来网络通信安全的一种重要的技术。随着对量子密码体制的深入研究，量子密码将会在网络通信上得到广泛的应用，世界即将进入量子信息时代。

3）量子密码在电子商务中的应用前景

量子密码技术除了具有极高的科学价值之外，还具有非常好的市场前景。美国的 BBN 技术公司正在试验将量子密码引进 Internet，并抓紧研究名为"开关"的设施，使用户可在 Internet 的大量加密量子流中接收属于自己的密码信息。在线支付是电子商务成功运营的保证，而安全则是在线支付的基石。量子密码技术应用在电子商务中，可以确保网络支付时用户密码等各种重要信息的安全。

**2. 量子密码的主要内容**

1）量子密码算法

量子密码的两个基本特征是：无条件安全性和对窃听行为的可检测性。

（1）无条件安全性。所谓无条件安全性是指在攻击者具有无限计算资源的条件下仍不可能破译此密码系统。

（2）对窃听行为的可检测性。所谓对窃听（或其他各种扰动）的可检测性是指两个用户之间的通信受到干扰时，通信者根据测不准原理可以同步检测出是否存在干扰。

上述两个特征的理论基础是：海森堡测不准原理和量子不可复制定理。

海森堡测不准原理是量子力学的基本原理，又名"测不准原理"，由德国物理学家海森堡于 1927 年提出。该原理表明：一个微观粒子的某些物理量（如位置和动量，或方位角与动量矩，还有时间和能量等），不可能同时具有确定的数值，其中一个量越确定，另一个量的不确定程度就越大。

量子不可复制定理也称作不可克隆原理，又称作量子互补原理，是海森堡测不准原理的推论，它表明：在不知道量子状态的情况下复制单个量子是不可能的。如果量子状态是已知的，可以重复地制备它。困难在于不能通过单次测量获知量子系统的确切特性。因为一旦进行测量，原来的量子状态就改变了，测得的结果只是组成此量子状态的各种可能的状态之一。该原理保证了量子密码系统具有不可破译性。

2）量子密码方案

与当前普遍使用的以数学为基础的密码体制不同，量子密码以现代密码学和量子物理原理为基础，利用量子信号实现。与数学密码相比，量子密码方案具有可证明安全性（甚至无条件安全性）和对扰动的可检测性两大主要优势。这决定了量子密码具有广阔的应用前景。随着量子通信以及量子计算的逐渐丰富与成熟，量子密码在未来的信息保护技术领域将发挥重要作用。量子密码采用量子力学原理，通过公开的信道在异地用户之间能严格保证分配过程安全的密钥分配方法,因此可以说:量子密码 = 量子密钥分配。

**3. 量子密钥分配协议**

(1) BB84 协议。BB84 协议是量子密码中的第一个密钥分配协议。IBM 公司的查理斯·贝内特(Charles Bennett)和加拿大的吉勒·布拉萨德(Gilles Brassard)于 1984 年在他们发表的论文中提到了量子密码分发协议,该协议后来被称为 BB84 协议。BB84 协议以量子的互补性为基础,简单且具有无条件安全性。

BB84 协议提出后,量子密码技术得到了迅速发展,由此迎来了量子密码学的新时期。5 年后,贝内特和布拉萨德在实验室成功地把一系列光子从一台计算机传送到相距 32 cm 的另一台计算机,实现了世界上最安全的密钥传送。

(2) B92 协议。1992 年,IBM 公司的贝内特又提出一种更简单但效率减半的方案,即 B92 方案。BB84 协议是四态协议(即基于四个量子状态实现),而 B92 协议是一个两态协议,是对 BB84 协议的简化。

该协议的实现以两个非正交的量子比特为基础。该协议所采用的量子比特的非正交性满足量子不可复制定理,使攻击者不能从协议中获得量子密钥的有效信息。

**4. 量子技术在密码学上的应用**

2017 年 5 月 3 日,中国科学院在上海召开新闻发布会,宣布世界首台超越早期经典计算机的光量子计算机在我国诞生。

量子的"重叠性"使量子计算机具备超强的计算能力。目前的加密标准都是以计算难度为基础设计的。例如,RSA 算法的安全性基于"大数的质因子分解非常困难"这一假定。量子计算机由于具有强大的计算能力,可以轻而易举地找出质因子,从而破解密码。传统的计算机一次只能处理一个状态,量子计算机的处理器有 $n$ 个量子位元,在同一时间执行一次运算,就可以同时对所有 $2^n$ 个不同状态作运算。按理论估算,一个有 5 000 个量子位元的量子计算机,用 30 秒就可以解决质因子分解问题,而传统的计算机需要 100 亿年(地球的年龄是 46 亿年)。使用量子计算机可以在几秒钟内分解 RSA129 的公钥,传统计算机则需要几个月。因此,量子计算机所能提供的巨大计算能力一旦变为现实,大多数现有加密技术都将不再有效。

**5. 量子密码的加密方法介绍**

1) 量子密码的基本特征

如前所述,量子密码的基本特征如下:

(1) 对窃听行为的可检测性。对窃听行为的可检测性是指通信中的两个用户之间的信道受到干扰时,通信者根据某个量子力学原理可以同步实时地检测出这种干扰。这个特征是保证量子密码方案具有高安全性的重要基础。

(2) 无条件安全性(或者可证明安全性)。在经典计算机中,存储的信息单位是比特(bit),比特使用二进制,也就是说一个比特表示的不是"0"就是"1"。在量子计算机里,存储的信息单位是量子比特(qubit),2 个量子比特的量子计算机每秒可以进行 $2^2 = 4$ 次运算,所以 50 个量子比特的量子计算机的运算速度($2^{50} = 1\ 125$ 亿亿次)将远超最强超级计算机(目前世界最强超级计算机的运算速度达到了每秒 20 亿亿次)。

2) 量子密码的加密方法

量子密码体系采用量子状态作为信息载体,经由量子通道传送,在合法用户之间建立共享的密钥（经典随机数）。量子密钥分配方案主要有：BB84（B92）方案、EPR 方案、正交态方案、信道加密方案。量子密码用量子状态作为信息加密和解密的密钥。量子的一些神奇性质是量子密码安全性的根本保证。

BB84 协议通过光子的偏振态（线偏振态和圆偏振态）进行编码。如图 3 – 61 所示，球代表单个光子，箭头为光子的偏振方向。

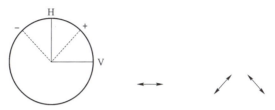

图 3 – 61　光子的偏振态和关系

BB84 协议的第一步是量子传输。发送者随机产生一个比特（0 或 1），再随机选择一个基（"+"或"×"）来制备量子状态，如表 3 – 13 所示。

表 3 – 13　量子基对应关系

| 基 | 0 | 1 |
| --- | --- | --- |
| + | ↑ | → |
| × | ↗ | ↘ |

选择基"+"时，把比特 0 制备成↑，把比特 1 制备成→；选择基"×"时，把比特 0 制备成↗，把比特 1 制备成↘。光子的偏振态被制备好之后，发送者把这个光子通过量子信道传送给接收者。之后重复这个过程多次，如图 3 – 62 所示。

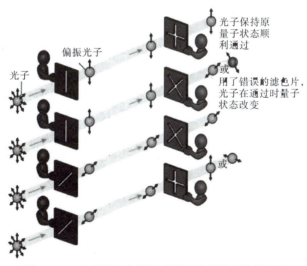

图 3 – 62　发送者把光子通过量子信道传送给接收者

图 3 – 62 所示中蓝色头像表示发送方，绿色头像表示接收方。

接收方如果使用"+"滤色片，上下或者左右偏振的光子可以保持原来的量子状态顺利通过。上左下右或者上右下左偏振的光子在通过时量子状态改变,变成了上下或者左右偏振的光子且状态不稳定。

接收方如果使用"×"滤色片,上左下右或者上右下左偏振的光子可以保持原来的量子状态顺利通过。上下或者左右偏振的光子,在通过时量子状态改变,变成了上左下右或者上右下左偏振的光子且状态不稳定。

BB84 协议的第二步是测量接收到的量子状态。接收方并不知道发送方制备量子状态时选择了哪种基,接收方可以随机地选择基("+"或"×")来测量接收到的量子状态。接收方测量接收到的每个光子,记录所选的基和测量结果。接收方测量过所有光子后,与发送方通过公共经典信道联系。发送方公布制备每个光子时所选择的基。发送方和接收方对比他们所选择的基,舍弃那些双方选择了不同的基的比特(一半左右),将剩下的比特还原为他们共有的密钥。BB84 协议原理如表 3-14 所示。

表 3-14　BB84 协议原理

| Alice 的随机比特 | 0 | 1 | 1 | 0 | 1 | 0 | 0 | 1 |
|---|---|---|---|---|---|---|---|---|
| Alice 随机选择的基 | + | + | × | + | × | × | × | + |
| Alice 所传光子的偏振态 | ↑ | → | ↘ | ↑ | ↘ | ↗ | ↗ | → |
| Bob 随机选择测量的基 | + | × | × | × | + | × | + | × |
| Bob 测量的光子的偏振态 | ↑ | ↗ | ↘ | ↗ | → | ↗ | → | → |
| 在公共信道中对比基 | | | | | | | | |
| 公共的密钥 | 0 | | 1 | | | 0 | | 1 |

Alice 和 Bob 可以拿出他们密钥的一部分,然后通过相互对比来检查是否有人窃听。如果有第三方窃听(Eve),也就是说 Eve 拦截了传输的光子,先进行测量,然后再自己调制出光子发送给 Bob。Eve 为了获得光子偏振信息而作的测量会导致对比密钥时发现错误。

根据测不准原理,线偏振光子的测量结果越精确意味着对圆偏振光子的测量结果越不精确。因此,任何攻击者的测量必定会使原来的量子状态产生改变,而合法通信双方可以根据测不准原理检测出该扰动,从而检测出是否存在窃听。

量子密码的安全性由量子力学原理所保证。窃听者的基本策略有两类:一是通过对携带着经典信息的量子状态进行测量,从其测量的结果来获取所需的信息。由量子力学的基本原理可知,对量子状态的测量会干扰量子状态本身,因此,这种窃听方式必然会留下痕迹而被合法用户发现。二是避开直接量子测量而采用量子复制机复制传送信息的量子状态,窃听者将原量子状态传送给接收者,而留下复制的量子状态进行测量以窃取信息,这样就不会留下任何痕迹。但是量子不可复制定理确保窃听者不会成功,任何物理上可行的量子复制机都不可能复制出与输入量子状态完全一样的量子状态。

量子密码的本质是用于解决分配问题的私钥体系,其意义在于:它是解决现有密码体系的本质问题的一种新的密码学方法。

**6. 量子密码的实际应用**

密码学中通常称发送者为 Alice,Alice 会随机地以直线或对角模式送出光子,发射出一串位。接收者通常称为 Bob,Bob 随机决定以两种模式之一来测量射入的光子。根据测不准原理，Bob 只能以一种模式来测量位，而不能用两种。如果 Bob 所使用的测量方法和 Alice 的相同，那么 Bob 会得到 Alice 所送的值；如果 Bob 所使用的测量方法与 Alice 的不同，所得到的值就不一定和 Alice 所送的相同，应该舍弃该位，重新再测。

**步骤 1**：Alice 随机选择一个偏振态光子送出；
**步骤 2**：Bob 随机选择一组偏振基同步测量；
**步骤 3**：Bob 测得偏振光子（只有 Bob 知道）；
**步骤 4**：Bob 通知 Alice 测量所用的偏振基（不是态）；
**步骤 5**：双方按照约定转换成 0、1。

量子的信息编码如图 3-63 所示。

| | 1 | 2 | 3 | 4 | 5 | 6 | 7 | 8 | 9 | 10 | 11 | 12 | 13 | 14 |
|---|---|---|---|---|---|---|---|---|---|---|---|---|---|---|
| A | ↘ | ↘ | → | ↑ | ↗ | ↗ | ↑ | ↑ | ↗ | ↘ | ↗ | → | ↘ | ↘ |
| B | + | × | × | + | × | × | + | × | × | × | + | + | + | + |
| C | → | ↘ |   |   | ↗ |   | ↑ |   | ↗ |   | ↑ |   | ↑ | ↑ |
| D |   | ↘ |   | ↑ |   | ↗ | ↑ |   |   | ↘ |   |   |   |   |
| E |   | 1 |   | 1 |   | 0 | 0 |   |   | 1 |   |   |   | 1 |

图 3-63 量子的信息编码
（"↘" "↑" = 1　"→" "↗" = 0）

重复上述步骤多次，可以得到一个 $n$ 位的共同密钥 $K$，用以对信息加密或解密。

上述方案是 BB84 方案中按偏振态编码的方法，其中光子偏振态代表 0、1，两组（基）共 4 个不同的偏振态，例如：水平、垂直偏振基，+45°、-45°偏振基。Alice 随机选送 4 个偏振态中的任意一个，Bob 随机选任意一组基测量。该方案的主要优点是：简单、易行，适用于自由空间密钥分配。

如果窃听者（称为 Eve）想拦截这道光子流，由于测不准原理的关系，他无法两种模式都测。如果他以错误的模式进行测量，即使将该位依照测到的结果重传给 Bob，也一定会有 1/2 机会出错。Alice 和 Bob 可以随机选择一些位进行比较，如果比较值有误，就可以知道 Eve 进行了拦截，从而舍弃这次的密钥，再建立新的密钥；如果比较值一致，则可以认为密钥是安全的，舍弃这些用于比较的位后，密钥就可以用于以后信息的加密了。

另外一种方法是，Bob 先准备一对光子，或者一对在纠缠态中共同地半自转的粒子，然后储存其中一个粒子，并将另外一个传送至 Alice。Alice 在收到的粒子上执行其中一个特别的操作（操作 1 对半自转的粒子不作任何动作；操作 2 沿着 $x$，$y$ 或 $z$ 轴以 180°自旋，对光子来说，是进行与偏极值一致的旋转）。这些操作虽然只对其中一个粒子执行，却会影响两个联合粒子的量子状态（分开测量这两个粒子并不能够证实）。Alice 传回粒子给 Bob，Bob 可以共同测量传回的粒子与储存的粒子，从而判定 Alice 使用了 4 种操作中的哪一种操作，也即代表了两比特数据的组合。这便有效地加倍了信息频道的最高容量。

在这个通信之间的窃听者 Eve 将必须侦测粒子以读取信号，然后依序传送这些信号以使自己不被发现，然而这个侦测其中一个粒子的动作将会破坏另外一个粒子的量子关联性，如此一来收发双方都可以发现有窃听者存在。

**7. QKD 技术的应用场景**

目前基于量子密钥分发（简称 QKD）的量子加密是量子通信进入实用化阶段的重要技

术分支。近年来随着量子科研领域相关的研究成果不断涌现,基于 QKD 的各类混合量子应用场景层出不穷。借助 QKD 技术,通信双方可以在安全性未知的信道上(如光纤、自由空间、水域等)建立安全的密钥分发通道,从而使安全密钥在生成过程中不会被第三方窃取。目前 QKD 技术的典型应用场景主要如下。

(1) 数据中心方面。在数据中心主站点和备份站点部署 QKD 终端,建立密钥分发链路,使用共享的安全密钥对主站与备份站之间的数据按照保密等级与安全需求进行加密传输。

(2) 政企专网方面。在政府或企业有机密数据传输需求的各分支机构部署 QKD 终端,使用安全密钥对各分支机构间的传输数据进行加密,保障信息交互的安全。

(3) 在关键基础设施方面。铁路控制节点、发电与配电设施、油气输送管控节点以及通信网络关键节点等重要基础设施通常存在高等级的数据保密交互需求,通过在关键基础设施节点处部署 QKD 终端,使用生成的安全密钥可实现节点设施与总控中心的数据加密交互。

(4) 在远距离通信方面。对于光纤覆盖困难、距离较远的通信节点,如海岛、洲际通信等,可在各节点部署 QKD 终端,通过卫星与各节点分别建立密钥分发信道生成共享的安全密钥,进行实现数据安全交互。

【案例】

## 生物特征密码——人脸识别加密技术

### 1. 什么是人脸识别加密技术

互联网时代,各类网络安全泄露事件频发,数据的存储安全问题日益严峻,对于加密方式的需求也极为迫切。并且,随着生物特征识别系统的广泛应用,特征的安全性和隐私性的问题也引起了人们的注意。于是,人们开始考虑将生物特征识别技术和密码学技术结合在一起,应运而生了生物特征加密技术(Biometric Encryption, BE)。这种技术就是将生物特征和密码用某种方式结合在一起,一方面解决了生物特征识别系统的安命性问题,另一方面又为人们省去了需要记忆复杂密码的问题,同时为现有的信息安全和网络安全体系提供新的防护模型人脸识别加密技术,就是基于人的脸部特征信息进行身份识别的一种生物识别技术。人脸识别过程如图 3-64 所示。

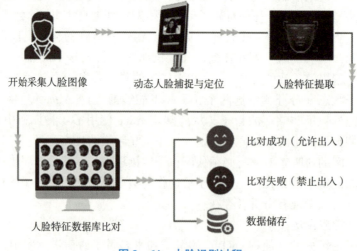

图 3-64 人脸识别过程

### 2. 人脸识别加密技术原理

人脸识别加密技术就是将生物特征和密码用某种方式结合在一起，一方面解决了生物特征识别系统的安全性问题，另一方面又为人们省去了需要记忆复杂密码的问题，同时为现有的信息安全提供新的防护模型。

### 3. 人脸识别加密技术的应用

由于人脸具有唯一性，所以人脸加密技术更加安全可靠。目前，市场上的一些针对数据存储大多都还是采用传统的口令式加密的方式，对安全存储的数据在使用过程中仍需输入一连串的数字密码。数字密码在使用过程中存在一个令人头疼的问题就是需要用户时刻牢记，一旦忘记或者丢失，很难找回。而指纹加密虽说比数字密码前进了一步，但是用在低端产品上还存有很多弊端，如处理反应慢，容易被复制等。而人脸识别是将人脸图像的采集、处理、加密、运算等一系列运算处理后，经过比对算法、加密算法等来实现加解密的过程，相比口令和指纹存在更安全便捷。用户在体验方面和实用性方面也更胜一筹。

## 实验三　常用密码的加密和解密

思政元素 13

### 一、实验目的

（1）掌握常规的密码算法和分析技术；
（2）熟练应用常用的密码加解密工具。

### 二、实验过程

#### 1. 利用 CAP 4 软件实现几种常用密码的加密和解密

双击"CAP4.exe"，弹出 CAP4 软件主界面，先在"Plaintext"文本框中输入要加密的明文，或在"Ciphertext"文本框中输入要解密的密文，然后选择"Ciphers"→"加密算法"→"输入密钥"→"进行加密或解密运算"选项。相应的密文或回复的明文分别出现在"Ciphertext"或"Plaintext"文本框中。如果是对密文进行分析，则在"Ciphertext"文本框中输入要分析的密文后，利用"Analysis Tools"分析工具进行分析。

现在以明文 $M$ = "Cryptographic Standards" 为例，用不同的密码算法求出相应的密文：

（1）密钥 $k$ = 3 的简单移位密码的加密与解密过程。

在"Plaintext"文本框中输入"Cryptographic Standards"，执行"Ciphers"→"Simple Shift"命令，输入移位的个数，即"3"，单击"Encipher"按钮生成密文。

（2）密钥 $k$ = badge 的维吉尼亚密码的加密与解密过程。

选择"Ciphers"→"Vigevere"选项，输入密钥"badge"，单击"Encipher"按钮，生成密文"drbvxpgugtiifyxbnggves"。

（3）密钥 $k$ = badge 的列置换密码的加密与解密过程。

选择"Ciphers"→"Column Transposition"选项，输入密钥"badge"，单击"Set Key"按钮生成列序号及矩阵，再单击"Encipher"按钮生成密文"rginscohadyrcdqtptrqpasaq"。

#### 2. 利用 CAP4 软件对密文进行分析

利用移位工具进行分析，对于移位密码来说，如果不知道移位位数，即密钥，就不能对密文进行破解。对此类密文可采取尝试所有的移位数进行分析的方法，以确定可能的密钥，如以密文"icbpmvbqkibqwv"为例进行分析。

首先在"Ciphertext"文本框中输入密文，然后单击"Analusis Tools""Shift"→"Run"按钮进行破解，测试1~25位移位密钥，经分析得到明文"authentication"。

一般使用过程为先在"Plaintext"文本框中输入要加密的明文，或在"Ciphertext"文本框中输入要破解的密文，然后选择"Ciphers"→"加密算法"→"输入密钥"→"进行加密或解密运算"选项。相应的密文或回复的明文分别出现在"Ciphertext"或"Plaintext"文本框中，如果是对密文进行分析，则在"Ciphertext"文本框中输入要分析的密文后，利用"Analysis Tools"分析工具进行分析。

下面以明文 $M$ = Cryptographic standards 为例，用不同的密码算法求出相应的密文。

（1）密钥 $k$ = 3 的移位密码的加密与解密过程。在"Plaintext"文本框中输入"Cryptographic standards"，选择"Ciphers"→"Simple Shift"选项，输入移位的个数，即密钥"3"，单击"Encipher"按钮生成密文。

（2）密钥 $k$ = badge 的维吉尼亚密码的加密与解密过程。选择"Ciphers"→"Vigevere"选项，输入密钥"badge"，单击"Encipher"按钮，生成密文"drbvxpgugitiifyxbnggves"。

### 三、实验报告

在实验完成后，按照实验内容书写实验报告，内容包括实验的操作过程和心得体会。

## 课后练习题（三）

课后习题三 答案

### 一、填空题

1. 一个密码系统至少由明文、密文、加密算法、解密算法和密钥 5 部分组成，而其安全性是由_____决定的。

2. 凯撒密码是一种加法密码，现有凯撒密码表，其密钥为 $k$ = 3，将明文"zhongguo"加密后，密文为_____。

3. DES 解密算法是_____算法的逆。

4. RSA 体制的安全性是基于_____的问题。

5. 加密算法的功能是实现信息的_____性。

6. 数据认证算法的功能是实现数据的_____性，即消息的_____性。

7. 在公钥密码体制中，_____和_____是不一样的，加密密钥可以公开传播而不会危及密码体制的_____。

8. 在量子计算机里，存储的信息单位是_____。

### 二、选择题

1. 密钥的长度是指密钥的位数，一般来说（　　）。
A. 密钥位数越多，密码被破译的可能就越小
B. 密钥位数越少，密码被破译的可能就越小
C. 密钥位数越多，密码被破译的可能就越大
D. 以上说法都正确

2. 如果 Alice 收到 Bob 发来的一个文件的签名，并要验证这个签名的有效性，那么签名验证算法需要 Alice 选用的密钥是（    ）。

  A. Alice 的公钥　　　B. Alice 的私钥　　　C. Bob 的公钥　　　D. Bob 的私钥

3. 数字信封技术是结合了对称密码算法和非对称密码算法优点的一种加密技术，它克服了（    ）。

  A. 对称密码算法中私钥时间长和公开密钥加密中加密分发困难的问题

  B. 对称密码算法中私钥分发困难和公开密钥加密中加密时间长的问题

  C. 对称密码算法中数字过长的问题

  D. 公开密钥加密中加密技术困难的问题

4. 以下说法正确的是（    ）。

  A. 一个有 6 个转轮的转轮密码机器是一个周期长度为 $26^6$ 的多表替代密码机械

  B. 仿射密码的加密算法是线性变换

  C. 置换密码分为单表置换密码、多表置换密码、转轮密码

  D. 多表替代密码是以一系列替代表一次对明文消息的字母序列进行替代的加密方法

5. 在电子交易过程中，文件是通过（    ）的发送、交换、传输、存储来形成的，没有有形介质。

  A. E - mail　　　　B. 信息　　　　C. 数据电文　　　　D. 数字签名

6. 数字签名中使用的加密算法是（    ）。

  A. DES 加密算法　　　　　　　　B. 凯撒加密算法

  C. RSA 加密算法　　　　　　　　D. 传统加密算法

7. 以下算法中不属于抵抗频率分析攻击能力最强，而对已知明文攻击最弱的密码体制为（    ）。

  A. 仿射密码　　　　　　　　　　B. 维吉尼亚密码

  C. 轮转密码　　　　　　　　　　D. 希尔（Hill）密码

8. 维吉利亚密码是古典密码体制有代表性的一种密码，其密码体制采用的是（    ）。

  A. 置换密码　　　　　　　　　　B. 单表代换密码

  C. 多表代换密码　　　　　　　　D. 序列密码

9. 以下属于多表古典密码体制的为（    ）。

  A. Playfair 密码体制　　　　　　　B. 维吉尼亚体制

  C. ElGamal 密码体制　　　　　　　D. RSA 密码体制

10. 下列密码体制中属于公钥密码体制的是（    ）。

  A. RSA　　　　　B. ElGamal　　　　　C. DSS　　　　　D. DES

11. RSA 算法的理论基础是（    ）。

  A. DES　　　　　　　　　　　　B. 替代与组合

  C. 大数分解和质数检测　　　　　　D. 哈希函数

### 三、简答题

1. 简要解释对称密钥加密和非对称密钥加密的区别，列举各自的优缺点。

2. PGP 软件能完成哪些功能？写出使用 PGP 软件产生密钥对（公钥和私钥）的详细方法。

**四、计算题**

1. 使用维吉尼亚密码加密明文"intrusiondetectionsystem",密钥为"NEU"。

2. 运用仿射密码对带有密钥对(7,2)的信息"hello"进行加密操作。

(提示:仿射加密有两个密钥,已知的密钥对中第一个密钥是乘法密钥,第二个密钥是加法密钥)

3. 使用仿射密码解密下列密文:

AOPC GUDE YKRO IFKG BEFM CPIY CRAR DEPB
AQUF EPGH KJPK DDCJ GKPJ IEVC GEBE BAYC
FAMC XCER IARE HAFF ERJG HCRA OKBB KYAR
RCED KFAI GHCP CDCK DFCB KKME FEMC GKXC
OKRQ KYYE BKYC ERBH CCRJ KVEI BKPS AQKU
FJRK BIDC EMEG HKFC ICRB CRQC ARQK YDER
SERJ GEIQ KRIA JCPC JRKB BKKX PAOH B。

4. 用Playfair密码加密明文"Mypasswordmustbeprotected"(无效字符为q)。

# 模块四

# 数字证书和数字签名技术

党的二十大报告提出,加快建设"网络强国、数字中国"。作为数字化转型的重要工具,电子签名技术正在多行业多领域落地开花,已基本覆盖金融、电子政务、医疗、房地产等行业,应用于人们日常生活的方方面面,展现出巨大的发展潜力。

密码学在电子商务中的应用主要分为数字证书、数字签名、数字信封。

数字证书就是在互联网通信中标志通信各方身份信息的一系列数据,它提供了一种在Internet上验证身份的方式。数字证书的作用是安全分发公钥。

数字签名的作用主要是对信息的发送方进行证实和确认,通过数字证书,把用户的公钥和用户的身份进行捆绑,从而证明信息持有者身份的真实性。

数字信封是一种综合利用对称密码技术和非对称密码技术两者的优点进行信息安全传输的一种技术。数字信封用来解决对称密钥分发困难的问题。

## 【知识目标】

1. 了解数字证书的功能和应用
2. 了解数字签名的功能和应用
2. 掌握公钥和私钥的概念
3. 掌握数字证书和数字签名的区别

## 【技能目标】

1. 会申请管理数字证书
2. 会数字证书的安装与管理
3. 能使用PGP软件实现文件的数字签名

## 【素质目标】

1. 培养使用数字证书的良好习惯
2. 增强数字签名的责任意识

# 项目 4.1　使用数字证书

## 任务 1　认知数字证书

【任务描述】

雅鹿公司电商专员小王需要申请企业数字证书和个人数字证书,但是他对数字证书的知识完全不了解,他决定从网上搜索相关知识。请帮助小王完成这一任务。

【任务分析】

此任务涉及数字证书的作用、特点等知识点。

【知识准备】

### 1. 数字证书的作用

数字证书是一个经证书授权中心数字签名的包含公钥拥有者信息以及公钥的文件。使用数字证书登录业务系统,应用场景最广泛的是网上银行支付。

数字证书由权威机构——CA(Certificate Authority)机构发行的,人们可以在网上用它来识别对方的身份。CA 机构的功能如图 4-1 所示。

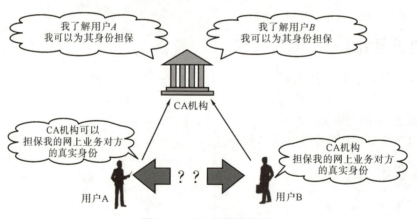

图 4-1　CA 机构的功能

如图 4-1 所示,用户 A 从 CA 机构处获取了用户 B 的数字证书,用户 A 通过验证数字证书中的公开密钥,可以确认数字证书的有效性。

### 2. 我国 CA 认证的现状

为促进电子商务的顺利开展,我国的行业部门和地方相关部门都已建成了完整的 CA 体系。在国内,目前每个省份都有自己的 CA 机构。部分省市的 CA 机构如表 4-1 所示。

表 4-1　部分省市的 CA 机构

| 部分省市的 CA 机构 | 网址 |
|---|---|
| 北京 CA | https://www.bjca.org.cn/ |
| 上海 CA | https://www.sheca.com/ |
| 江苏 CA | http://www.jsca.com.cn/ |
| 苏州 CA | http://www.ca.suzhou.gov.cn/ |

中国人民银行联合 12 家银行建立了中国金融认证中心（CFCA）、中国电信认证中心（CTCA）、海关认证中心（SCCA）、国家外贸部 EDI 中心建立的国富安 CA 认证中心。

1) 中国电信认证中心（CTCA）

目前银行证券、民航、工商、电信等多个行业联合开发出了网上安全支付系统、电子缴费系统、电子银行系统、电子证券系统、安全电子邮件系统、电子订票系统、网上购物系统、网上报税系统等一系列基于 CTCA 的电子商务应用，已经初步建立起中国电信电子商务平台。

2) 中国金融认证中心（CFCA）

中国金融认证中心（CFCA）是由中国人民银行牵头，联合中国工商银行、中国农业银行、中国银行、中国建设银行等 12 家商业银行共同建设的。中国金融认证中心的项目包括建设 SET CA 和 Non-SET CA 两套系统。中国金融认证中心专门负责为金融业的各种认证需求提供证书服务，包括电子商务、网上银行、网上证券交易、支付系统和管理信息系统等，为参与网上交易的各方提供安全基础，建立彼此信任的机制。

【任务实施】

**1. 了解数字证书**

1) 数字证书的格式

在电子商务系统中，所有参与活动的实体都需要用数字证书表明自己的身份，最简单的证书包含一个公钥、名称以及证书授权中心的数字签名。

2) CA 机构

CA 机构是所有合法注册用户所信赖的具有权威性、信赖性及公正性的第三方机构，是公钥基础设施的核心，负责为电子政务、电子商务环境中的各个实体颁发数字证书，以证明各实体身份的真实性，并负责检验和管理数字证书。

3) 数字证书的类型

（1）个人数字证书。个人数字证书主要为某一个用户提供，以帮助个人用户和其他用户交换信息或使用在线服务时验证用户的身份、保证信息的安全，主要针对个人的 E-mail 安全。常安装在浏览器内，且 Netscape IE 都支持它。

（2）服务器证书。服务器证书主要为网上的某些 Web 服务器站点提供服务。在电子商务活动中，售物方和购物方向 CA 机构申请用户证书，电子商务服务器需要向 CA 机构申请服务器证书，售物方和购物方的开户银行也要向 CA 机构申请服务器证书。

（3）开发者证书。开发者证书用于特殊场合，只有少数 CA 机构提供。开发者证书通常为 Internet 中被下载的软件提供，为软件作数字标识，在 Internet 上进行安全的传送。

## 2. 数字证书的结构

数字证书中包括密钥的有效时间、发证机关（CA 机构）的名称、证书的序列号等信息。数字证书的格式遵循 ITUT X.509 国际标准，如图 4-2 所示。

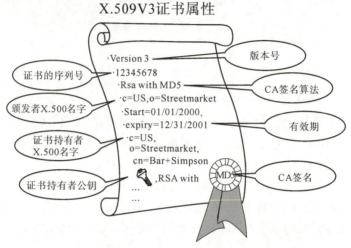

图 4-2　数字证书的格式

X.509 是密码学中公钥证书的格式标准。标准的 X.509 数字证书包含以下 7 个内容：
（1）证书的版本信息；
（2）证书的序列号，每个证书都有唯一的证书序列号；
（3）证书所使用的签名算法；
（4）证书的发行机构名称（CA 机构）；
（5）证书的有效期，采用 UTC 时间格式，计时范围为 1950—2049 年；
（6）证书所有人的名称；
（7）证书所有人的公钥。

证书发行者对密钥进行签名，数字证书的结构如图 4-3 所示。

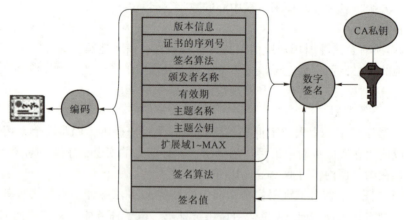

图 4-3　数字证书的结构

【讨论】什么是基于生物特征识别的数字签名？特殊数字签名方法中包含有基于生物特

征识别的数字签名,如指纹、掌纹、虹膜、声音、笔迹等。请上网搜索基于生物特征识别的数字签名的知识,并分组讨论基于生物特征识别的数字签名的应用前景。

### 3. 数字证书的生成过程

1)生成数字签名

使用数字证书申请者的身份信息生成数字签名,如图4-4所示。

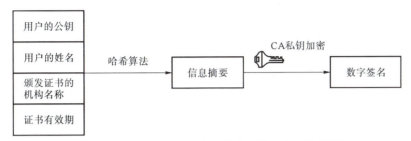

图4-4 使用数字证书申请者的身份信息生成数字签名

2)组成数字证书

将证书申请者的身份信息和数字签名捆绑在一起组成数字证书,如图4-3所示。

### 4. 数字证书的申请和使用

登录中国数字认证网(http://www.ca365.com/)、广东省电子商务认证有限公司网站(https://www.cnca.net/)、深圳电子认证中心(http://www.szca.gov.cn/)等相关网站,了解个人数字证书的申请条件。

(1)登录。选择广东省电子商务认证有限公司网站(http://www.cnca.net),了解该CA机构。

(2)访问试用型个人数字证书申请页面或登录中国数字认证网(http://www.ca365.com/),申请个人测试数字证书。

(3)根据"申请试用型个人数字证书"提示,选择安装证书链。

(4)选择"安装证书键"选项后,系统会提示"完成",这时再单击"继续"按钮。

(5)此时进入"申请试用型个人数字证书"的第二步,即填写并提交申请表格。在该页面中,需要按照系统的提示填写真实信息。填写完后,单击"继续"按钮,系统开始签发数字证书。

(6)系统受理并签发完数字证书后,接着下载并安装数字证书。这时,系统会给出证书业务受理号和密码。

(7)选择"安装证书"选项,输入证书业务受理号和密码。

(8)根据证书业务受理号及密码,系统显示数字证书。

(9)系统将证书安装在计算机中的应用程中。

### 5. 数字证书的导入和导出

当需要在不同的计算机中使用同一张数字证书,或者重新安装计算机准备备份数字证书时,需要按照以下步骤将根证书和数字证书先后导出,在需要使用该证书时,再依次导入根证书和数字证书。

1)根证书的导出

(1)启动IE浏览器,选择"工具"→"Internet选项"→"内容"→"证书"→"受信任的根目录颁发机构"选项,选择要导出的根证书。

(2) 单击"导出"按钮后,弹出证书管理器导出向导界面,按照向导提示操作,向导会提示选择证书导出的格式,一般选择系统默认设置。

(3) 系统会让操作者选择导出文件的路径,选择好导出文件的路径后,按提示单击"下一步"按钮,直至系统出现根证书导出成功提示,便完成根证书导出过程。

2) 根证书的导入

(1) 在 IE 浏览器中,选择"工具"→"Internet 选项"→"内容"→"证书"→"受信任的根目录颁发机构"选项,双击要导出的根证书文件,选择"安装证书"选项,进入证书管理器导入向导界面。

(2) 按照根证书的安装向导操作,当系统提示选定证书存储区时,可选择根据证书类型,自动选择根证书存储区,根据系统提示操作,直至结束根证书导入向导。

3) 数字证书的导出

(1) 启动 IE 浏览器,选择"工具"→"Internet 选项"→"内容"→"证书"选项,选择个人标签栏,选择数字证书,单击"导出"按钮,系统提示"欢迎使用证书导出向导",进入证书管理器导出向导程序。

(2) 系统询问是否将私钥与数字证书一起导出,单击"是"按钮,导出私钥。

(3) 系统会提示操作者选择导出数字证书的格式,如果导出了私钥的数字证书文件,则格式为 PFX。

(4) 在导出私钥时,系统会提示要求输入私钥保护密码,为了防止第三方非法使用数字证书,应输入私钥保护密码;然后根据系统提示进入下一步;在出现的对话框中,还需要选择导出文件的路径和文件名。至此,证书管理器导出向导完成导出任务。

4) 数字证书的导入

(1) 启动 IE 浏览器,选择"工具"→"Internet 选项"→"内容"→"证书"选项,选择个人标签栏,单击"导入"按钮,系统提示"欢迎使用证书导入向导",进入证书管理器导入向导界面,然后选择证书导入的文件。

(2) 在选择证书存储区时,选择系统默认设置。当系统显示"完成证书管理器导入向导"时,单击"完成"按钮。这时系统提示输入一个新的私钥,设定私钥后单击"确定"按钮,系统提示证书导入成功。

## 任务 2　管理数字证书

### 【任务描述】

雅鹿公司电商专员小王已经成功申请了许多企业 CA 证书和个人 CA 证书,现在他又遇到了数字证书的管理难题。请帮助小王解决这个问题。

### 【任务分析】

CA 机构提供证书服务和管理的主要功能,主要包含证书目录服务(LDAP)、证书吊销表服务(CRL)、证书状态查询服务(OCSP)、证书管理服务、系统管理服务、证书数据库、签名服务器和密码设备等。

【知识准备】

**1. 数字证书的生命周期**

数字证书具有生命周期，数字证书的生命周期主要分为初始化、颁发、取消三个阶段，如图4-5所示。

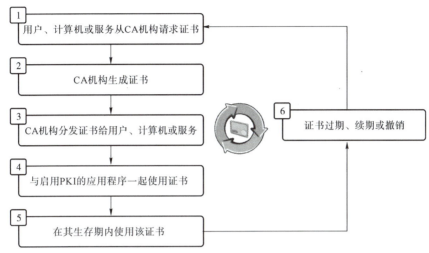

图4-5 数字证书的生命周期

**2. 数字证书应用的场景**

（1）服务器证书：安装于服务器设备上，用来证明服务器的身份和进行通信加密。服务器证书可以用来防止钓鱼站点欺诈。

（2）电子邮件证书：可以用来证明电子邮件发件人的真实性。它并不证明数字证书上面 CN 一项所标识的证书所有者姓名的真实性，它只证明邮件地址的真实性。使用接收的邮件证书，还可以向接收方发送加密邮件。该加密邮件可以在非安全网络传输，只有接收方的持有者才可能打开该邮件。

（3）客户端个人/企业组织证书：这类证书主要用来认证身份和电子签名，例如 SSL 双向登录、文档签名、代码签名、一些网页上的表单签名。

**3. 密钥的分配**

密钥的分配就是指公钥分配方法。公钥分配方法分为公开发布、公开可访问目录、公钥授权、公钥证书 4 种方法。

1）以公开发布方式分配公钥

公开发布指用户将自己的公钥发给每一其他用户，或广播给通信方。例如，PGP key 中的很多用户都是将自己的公钥附加到消息上，发布到新闻组或 Internet 邮件列表中。

该方法的缺点：公钥容易被伪造，因为任何人都可以产生一个冒充真实发信者的公钥来进行欺骗，直到伪造被发现。

2）以公开可访问目录方式分配公钥

公开可访问目录方式通过使用一个公共的公钥目录以获得更大程度的安全性，该目录应该是可信的。其特点如下：

（1）包含｛姓名，公钥｝目录项；

（2）通信方只能安全地注册到目录中；

(3) 通信方可在任何时刻进行密钥更替；

(4) 目录定期发布或更新；

(5) 目录可被电子化地访问。

由可信实体维护和分配公开目录，目录项记录着每个通信方的身份和公钥。每个通信方必须通过安全的认证通信注册或更换自己的公钥以及访问其他用户的公钥。

该方法的缺点：公钥容易被篡改伪造。由于公钥目录完全公开，攻击者可以入侵目录管理者的设备修改目录或者扮演目录管理者。

3) 以公钥授权方式分配公钥

公钥授权方式是在公开目录的基础上作了改进，管理员生成一对公私钥对，用私钥加密目录，再引进一系列验证来完成用户公钥的可靠传递，攻击者若没有私钥，则无法修改目录。

该方法的缺点：用户通过公钥证书相互交换自己的公钥而不必和公钥管理员联系。公钥证书由证书管理机构（Certificate Authority，CA）为用户建立，其中的数据项包括与该用户的私钥匹配的公钥及用户的身份和时间戳等，所有的数据项经 CA 机构用自己的私钥签字后形成证书。每个用户要想和他人通信都必须向公钥管理机构申请对方的公钥，所以公钥管理员可能成为系统的"瓶颈"，而且公钥管理员所维护的含有姓名和公钥的目录表也容易被篡改。

4) 以公钥证书方式分配公钥

公开可访问目录和公钥授权两种方式都依赖于目录管理员，每次会话都需要访问目录管理员，因此目录管理员就会成为系统的"瓶颈"。

公钥证书通过引进第三方的数字签名生成公钥证书并交由通信方自行管理，一次签证重复使用，解决了第三方通信"瓶颈"的问题。

该方法的缺点：在不安全的环境中，安全地将密钥传输到另一方的手中是一件困难的事情。密钥一旦暴露，整个加密系统也就随之失效，存在高风险。

公钥证书的使用如图 4-6 所示。

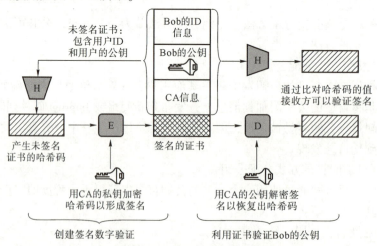

图 4-6　公钥证书的使用

【讨论】这4种方式各自的优、缺点是什么？

【任务实施】

**1. 公钥加密机制在电子商务中的应用**

1）公钥分发过程中存在的问题

公钥分发是为了解决公钥伪造的问题。既然每个用户的公钥是公开的，因此任何人都可以伪造其他用户的公钥，并广播或者传给特定用户。如果某个用户假冒真正用户的名义发布一个公钥，在该假冒者被揭穿以前，其可以解读所有发向真正用户的加密消息，并可以通过签名冒充真正用户的身份，如图4-7所示。

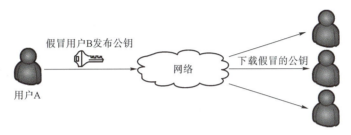

图4-7 假冒真正用户的名义发布一个公钥

当其他用户使用了用户A提供的假冒公钥而与用户B通信时，信息内容被用户A窃取，如图4-8所示。

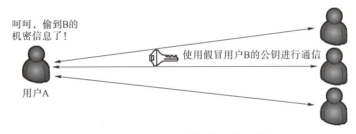

图4-8 使用假冒的公钥进行通信

2）密钥管理中心

第三方密钥管理中心负责密钥的发放、注销及验证，密钥管理中心又称为证书授权中心（CA机构）。RSA公钥体制就是采用这种方式进行密钥管理的。

CA机构为每个申请公开密钥的用户发放一个证书，证明该用户拥有证书中列出的公钥。数字证书包括如下内容：

（1）持证人的个人信息（姓名、性别、地址、E-mail）；

（2）持证人的公钥、证书过期时间、证书序列号；

（3）CA机构的名称、CA机构的数字签名。

CA的数字签名保证不能伪造和篡改该证书，因此，数字证书既能分配公钥，又实现了身份认证。

3）密钥分配方法

在A、B双方通信时，密钥分配的方案如表4-2所示。

表4-2 在A、B双方通信时，密钥分配的方案

| 方案 | 密钥的分配 | 传送方式 |
| --- | --- | --- |
| 方法一 | 密钥由A选择，亲自交与B | 链路加密，传送密钥 |
| 方法二 | 第三方选择密钥后亲自交与A和B | 链路加密，传送密钥 |
| 方法三 | 一方用双方已有的密钥加密一个新密钥，然后发给另一方 | 在秘密通道中传送 |
| 方法四 | A和B与第三方C均有秘密通道，C可以将密钥分别发送给A和B | 在秘密通道中传送，需要一个密钥分配中心（KDC）参与分配 |

4）密钥传输时的加密方式

（1）链路加密：就是传输数据仅对物理层前的数据链路层进行加密，采用链路加密方式，从起点到终点，要经过许多中间环节，在每个节点都要暴露明文。

（2）节点加密：与链路加密不同，节点加密不允许消息在网络节点以明文的形式存在，它先把收到的消息进行解密，然后采用另一个不同的密钥进行加密，这一过程在节点上的一个安全模块中进行。

（3）端对端加密：是目前比较安全的加密方式。在这种加密方式中，只有参与通信的双方可以读取通信数据，数据在从源点到终点的传输过程中始终以密文的形式存在。

**2. 密钥的发放**

1）对称加密的密钥分发

密钥发放有以下4种方式：

（1）A选择一个密钥后，以物理的方式传递给B。

（2）第三方选择密钥后以物理的方式传给A和B。

（3）如果A和B先前使用过一个密钥，那么一方可以将新密钥用旧密钥发送给另一方。

（4）如果A和B到第三方C有加密连接，那么C可以在加密连接上发送密钥给A、B。

分析：

（1）和（2）都需要人工交付，对链路加密（设备一对一连接）可行，对网络通信则不可行，因为网络通信涉及大量密钥。对于（3），一旦攻击者获得一个密钥，则后续所有密钥都不再安全。（4）需要第三方，即密钥分发中心，在网络通信中得到了广泛的应用。

2）非对称加密的密钥分发

1979年由Merkle提出的密钥分发方案如下：

（1）A产生一个新的临时公钥对；

（2）A发送自己的标识和公钥给B；

（3）B产生一个会话密钥，并用A的公钥加密后发送给A；

（4）A解密会话密钥。

该方案的缺点是容易受到主动攻击，而通信双方却毫无察觉。

**3. 使用数字信封**

1）数字信封的概念

数字信封采用了单钥密码体制和公钥密码体制。信息发送者首先利用随机产生的对称密

码加密信息,再利用接收方的公钥加密对称密码,被公钥加密后的对称密码称为数字信封。

2)数字信封的功能

数字信封用来解决私钥分发问题,数字信封的功能类似于普通信封。普通信封在法律的约束下保证只有收信人才能阅读信的内容;数字信封则采用密码技术保证了只有规定的接收人才能阅读信息的内容。

在传递信息时,信息接收方要解密信息时,必须先用自己的私钥解密数字信封,得到对称密码,才能利用对称密码解密所得到的信息。这样就保证了数据传输的真实性和完整性。

【动手做一做】

安装淘宝数字证书的步骤如下:

首先单击IE的"工具"菜单,选择"选项"→"安全"→"Internet"选项,单击"自定义级别"按钮,将新窗口中"ActiveX控件"下的项目全部选择"启用",然后单击"确定"按钮退出。再次访问或者刷新需要安装控件的页面,就会在页面上方的地址栏下出现一个提示条,单击后执行"安装"命令即可。

# 项目4.2 使用数字签名

数字签名具有数据完整性检验、身份证明、身份鉴别和防否认等功能。常用数字签名方案有RSA签名、哈希签名、美国数字签名、椭圆曲线数字签名4种。

## 任务1 使用PGP软件实现文件的数字签名

【任务描述】

雅鹿公司电商专员的小王需要对磁盘文件进行数字签名。请使用PGP软件帮助小王完成这一任务。

【任务分析】

使用PGP软件实现文件的数字签名的过程分为生成密钥对、导入导出公钥、对文件进行加解密、对文件进行数字签名和验证4个步骤。

【知识准备】

**1. 数字签名的概念及特点**

1)数字签名的概念

数字签名是包含了字母数字的字符串,通过一个单向函数对要传送的信息进行处理得到。数字签名可认证信息来源,并核实信息在传送过程中是否发生变化,即检测信息是否被篡改。

思政元素14　　思政元素15

2）数字签名的特点

数字签名具有法律效力，经国家数字认证中心认证的电子签名的法律效力等同于书面文件签名。数字签名与书面文件签名有相同之处，数字签名能确认以下三点：

（1）能确认信息是由签名者发送的；

（2）能确认自签发后到收到为止这一时间段内，信息是否曾被修改；

（3）能确认使用数字签名的电子信息的真实性。

3）数字签名和手写签名的区别

手写签名是附加在文本之后的，与文本信息是分离的。手写签名反映个人特征，是不变的；数字签名与文本信息是不可分割的，数字签名随文本的变化而变化。

## 2. 数字签名的功能

数字签名用于解决双方之间对信息真实性的争议。其可以实现以下功能：

（1）身份认证：接收方通过发送方的电子签名能够确认发送方的确切身份，但无法伪造。

（2）保密性：发送方和接收方的通信内容高度保密，第三方无从知晓。

（3）完整性：通信的内容无法被篡改。

（4）不可抵赖性：发送方一旦将电子签名的信息发出，发送方就不能再否认。

## 3. 使用数字签名

1）数字摘要

在数字签名前对发送的消息先进行数字摘要。数字摘要是将任意长度的消息变成固定长度的短消息，它类似于一个自变量是消息的函数，也就是哈希函数。数字摘要就是采用单向哈希函数将需要加密的明文"摘要"成一串固定长度（128位）的密文，这一串密文又称为数字指纹，它有固定的长度，而且不同的明文"摘要"成密文，其结果总是不同的，但同样的明文其摘要必定一致。

2）数字签名的使用过程

（1）发送方首先使用哈希函数从原文得到数字摘要，然后采用公钥体系中发送方的私钥对数字摘要进行签名，并把签名后的数字摘要附加在要发送的原文后面。

（2）发送方选择一个私钥对文件进行加密，并把加密后的文件通过网络传输到接收方。

（3）发送方用接收方的公钥对私钥进行加密，并通过网络把加密后的私钥传输到接收方。

（4）接收方使用自己的私钥对密钥信息进行解密，得到密钥的明文。

（5）接收方用密钥对文件进行解密，得到通过加密的数字摘要。

（6）接收方用发送方的公钥对数字签名进行解密，得到数字摘要的明文。

（7）接收方用得到的明文和哈希函数重新计算数字摘要，并与解密后的数字摘要进行对比。如果两个数字签名是相同的，说明文件在传输过程中没有被破坏。

数字签名的使用过程如图4-9所示。

## 4. 特殊数字签名

近些年来随着对数字签名的不断深入研究，产生了许多特殊的数字签名，例如盲签名、群签名、代理签名、多重签名、前向安全签名、团体签名、不可争辩签名、数字时间戳等。下面介绍盲签名的含义和基本原理。

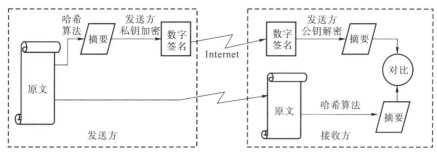

图 4-9 数字签名的使用过程

1）盲签名的含义

标准数字签名方案的最大缺点是签名者无法对自己的身份进行隐藏。在电子商务环境下，为了保护签名者（或用户）的隐私，需要为他们提供隐私性保护。

一般在数字签名中，总是要先知道文件内容后才签订，但有时需要某人对一个文件签名，但又不让其知道文件内容，称为盲签名。盲签名是由 Chaum 在 1983 年最先提出的，在现实生活中的选举投票和数字货币协议中会使用到。

2）盲签名的基本原理

盲签名使用 RSA 算法实现。设定签名者 B 的公钥参数为 $e$，私钥参数为 $d$，模为 $n$。如果 A 让 B 进行盲签名，签订消息 $M$，步骤如下：

（1）A 盲变换：选用盲因子 $k(1<k<M)$，计算 $t = M_{ke} \bmod n$，将 $t$ 传送给 B。

（2）B 签名：B 对 $t$ 进行签名，计算 $S(t) = td = (M_{ke})d \bmod n$，将签名 $S(t)$ 传送给 A。

（3）A 计算后取得签名：$S = td/k \bmod n = M_d \bmod n$。

3）盲签名的过程。

盲签名的过程如图 4-10 所示。

图 4-10 盲签名的过程

（1）A 取一文件并以一随机值乘之，称此随机值为盲因子；

（2）A 将此盲文件发送给 B；

（3）B 对盲文件签名；

（4）A 以盲因子除之，得到 B 对原文件的签名。

将盲变换看作信封，盲文件是对文件加个信封，而去掉盲因子的过程是打开信封的过程。文件在信封中时无人可读，而在盲文件上签名相当于在复写纸信封上签名，从而得到了对盲文件（信封内容）的签名。

**5. 数字签名和数据加密的区别**

1）数据加密和数字签名的区别

数字签名的目的是证实信息确实是由某个用户发送，对网络中是否有人看到该信息并不关心。数字签名采用公钥算法实现，数字签名与通常的数据加密算法的作用是不同的，它们的实现过程与使用的密钥不同。

数字签名使用的是发送方的密钥对,发送方用自己的私钥进行加密,接收方用发送方的公钥进行解密。数字签名是一个一对多关系:任何拥有发送方公钥的人都可验证数字签名的正确性。

数字签名和数据加密的区别如表4-3所示。

表4-3 数字签名和数据加密的区别

| 区别 | 数字签名 | 数据加密 |
| --- | --- | --- |
| 使用的密钥对 | 使用的是发送方的密钥对,发送方用自己的私钥进行加密,接收方用发送方的公钥进行解密 | 使用的是接收方的密钥对,发送方用接收方的公钥进行加密,接收方用自己的私钥进行解密 |
| 接收方和发送方的关系 | 数字签名是一对多关系 | 数据加密是多对一的关系 |
| 作用 | 对信息的发送方进行证实和确认 | 确保数据保密,信息不被泄露 |

2)数据加密和数字签名的结合使用

采用数字签名和数据加密相结合的方法,可以很好地解决信息传输过程中的完整性和防抵赖性问题。具体使用方法如图4-11所示。

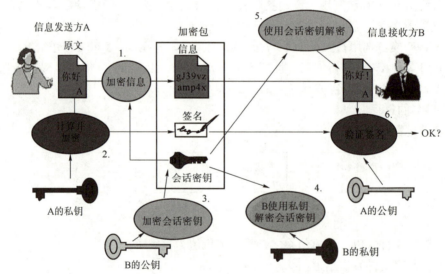

图4-11 数字签名和数据加密相结合的方法

【任务实施】

**1. 使用PGP软件生成密钥对**

(1) PGP软件在计算机上安装好后,选择"开始"→"程序"→"PGP"→"PGP Keys"选项。

(2) 在弹出的窗口菜单栏中,选择"Keys"→"New Key"选项。

(3) 在弹出的"PGP Key Generation Wizard"(PGP密钥生成向导)窗口中,单击"下一步"按钮,进入"Name and Email Assignment"(用户名和电子邮件分配)界面,在"Full name"文本框中输入用户名,在"Email address"文本框中输入用户所对应的电子邮件地址,完成后单击"下一步"按钮。

(4) 在 "Create Passphrase"（创建密钥）界面，在 "Enter Passphrase" 文本框中输入密码，在 "Re – enter Rassphrase"（确认）文本框中再输入一次，密码长度必须大于 8 位。完成后单击 "下一步" 按钮，如图 4 – 12 所示。进入 "Key Generation Progress"（密钥生成进程）界面，等待主密钥（Key）和次密钥（Subkey）生成完毕（出现 "Done" 提示），单击 "下一步" 按钮，进入 "Completing the PGP Key Generation Wizard"（完成该 PGP 密钥生成向导）界面，再单击 "完成" 按钮，密钥对就创建完毕。

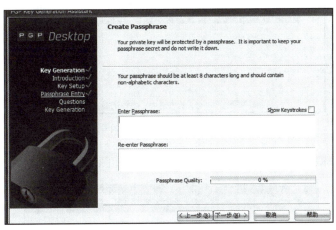

图 4 – 12　创建密钥

## 2. 导出并分发公钥

（1）在 "PGP Keys" 界面可以看到所创建的密钥对（包含一个公钥和一个私钥）。在这里可看到密钥的基本信息，例如 Validity（有效性）、Trust（信任度）、Size（大小）、Description（描述）等。

（2）从 "密钥对" 内导出包含的公钥。单击刚才创建的密钥对，单击鼠标右键，选择 "Export…" 选项，在弹出的保存对话框中，选择存放的目录，单击 "保存" 按钮，即可导出公钥，扩展名为 ".asc"，如图 4 – 13 所示。

图 4 – 13　导出公钥

（3）使用 U 盘、磁盘、电子邮件或文件共享等方式，将导出的公钥文件（.asc）发给其他人。

### 3. 导入并设置其他人的公钥

（1）双击对方发来的扩展名为".asc"的公钥，弹出"Select key（s）"对话框，在此对话框中能看到该公钥的基本属性，如有效性、信任度等，便于了解是否应该导入此公钥。选好后，单击"Import"按钮，即可导入 PGP 软件，如图 4-14 所示。

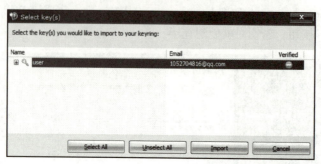

图 4-14　导入其他人的公钥

（2）打开 PGP Keys，就能看到刚才导入的公钥，如图 4-15 所示。

图 4-15　查看导入的公钥

（3）查看密钥属性，完成签名操作。选中导入的公钥，单击鼠标右键，选择"Key Properties"（密钥属性）选项，能查看该公钥的全部信息，例如是否是有效的公钥、是否可信任等。如果直接拉动"Untrusted"（不信任的）处的滑块到"Trusted"（信任的）处，将会出现错误信息。正确的做法是关闭此对话框，然后在该公钥上单击鼠标右键，选择"Sign"（签名）选项，在弹出的"PGP Sign Key"（PGP 密钥签名）对话框中，单击"OK"按钮，会弹出要求为该公钥输入 Passphrase 的对话框，这时就得输入创建密钥对时的那个密码来调用自己的私钥，然后继续单击"OK"按钮，即完成签名操作，查看"PGP Keys"窗口里该公钥的属性，若"Validity"栏显示为绿色，则表示该密钥有效，如图 4-16 所示。

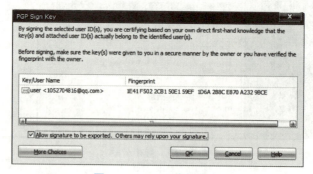

图 4-16　PGP 密钥签名

用鼠标右键单击该公钥，选择"Key Properties"选项，将"Untrusted"处的滑块拉到

"Trusted"处,再单击"关闭"按钮即可。这时再看"PGP Keys"窗口里的公钥,"Trusted"处就不再是灰色了,说明这个公钥被 PGP 加密系统正式接受,可以投入使用了,如图 4-17 所示。

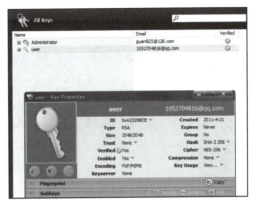

图 4-17 密钥属性

**4. 使用公钥加密文件**

(1)打开"PGP Zip"界面的"New PGP Zip"界面,将要加密的文件拉入界面中,单击"下一步"按钮,选择"Recipient keys"选项,如图 4-18 所示。

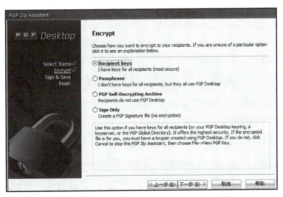

图 4-18 选择"Recipient keys"选项

(2)添加用户名或者 E-mail 地址,如图 4-19 所示。

图 4-19 添加用户名或者 E-mail 地址

(3) 使用 U 盘、磁盘、电子邮件或文件共享等方式，将所生成的".pgp"文件发给同组人员。注：刚才使用哪个公钥加密，就只能发给该公钥所有人，别人无法解密。只有该公钥所有人的私钥才能解密。

### 5. 解密文件

双击对方发来的扩展名为".pgp"的文件，如图 4 - 20 所示。

图 4 - 20　打开".pgp"文件

单击鼠标右键解压，选择一个路径保存即可。双击解密后的文件，可以正常看到文件的内容。

### 6. 数字签名

(1) 在需要加密的文件上单击鼠标右键，选择"PGP"→"Sign"（加密）选项。

(2) 在出现的对话框中的"Enter passphrase for above key"文本框中输入创建密钥对时的那个密码，单击"OK"按钮。

(3) 在弹出的"Enter filename for encrypted file"对话中，单击"保存"按钮。经过 PGP 软件的短暂处理，会在想要签名的那个文件的同一目录下生成一个格式为"签名的文件名.sig"的文件。这个".sig"文件就是数字签名。如果用"记事本"程序打开该文件，看到的是一堆乱码（签名的结果）。

(4) 使用 U 盘、磁盘、电子邮件或文件共享等方式，将所生成的".sig"文件连同原文件一起发给对方。

### 7. 验证签名

双击对方发来的扩展名为".sig"的文件，在弹出的"PGPlog"窗口中可以看到验证记录的"Validity"栏为绿色，表明验证成功。

【动手做一做】

Office 文档的数字签名

数字证书是可信第三方颁发的身份验证程序。这与打印身份文档的使用非常类似。数字签名基于数字证书，在许多情况下，用户需要对 Excel、PowerPoint 或 Word 文档进行数字签名，对数字信息创建者的身份进行验证，签名用于确认文档来自签名人且未经更改。

发送经过数字签名的宏或文档时，数字证书也会随之一起发送。

(1) 在文档或工作表中，将指针置于要创建签名行的位置。在"插入"选项卡的"文本"分组中，单击"签名行"列表，然后单击"Microsoft Office 签名行"按钮。

(2) 在"签名设置"对话框中，输入将显示在签名行下面的信息，如图4-21所示。

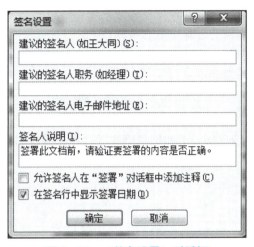

图4-21 "签名设置"对话框

(3) 单击"确定"按钮。

(4) 在对文件进行数字签名后，将出现"签名"按钮，并且文件会变为只读模式以防止修改。

## 任务2 使用双重数字签名

在电子支付系统中，存在着客户、商家和银行三者之间交易信息的传递，其中包括只能让商家看到的订购信息和只能让银行看到的支付信息。通过双重数字签名可以实现银行需要了解的支付信息。

【任务描述】

雅鹿公司电商专员小王接受了新任务，给公司员工培训"双重数字签名"知识。请帮助小王完成这一任务。

【任务分析】

SET协议采用了双重签名技术，通过计算两个消息摘要，并将两个消息摘要连接在一起，使用持卡人的私有密钥对消息摘要进行加密。

【任务实施】

**1. 了解双重数字签名**

1）双重数字签名的概念

双重数字签名是保证事务处理过程中三方安全传输信息的一种技术，用于三方通信时的身份认证和信息完整性、交易防抵赖的保护。

双重数字签名是数字签名在SET协议中的一个新应用。双重签名是SET协议中引入的一个重要的创新，巧妙地把发送给不同接收者的两条消息联系起来。双重数字签名解决了电子商务交易中消费者、商家、银行三方的安全通信问题，并且很好地保护了消费者的隐私。

2）双重签名的目的

在电子商务交易的过程中，通过双重签名，客户把订购信息和支付信息传递给商家时，订购信息和支付信息相互隔离开，商家只能看到订购信息而不能看到支付信息，并把支付信息无改变地传递给银行；而且商家和银行可以验证订购信息和支付信息的一致性，以此来判断订购信息和支付信息在传输的过程中是否被修改。

3）双重数字签名的实现

双重数字签名的实现步骤如下：

（1）信息发送者 A 对发给 B 的信息 1 生成信息摘要 1。

（2）信息发送者 A 对发给 C 的信息 2 生成信息摘要 2。

（3）信息发送者 A 把信息摘要 1 和信息摘要 2 合在一起，对其生成信息摘要 3，并使用自己的私钥签名信息摘要 3。

（4）信息发送者 A 把信息 1、信息摘要 2 和信息摘要 3 的签名发给 B，B 不能得到信息 2。

（5）信息发送者 A 把信息 2、信息摘要 1 和信息摘要 3 的签名发给 C，C 不能得到信息 1。

（6）B 接收信息后，对信息 1 生成信息摘要，把该信息摘要和收到的信息摘要 2 合在一起，并对其生成新的信息摘要，同时使用信息发送者 A 的公钥对信息摘要 3 的签名进行验证，以确认信息发送者 A 的身份和信息是否被修改过。

（7）C 接收信息后，对信息 2 生成信息摘要，把该信息摘要和收到的信息摘要 1 合在一起，并对其生成新的信息摘要，同时使用信息发送者 A 的公钥对信息摘要 3 的签名进行验证，以确认信息发送者 A 的身份和信息是否被修改过。

在安全电子交易过程中，消费者、商家和银行三者之间，消费者的订单信息（Order Information，OI）和付款指示（Payment Instruction，PI）是互相对应的，商家只有在确认了消费者的订单信息对应的付款指示是真实有效的情况下，才能按订单信息发货；同样，银行只有在确认了消费者的付款指示对应的订单信息是真实有效的情况下，才能按商家要求进行支付授权。

因此，订单信息和付款指示必须捆绑在一起发送给商家或银行。这是为了预防商家在验证消费者付款指示时盗用消费者的信用卡账号等信息，以及银行在验证消费者订单信息时，跟踪消费者的交易活动（侵犯消费者的隐私）。

为了保证消费者的信用卡账号等银行信息对商家隐蔽，也为了保证消费者要购买的商品订单信息对银行隐蔽，在 SET 协议中采用了双重签名技术，它是 SET 协议推出的数字签名的新应用。

一个双重签名是通过计算两个消息摘要产生的，并将两个消息摘要连接在一起，用消费者的私钥对消息摘要加密。

## 2. 双重签名的产生过程

双重签名的产生过程如图 4-22 所示。

（1）消费者产生订单信息和付款指示的消息摘要 $H(OI)$ 和 $H(PI)$；

（2）连接消息摘要 $H(OI)$ 和 $H(PI)$ 得到消息 OP；

（3）生成 OP 的消息摘要 $H(OP)$；

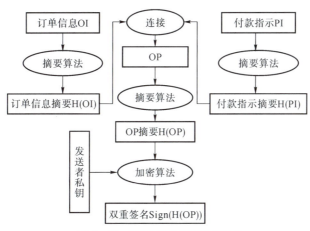

图 4 – 22 双重签名的产生过程

（4）用消费者的私钥加密 H(OP) 得到双重签名 Sign(H(OP))，消费者将双重签名 Sign(H(OP)) 包含在消息中以保证接收者能够验证。消费者发送给商家的消息为 OI、H(PI)、Sign(H(OP))，即订单信息、付款指示摘要和双重签名；消费者发送给银行的消息为 PI、H(OI)、Sign(H(OP))，即付款指示、订单消息摘要和双重签名。

### 3. 双重数字签名的验证过程

双重数字签名的验证过程如图 4 – 23 所示。

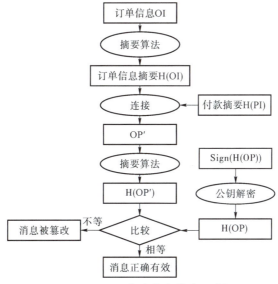

图 4 – 23 双重数字签名的验证过程

商家所能看到的信息有：订单信息 OI、付款指示 PI 的消息摘要 H(PI)、订单信息 OI 和付款指示 PI 的双重签名 Sign(H(OP))。

银行所能看到的信息有：付款指示 PI、订单信息 OI 的消息摘要 H(OI)、订单信息 OI 和付款指示 PI 的双重签名 Sign(H(OP))。

在安全交易过程中，消费者只与商家打交道。付款指示 PI 由消费者发送给商家，再由商家转发给支付网关,付款指示 PI 由消费者使用支付网关的公钥加密,只有支付网关才能用自己的私钥解密。为了便于商家验证消费者付款指示 PI 的真实性,商家所能看到的只是付款指示 PI 的消息摘要 H(PI),而不是付款指示 PI 本身。

【动手做一做】

在支付请求阶段,利用双重数字签名可以保证商家不能看到消费者的支付信息。请在(1)~(7)处选择合适的答案,将商家验证消费者订单信息的过程补充完整。

消费者在电子商务网站选购商品后,生成订单信息和支付信息。消费者利用哈希算法生成订单信息摘要和支付信息摘要,然后将订单信息摘要和支付信息摘要连接起来,再利用哈希算法生成双重数字摘要。

消费者利用__(1)__对双重数字摘要加密生成双重数字签名,将__(2)__、__(3)__和__(4)__发送给商家,商家收到信息后,将接收到的双重数字签名利用__(5)__解密,再利用同样的哈希算法将__(6)__生成新的订单信息摘要,再将新的订单信息摘要与__(7)__生成新的双重数字摘要,并与消费者发送的双重数字摘要比较,以确保信息的完整性和真实性。

(1)~(7) 的备选答案如下(注:备选答案可重复选择):

A. 消费者的公钥
B. 消费者的私钥
C. 商家的公钥
D. 商家的私钥
E. 订单信息摘要
F. 支付信息摘要
G. 订单信息
H. 支付信息
I. 双重数字签名

【案例】

## 可信计算——计算机主动免疫防护

### 1. 主动免疫可信计算

主动免疫的可信计算是指计算运算的同时进行安全防护,以密码为基因实施身份识别、状态度量、保存存储等功能,及时识别"自己"和"非己"成分,从而破坏与排斥进入系统的有害物质,相当于为网络信息系统培育了免疫能力。构建"计算+保护"并行的双轮驱动体系结构,形成动态的模式,对计算过程进行正确性的核研,发现异常及时处理,达到主动的防护效果。安全可信策略管控过程如图 4-24 所示。

### 2. 可信计算在电子商务安全中实施保护作用

计算机主动免疫可信计算保护计算机进而保护电子商务安全免受病毒等的侵犯。计算机如何通过主动免疫可信计算在电子商务活动中实施保护作用?安全可信的计算节点双体系结构是基于可信密码模块,将计算部件和防护部件进行连接,建立起主动免疫的三重防护架构,实现"保卫室"、"保密室"和"监控室"协同安全管理,让攻击者进不去、非授权者拿不到、窃取保密信息者看不懂、篡改系统信息者改不了、攻击行为赖不掉。基于此，"WannaCry、Mirai、黑暗力量、震网、心脏滴血"等攻击病毒不查杀而自灭。从而保证电子商务安全。三重防护架构如图 4-25 所示。

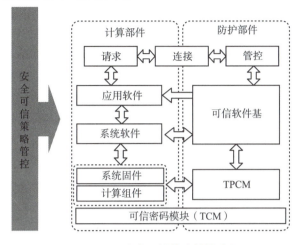

图 4-24　安全可信策略管控过程

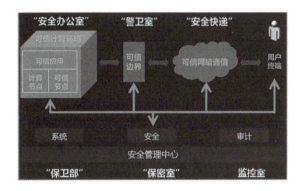

图 4-25　三重防护架构

思政元素 16

## 实验四　数字证书

### 一、实验目的

(1) 了解申请个人数字证书的流程；
(2) 了解当前各种 CA 机构的状况、数字证书的类型和作用；
(3) 掌握申请数字证书的方法；
(4) 使用数字证书对电子邮件进行加解密。

### 二、实验内容

(1) 申请个人数字证书；
(2) 选定一家数字证书提供机构，申请一张安全电子邮件证书；

(3) 使用数字证书对电子邮件进行加解密。

### 三、实验过程

**1. 个人数字证书的申请**

1) 搜索提供数字证书的机构

在百度搜索引擎中输入"数字证书",可以找到很多国内的 CA 机构,这些 CA 机构都提供不同类型的数字证书。对这些机构提供的数字证书类型及其作用进行分析。

目前国内的 CA 机构能够提供的证书类型主要包括个人数字证书、企业数字证书、服务器身份证书、安全 Web 服务证书、代码签名证书、安全电子邮件证书等。

(1) 个人数字证书包含证书持有者的个人身份信息、公钥及 CA 的签名,在网络通信中标识证书持有者的个人身份。

(2) 企业数字证书包含企业的基本信息、公钥及 CA 的签名,在网络通信中标识证书持有企业的身份。

(3) 服务器身份证书包含服务器信息、公钥及 CA 的签名,在网络通信中标识和验证服务器的身份。在网络应用系统中,服务器软件利用证书机制保证与其他服务器或客户端通信的安全性。

(4) 安全 Web 服务证书包含 Web 站点的基本信息、公钥和 CA 的签名,凡是具有网址的 Web 站点均可以申请使用该证书,其主要和网站的 IP 地址、域名绑定,可以保证网站的真实性和不被人仿冒。

(5) 代码签名证书是 CA 机构签发给软件提供商的数字证书,包含软件提供商的身份信息、公钥及 CA 的签名。软件提供商使用代码签名证书对软件进行签名后放到 Internet 上,当用户在 Internet 上下载该软件时将会得到提示,从而可以确信软件的来源,并确认软件自签名后到下载前没有遭到修改或破坏。

(6) 安全电子邮件证书包含证书持有者的电子邮件地址、公钥及 CA 的签名。使用安全电子邮件证书可以收发加密和数字签名邮件,保证电子邮件传输中的机密性、完整性和不可否认性,确保电子邮件通信各方身份的真实性。

2) 选定一种个人数字证书,为自己申请该数字证书

由于大多数 CA 机构都要求对提供的数字证书收费,在此给提供一些提供免费数字证书的 CA 机构网址:

https://cfcazd.com

http://www.verisign.com (需有访问国外网站的权限)

下面以某学生的申请过程为例,给出在"https://testca.netca.net"申请一份免费数字证书的过程。

(1) 登录"https://cfcazd.com",选择"个人数字证书申请"选项,单击"下一步"按钮,准备好个人证书申请表和身份证,单击"确认完成准备"按钮,进入个人账户信息完善页面(注:需要选择购买年份),然后完成注册。

(2) 只有安装了根证书(即证书链)的计算机,才能够完成后面的申请步骤和正常使用在 CA 机构申请的数字证书,所以需要先进行证书链的安装。

(3) 在系统"安装成功"提示框出现后,进入"基本信息"表单,按照表单的提示内容,

完整地输入个人资料。注意"在选择加密服务提供程序（Cryptographic Service Provider. CSP）"项目中选择"Microsoft Base Cryptographic Provider V1.0"选项。

（4）选择填写补充信息，具体包括有效证件类型、证件号码、出生日期、性别、住址、通信地址、邮政编码、联系电话、传真号码以及存储介质等。完成后，单击"提交"按钮，随后系统将进行数字证书的下载。在完成上述步骤后，系统将发送一封申请成功的信件到申请时使用的邮箱内，其中包括业务受理号、密码以及数字证书下载的地址。

（5）单击数字证书的下载地址链接，填写业务受理号和密码并提交，系统即提示安装的数字证书的基本信息，然后单击下方的"安装证书"按钮。当系统给出"证书成功下载并装入应用程序中"提示后，表明证书已经成功安装。

3）在 IE 浏览器中查看已经申请成功的数字证书

（1）打开 IE 浏览器，在其菜单栏上选择"工具"→"Internet 选项"选项，在"Internet 选项"对话框中，选择"内容"选项卡，单击"证书"按钮即可查看当前信任的证书列表。

（2）在"证书"对话框中，单击"个人"选项卡，可查看已经申请的数字证书列表。

（3）选定需要查看的数字证书，然后单击"查看"按钮，可以查看相应数字证书的详细信息。

**2. 发送具有数字签名的电子邮件**

在发送具有数字签名的电子邮件之前，首先要下载数字证书，即将申请的数字证书导入系统中；之后还必须将数字证书跟电子邮件绑定，也就是在 Outlook Express 中设置数字证书，使电子邮件账号对应相应的数字证书，之后才能发送数字签名电子邮件。

1）在 Outlook Express 中设置数字证书

（1）在 Outlook Express 中，选择"工具"→"账号"选项。

（2）选择"邮件"选项卡中用于发送安全邮件的账号，单击属性。

（3）选择"安全"选项卡中的"从以下地点发送安全邮件时使用数字标识"复选框，然后单击数字证书按键。

注意：对于较新版本的 Outlook Express 按默认设置就可以了，可以在"工具"→"账号"→"安全"→"数字标识"界面看到证书信息。

（4）选择与该账号有关的数字证书（只显示与该账号相对应的电子邮箱的数字证书）。

（5）如想查看证书，单击"查看证书"按钮，会看到详细的证书信息，单击"确定"按钮，设置完毕。

2）发送电子邮件

用自己的安全电子邮件证书发一封具有数字签名的电子邮件，内容为"安全电子邮件证书的信息"（包括公钥），主题为"学号和姓名"。

（1）打开 Outlook Express，单击"新邮件"按钮，撰写新邮件。

（2）选择"工具"→"数字签名"选项。在邮件的右上角将会出现一个签名的标记。

（3）单击"发送"按钮。

（4）当收件人打开邮件时，将看到"数字签名邮件"的提示信息。

（5）单击"继续"按钮后可阅读邮件的内容。若邮件在传输过程中被他人篡改或发信人的数字证书有问题，将出现"安全警告"提示。

### 3. 获得收件人的数字证书并发送加密邮件

要将电子邮件加密，首先要有收件人的数字证书。

1) 获得收件人的数字证书

(1) 让收件人发送有其数字签名的邮件。

(2) 打开邮件，选择"文件"→"属性"选项。

(3) 选择"安全"选项卡并单击"将数字标识添加到通讯簿中"按钮，这样收件人的数字证书就被添加到通讯簿中了。

(4) 可以在 IE 浏览器的"工具"→"Internet 选项"→"内容"→"证书"→"其他人"中查看收件人的数字证书。

2) 发送加密邮件

(1) 撰写好邮件后，选择"工具"→"加密"选项。

(2) 邮件的右上角将会出现一个加密的标记。

(3) 单击"发送"按钮。

(4) 当收件人收到并打开已加密过的邮件时，将看到"加密邮件"的提示信息。

(5) 单击"继续"按钮，可阅读邮件的内容。

当收到加密邮件时，完全有理由确认邮件没有被其他任何人阅读或篡改过，因为只有在收件人自己的计算机上安装了正确的数字证书，Outlook Express 才能自动解密电子邮件；否则，邮件内容将无法显示。也就是说，只有收件人的数字证书中才收藏了打开密锁的"钥匙"。

## 四、实验报告

将实验结果写成一份约 800 字的实验报告。将报告作为邮件附件，将学号和姓名作为邮件内容，利用数字证书对该邮件进行签名后发送并撰写实验心得。

## 课后练习题（四）

课后习题四 答案

### 一、填空题

1. 数字签名主要解决电子商务中信息的不可抵赖性问题，数字签名技术结合使用了加密技术和_____。

2. 数字证书主要分两种：一种是_____，另一种是_____。

3. 身份认证的主要目标包括：确保交易者是交易者本人、避免与超过权限的交易者进行交易和_____。

4. CA 机构的主要功能有：_____、_____、_____、_____、_____。

5. 双重数字签名是数字签名在_____协议中的一个新应用。

### 二、选择题

1. 使用数字签名不可以解决的问题是(    )

   A. 数据完整性　　　　　　　　　B. 确认发送方身份
   C. 防止交易抵赖　　　　　　　　D. 防止非授权用户访问

2. 若 Bob 给 Alice 发送一封邮件，并想让 Alice 确信邮件是由 Bob 发出的，则 Bob 应该选用( )对邮件加密。
  A. Alice 的公钥　　　　　　　　B. Alice 的私钥
  C. Bob 的公钥　　　　　　　　　D. Bob 的私钥
3. 下面的说法中错误的是( )。
  A. 传统的密钥系统的加密密钥和解密密钥相同
  B. 公钥系统的加密密钥和解密密钥不同
  C. 报文摘要适合数字签名，但不适合数据加密
  D. 数字签名系统一定具有数据加密功能
4. 衡量一个密码系统的安全性有两种基本的方法，即实际安全性和( )。
  A. 加密安全性　　　　　　　　　B. 解密安全性
  C. 验证安全性　　　　　　　　　D. 无条件安全性
5. 采用数字签名和加密技术相结合的方法，可以很好地解决信息传输过程中的( )等问题。
  A. 完整性　　　　　　　　　　　B. 功能性
  C. 有效性　　　　　　　　　　　D. 防抵赖性
6. 数字信封用来解决( )问题。
  A. 公钥分发攻击　　　　　　　　B. 私钥分发
  C. 对称密钥分发　　　　　　　　D. 数据完整性
7. ( )是一个消息摘要算法。
  A. DES　　　　B. IDEA　　　　C. MD5　　　　D. RSA
8. 对数字签名过程的说法中，错误的是( )。
  A. 发送方使用哈希算法从原文得到数字摘要
  B. 采用公钥提醒，用发送方的私钥对数字摘要进行签名
  C. 发送方使用接收方的私钥对密钥进行加密
  D. 签名后的数字摘要附加在要发送的原文后面

### 三、简答题
1. 消息摘要在计算上保证安全的两个特性是什么？
2. 什么是根证书？简述根证书的作用。
3. 列表对比数字证书、数字签名和数字信封的区别。

### 四、操作题
数字证书如何使用？选定一个企业网站，浏览该网站并确认该网站使用了哪些数字证书。

# 模块五

# 电子商务安全协议

党的二十大报告中提到"依法将各类金融活动全部纳入监管，守住不发生系统性风险底线"，又强调"深化要素市场化改革"。如何平衡好二者关系，二十大报告中的'预警预防'理念给我们指明了方向，我们要不断加强安全风险监测预警体系建设，做好预警提示，协同研判整治市场潜规则和乱象，努力服务于市场的创新健康规范成长。"电子商务安全就是"预警预防"理念的一种体现。

电子商务安全协议主要有网络层安全协议、传输层安全协议、应用层安全协议。

传输层安全协议的目的是保护传输层的安全，并在传输层上提供实现保密、认证和完整性的方法。

【知识目标】

1. 了解 SSL 协议的特点和应用
2. 了解 SET 协议的特点和应用
3. 理解 PKI 与证书服务的关系

【技能目标】

1. 会使用 OpenSSL 实现 CA 认证
2. 能使用 PKI 与证书服务

【素质目标】

1. 树立遵守协议的责任意识
2. 增强反洗钱的安全法律意识

## 项目 5.1 使用 SSL 协议

安全套接层（Secure Sockets Layer，SSL）是为网络通信提供安全及数据完整性的一种安全协议。

## 任务 1　认识 SSL 协议

思政元素 17

**【任务描述】**

在 Web 服务器上设置 SSL 协议，完成证书的发放，安装证书，然后在 Web 服务器上配置 SSL 协议，最后使用 HTTPS 协议访问网站以验证结果。

**【任务分析】**

本任务涉及 SSL 协议的加密和认证算法、SSL 协议的分析及应用等知识点。

**【知识准备】**

### 1. SSL 协议概述

1）SSL 协议的概念

HTTP 协议存在 3 个安全性问题：通信内容可能被窃听、通信内容可能被篡改、通信对象可能被冒充。20 世纪 90 年代中期，网景（Netscape）公司为了解决 HTTP 协议明文传送的安全性问题，设计了 SSL 协议。

SSL 协议是网景公司推出的一个安全通信协议，是在网络传输层之上提供的一种基于 RSA 和保密密钥的用于浏览器和 Web 服务器之间的安全通信连接技术。微软公司和网景公司的浏览器都支持 SSL 协议，很多 Web 服务器也支持 SSL 协议。SSL 协议使用的 RSA 数字签名算法可以支持 X.509 证书和多种保密密钥加密算法，比如 DES 和 TripleDES。

SSL 协议保障了 Internet 上 Web 浏览器和服务器的标准安全性措施，该协议提供用于启动 TCP/IP 连接的安全性"信号交换"。这种信号交换导致客户和服务器同意将使用的安全性级别，并履行连接的任何身份验证要求。SSL 协议通过数字签名和数字证书，实现浏览器和 Web 服务器双方的身份验证。

SSL 协议是由网景公司设计的一种开放协议，它指定了一种在应用程序协议（HTTP、TELNET、NNTP、FTP）和 TCP/IP 之间提供数据安全性分层的机制。它为 TCP/IP 连接提供数据加密、服务器认证、消息完整性以及可选的客户机认证。

2）SSL 协议的作用

SSL 协议的主要目的是在两个通信应用程序之间提供私密性和可靠性保障，如图 5-1 所示。

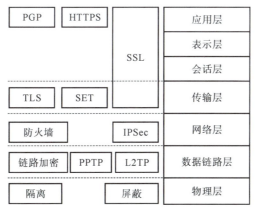

**图 5-1　SSL 协议**

SSL 协议主要用于浏览器和服务器之间相互认证和传输加密数据,此时浏览器和服务器在应用层的通信将采用 S-HTTP 协议（安全超文本传输协议），S-HTTP 链接的网址以 "https://" 开头，而不是 "http://"。

**2. SSL 协议的过程**

SSL 协议由警告协议、握手协议、密码规范改变协议和记录协议组成①，如图 5-2 所示。

图 5-2　SSL 协议的组成

记录协议用于在客户机和服务器之间交换应用数据；警告协议用来为对等实体传递 SSL 协议的相关警告，标示在什么时候发生了错误或两个主机之间的会话在什么时候终止；握手协议用于产生会话状态的密码参数，允许服务器和客户机相互验证、协商加密，保护在 SSL 记录中传送的数据。

SSL 协议的思想是基于传输控制层协议（TCP）建立的一个安全的网络连接层，就是应用层和传输层之间多了一个安全套接层，应用层的数据先递送给安全套接层，安全套接层对应用层的数据进行分段、压缩、添加消息认证码和加密之后，再往下递送给传输层进行传送。同样，传输层把接收到的数据先传给安全套接层，由安全套接层解密、验证消息的完整性，解压并且组装之后再传给应用层。

SSL 协议位于应用层和传输层之间，它可以为任何基于 TCP 等可靠连接的应用层协议提供安全性保证，如图 5-3 所示。

图 5-3　SSL 协议位于应用层和传输层之间

SSL 握手协议描述建立安全连接的过程，在客户和服务器传送应用层数据之前，完成诸如加密算法和会话密钥的确定、通信双方的身份验证等。

SSL 记录协议定义了数据传送的格式，上层数据，包括 SSL 握手协议建立安全连接时所需传送数据，都通过 SSL 记录协议再往下层传送，这样，应用层通过 SSL 协议把数据传送给传输层时，已是被加密的数据，此时，TCP/IP 协议只需要负责将其可靠地传送到目的地，弥补了 TCP/IP 协议安全性差的弱点。

SSL 协议在应用层收发数据前，协商加密算法、连接密钥并认证通信双方，从而为应用

---

① 关于 SSL 协议的组成的更多内容见【任务实施】中的 "2. 了解 SSL 协议的组成"。

层提供了安全的传输通道；在该通道上可透明加载任何高层应用协议（如 HTTP、FTP、TELNET 等）以保证应用层数据传输的安全性。SSL 协议独立于应用层协议，因此，在电子交易中被用来安全传送信用卡号码。

我国目前有多家银行采用 SSL 协议，如在电子商务系统中完成实时支付时，招商银行"一网通"采用的就是 SSL 协议。从目前实际使用的情况看，SSL 协议是人们最信赖的协议。

SSL 协议当初并不是为支持电子商务而设计的，所以在电子商务系统的应用中还存在很多弊端。它是一个面向连接的协议，在涉及多方的电子交易中，只能提供交易中客户与服务器间的双方认证，而电子商务往往是用户、网站、银行三家协作完成的，SSL 协议并不能协调各方间的安全传输和信任关系；还有，购货时用户要输入通信地址，这样将可能使用户收到大量垃圾信件。

**3. SSL 协议在电子商务中的具体应用**

在 SSL 协议中，可采用公钥和私钥两种方法进行加密。SSL 协议采用数字证书进行双端实体认证，使用非对称加密算法进行密钥协商，用对称加密算法将数据加密后进行传输以保证数据的保密性，并通过计算数字摘要来验证数据在传输过程中是否被篡改和伪造，从而为敏感数据在 Internet 上的传输提供了一种安全保障手段，如图 5-4 所示。

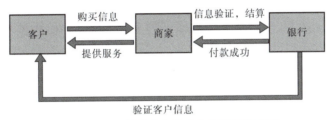

图 5-4　SSL 协议在电子商务中的具体应用

1）SSL 协议的工作流程

SSL 握手协议包括 4 个阶段：第一个阶段为建立安全能力；第二个阶段为服务器鉴别和密钥交换；第三个阶段为客户鉴别和密钥交换；第四个阶段为完成握手协议。

2）经典案例——阿里巴巴的支付宝安全

阿里巴巴成功地缔造了网上贸易市场，引领电子商务发展，阿里巴巴已经成为全球最大的网上贸易市场。支付宝网站是阿里巴巴旗下的公司，是国内先进的网上支付平台，致力于为网上交易用户提供优质的安全支付服务，其运作的实质是以支付宝为信用中介，在买家确认收到商品前，由支付宝替买卖双方暂时保管货款的一种增值服务。

随着支付宝业务的发展，其安全性变得越来越重要。早期的支付宝采用单向 SSL 认证方式，解决了支付宝网站的真实性和防止网络窃取等安全需求，但没有真正解决对支付宝用户的身份认证，非法用户仍然可以通过各种途径，盗取和猜测用户登录所用的 E-mail 地址和登录密码。

支付宝为了解决安全隐患，决定采取成熟的客户端和服务器端双向 SSL 认证方式，在支付宝单向 SSL 认证的基础上，增加客户端数字证书认证方式，用户登录支付宝账户时通过数字证书来认证用户身份，以便在所有引起账户变动和交易状态变化的关键的业务点上实现 SSL 的双向认证，按照系统的可扩充原则，在今后增加数字签名功能时，保证现有 CA 系统能够很好地满足需求，方便灵活地进行扩充。

支付宝 CA 系统能够签发满足电子签名法要求的用户证书，为阿里巴巴和支付宝提供了更多的扩展应用功能，包括电子签名证据保全服务功能和有法可依的诚信体系建设服务功能等。

**【任务实施】**

**1. 通过 SSL 协议在 Web 服务器上启用安全通信通道**

为了使用户访问 Web 站点时可以使用 HTTPS 方式浏览网页，可以通过 SSL 协议在 Web 服务器上启用安全通信通道以实现高安全性。证书服务必须建立在安装 IIS 服务的基础上。

1）步骤一：安装 IIS 服务

（1）支持 Web 注册需先安装 IIS 服务，然后再安装证书服务。打开系统的"控制面板"，选择"添加或删除程序"选项；

（2）选择"添加/删除 Windows 组件"→"Windows 组件向导"选项；

（3）在组件下，找到并选择"应用程序服务器"→"详细信息"选项；

（4）在"应用程序服务器的自组件"对话框中，勾选"Internet 信息服务（IIS）"及"启用网络 COM+访问"选项并单击"确定"按钮，最后单击"下一步"→"完成"按钮即可，至此 IIS 服务安装成功。

2）步骤二：配置 Web 服务器

（1）在"开始"菜单中选择"管理工具"→"Internet 信息服务（IIS）管理器"选项；

（2）在"Internet 信息服务（IIS）管理器"中双击"本地计算机"图标；

（3）用鼠标右键单击"网站"图标，在弹出的菜单中选择"新建网站"选项，弹出"网站创建向导"对话框；

（4）依次填写"网站描述""IP 地址""端口号""路径"和"网站访问权限"等。最后，为了便于方便访问，还应设置默认文档（"Index. asp""Index. htm"）。

3）步骤三：安装证书服务

（1）进入"添加/删除 Windows 组件"界面，在组件下找到并单击"证书服务"选项；

（2）单击"下一步"按钮，选择"企业根 CA"选项；

（3）单击"下一步"按钮，在"此 CA 的公用名称"文本框中输入一个公用名称；

（4）单击"下一步"→"完成"按钮即可。

4）步骤四：生成证书申请

（1）在"开始"菜单中选择"管理工具"→"Internet 信息服务（IIS）管理器"选项；

（2）在"Internet 信息服务（IIS）管理器"中双击"本地计算机"图标；

（3）用鼠标右键选择"默认网站"→"属性"选项；

（4）在"默认网站属性"对话框中选择"目录安全性"选项；

（5）选择"安全通行"→"服务器证书"选项，出现服务器证书向导框；

（6）单击"下一步"按钮，出现 IIS 向导，选择"新建证书"选项；

（7）单击"下一步"→"现在准备申请，但稍后发送"→"下一步"按钮；

（8）在"名称"文本框中输入证书的描述性名称后，单击"下一步"按钮；

（9）输入单位、部门信息，单击"下一步"按钮；

（10）在"公用名"字段中，输入站点公用名，然后单击"下一步"按钮；

[说明：公用名是证书最重要的信息之一，它是 Web 站点的 DNS 名称（即用户在浏览站点时输入的名称）。如果证书名称与站点名称不匹配，当用户浏览到网站时，将会报告证书问题。例如，如果网站在 Web 上并且被命名为"www.contoso.com"，这就是应当指定的公用名。如果网站是内部站点，并且用户是通过计算机名称浏览的，请输入计算机的 NetBIOS 或 DNS 名称。]

（11）在"国家/地区""州/省"和"城市/县市"等字段中输入正确的信息后，单击"下一步"按钮；

（12）输入证书申请文件名；

（该文件包含类似下面这样的信息：

——BEGIN NEW CERTIFICATE REQUEST——

MIIDZjCCAs8CAQAwgYoxNjA0BgNVBAMTLW1penJvY2tsYXB0b3Aubm9ydGhhbWVy...

——END NEW CERTIFICATE REQUEST——

这是证书申请的 Base 64 编码表示形式。申请中包含输入到向导中的信息，还包括用公钥和私钥签名的信息。将此申请文件发送到 CA 机构，然后 CA 机构会使用证书申请中的公钥信息验证用自己的私钥签名的信息。CA 机构也验证申请中提供的信息。当将申请提交到 CA 机构后，CA 机构将在一个文件中发回证书，然后应当重新启动 Web 服务器证书向导。）

（13）单击"下一步"按钮，该向导显示证书申请中包含的信息概要；

（14）单击"下一步"按钮，然后单击"完成"按钮完成申请过程。

现在可以将证书申请发送到 CA 机构进行验证和处理。当从 CA 机构收到证书响应以后，可以再次使用 IIS 证书向导，在 Web 服务器上继续安装证书。

5）步骤五：提交证书申请

（1）使用"记事本"程序打开上述操作步骤中生成的证书文件，将它的整个内容复制到剪贴板；

（2）启动 IE 浏览器，导航到"http://07-936F992F37A2/CertSrv"，其中 hostname 是运行 Microsoft 证书服务的计算机的名称，输入用户和密码；

（3）单击"申请一个证书"→"下一步"按钮；

（4）在"选择申请类型"页面中，单击"高级申请"→"下一步"按钮；

（5）单击使用 Base 64 编码的 CMC 或 PKCS#10 文件提交一个证书申请，或单击使用 Base 64 编码的 PKCS #7 文件续订证书申请；

（6）在保存的文本框里粘贴复制的证书文件内容；

（7）在"证书模板"组合框中，单击"Web 服务器"→"提交"按钮；

（8）单击"Base 64 编码"→"下载证书"按钮；

（9）保存证书，关闭 IE 浏览器。

6）步骤六：在 Web 服务器上安装证书

（1）在"开始"菜单中选择"管理工具"→"Internet 信息服务（IIS）管理器"选项；

（2）在"Internet 信息服务（IIS）管理器"中双击"本地计算机"图标；

（3）用鼠标右键选择"默认网站"→"属性"选项；

（4）在"默认网站 属性"对话框中选择"目录安全性"选项；

（5）选择"安全通行"→"服务器证书"选项，出现服务器证书向导框；

(6) 单击"下一步"按钮,出现 IIS 向导,选择"处理挂起的请求并安装证书"选项,然后单击"下一步"按钮;

(7) 输入包含 CA 响应的文件的路径和文件名,单击"下一步"按钮;

(8) 保持默认端口为 443,单击"下一步"按钮;

(9) 显示证书信息,单击"下一步"按钮,完成。

7) 步骤七:Web 服务器启动 SSL 协议

(1) 在"开始"菜单中选择"管理工具"→"Internet 信息服务(IIS)管理器"选项;

(2) 在"Internet 信息服务(IIS)管理器"中双击"本地计算机"图标;

(3) 用鼠标右键选择"默认网站"→"属性"选项;

(4) 在"默认网站 属性"对话框中选择"目录安全性"选项;

(5) 单击"安全通信"→"编辑"按钮;

(6) 勾选"要求安全通道 SSL"选项,单击"确定"按钮,完成。

8) 总结

对于步骤四的(9)需注意:这些信息将放在证书申请中,因此应确保它的正确性。CA 机构将验证这些信息并将其放在证书中。浏览 Web 站点的用户需要查看这些信息,以便决定他们是否接受证书。

在网站设置中,此时的 Web 服务还仅适用于静态内容,即静态网页能正常浏览,常用 Active Server Pages(ASP)功能没有被启用,所以还应选择"Internet 信息服务(IIS)管理器"→"Web 服务扩展"→"Active Server Pages"选项。

还须注意:如果客户端访问 Web 服务器时没有证书,可以在服务器地址"http://localhost/certsrv/"处申请一个"浏览器的证书",然后颁发下载并安装就可以使用了。

另外,如果 Web 服务主目录所在分区是 NTFS 格式,而 ASP 网页有写入操作时(如用到新闻后台管理功能的),需设置写入修改权限。

**2. 了解 SSL 协议的组成**

SSL 协议是网景公司提出的基于 Web 应用的安全协议,其是在 Internet 的基础上提供的一种保证机密性的安全协议。它能使客户端/服务器应用之间的通信不被攻击者窃听,并且始终对服务器进行认证,还可选择对客户端进行认证。

SSL 协议是国际上最早应用于电子商务的一种网络安全协议,主要用于提高应用程序之间数据的安全性。它同时使用对称加密算法和非对称加密算法,前者在速度上比后者快很多,但是后者可以实现更好的安全认证。一个 SSL 传输过程首先需要握手:用非对称加密算法使服务器在客户端得到认证,以后就可以使用双方商议成功的对称密钥更快速地加密、解密数据。

SSL 协议要求建立在可靠的传输层协议(例如 TCP 协议)之上。SSL 协议的优势在于它与应用层协议独立无关。高层的应用层协议(例如 HTTP 协议、FTP 协议)能透明地建立于 SSL 协议之上。SSL 协议在应用层协议通信之前就已经完成加密算法、通信密钥的协商以及服务器认证工作。应用层协议所传送的数据都会被加密,从而保证通信的机密性。对于电子商务应用来说,使用 SSL 协议可保证信息的真实性、完整性和保密性。

1) SSL 记录协议

在 SSL 协议中,所有的传输数据都被封装在记录中。所有的 SSL 通信,包括握手消息、安全空白记录和应用数据都使用 SSL 记录协议。SSL 记录协议允许服务器和客户端相互认证并协商加密算法和密钥，对所有发送和接收的数据进行分段、压缩、认证、加密和完整性服务。

2）SSL 握手协议

SSL 握手协议用于在通信双方之间建立安全传输通道。握手过程一般分为 4 个阶段：

（1）初始化逻辑连接。客户端先发出 ClientHello 消息，服务器返回一个 ServerHello 消息，这两个消息用来协商双方的安全能力，包括协议版本、对称加密算法、压缩算法等。

（2）服务器发送数字证书（包含服务器的公钥等）和会话密钥。如果服务器要求认证客户端，则要发送 CertificateRequest 消息。最后服务器发送 ServerHelloDone 消息，表示 Hello 阶段结束，服务器等待客户端的响应。

（3）如果服务器要求认证客户端，则客户端先发送 Certificate 消息，然后产生会话密钥，并用服务器的公钥加密，封装在 ClientKeyExchange 消息中，如果客户端发送了自己的数字证书，则再发送一个数字签名 CertificateVerify 来对数字证书进行校验。

（4）客户端发送一个 ChangeCipherspec 消息，通知服务器以后发送的消息将采用先前协商好的安全参数加密，最后再发送一个加密后的 Finished 消息。服务器在收到上述两个消息后，也发送自己的 ChangeCipherspec 消息和 Finished 消息。

至此，握手全部完成，双方可以开始传输应用数据。

3）SSL 协议提供的功能及其局限性

SSL 协议使用加密的办法建立一个安全的传输通道，它可提供以下 3 种基本的安全服务功能：

（1）信息加密。客户端和服务器之间所有的应用数据都使用在 SSL 握手过程中建立的密钥和算法进行加密。这样就防止了某些用户通过使用 IP Packet Sniffer 等工具进行非法窃听或者破解。

（2）信息完整。SSL 协议提供完整信息服务，以建立客户端与服务器之间的安全通道，使所有经过 SSL 协议处理的业务能全部准确无误地到达目的地。

（3）相互认证。客户端和服务器都有各自的识别号，这些识别号由公钥进行编号。为了认证用户是否合法，SSL 协议要求在握手交换数据前进行数字认证，以确保用户的合法性。

SSL 协议的局限性：首先，客户的信息先到商家，让商家阅读，这样，客户资料的安全性得不到保证；其次，SSL 协议只能保证资料信息传递的安全，而无法保证传递过程中的截取。所以，SSL 协议并没有实现电子支付所要求的保密性、完整性，而且多方互相认证也是很困难的。此外，SSL 协议最大的弱点是不能做数字签名，因此不支持不可否认性。另外，它不能对商家进行认证，不能防止网上欺诈行为。

## 任务 2　使用 OpenSSL 实现 CA 认证

【任务描述】

雅鹿公司的文件使用 OpenSSL 实现 CA 认证，电商专员小王现在需要对该过程进行详细了解。请帮助小王完成这一任务。

【任务分析】

使用 OpenSSL 实现 CA 证书的搭建。

【知识准备】

OpenSSL 是在 Linux/Windows 平台下，开放源代码的、实现 SSL 协议及相关加密技术的软件包。

【任务实施】

(1) 首先准备 3 个虚拟机，它们分别表示根 CA 机构、子 CA 机构和证书申请用户。实验环境的拓扑结构如图 5-5 所示。

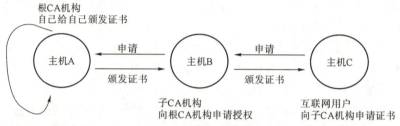

图 5-5 实验环境的拓扑结构

用户向子 CA 机构申请证书，子 CA 机构向根 CA 机构申请授权，根 CA 机构是如何取得证书的呢？答案是根 CA 机构自己给自己颁发证书。

(2) OpenSSL 中关于 CA 的配置。

实验环境中包含 3 个主机，其中两个是作为 CA 机构存在的，所以创建所需要的文件的时候，主机 A 和主机 B 都需要创建。如果不提前创建这两个文件，那么在生成证书的过程中会出现错误。

(3) 构造根 CA。

因为没有任何机构能够给根 CA 机构颁发证书，所以根 CA 机构只能自己给自己颁发证书。

首先生成私钥文件，私钥文件是非常重要的文件，除了自己本身以外，其他任何人都不能取得，所以在生成私钥文件的同时最好修改该文件的权限，并且采用加密的形式生成。

(4) 生成自签名证书。

私钥文件是非常重要的文件，除了自己本身以外，其他任何人都不能取得。所以在生成私钥文件的同时最好修改该文件的权限，并且采用加密的形式进行生成。

(5) 颁发证书。

颁发证书可分成两个环节，分别是子 CA 机构向根 CA 机构申请授权和普通用户向子 CA 机构申请证书。

主机 A 在需要使用证书的主机上生成证书请求，首先在主机 B 上生成私钥，这一个过程与前面根 CA 机构生成私钥的过程是一致的。

(6) 利用私钥文件，生成证书申请文件。

证书存放位置（即证书存放路径）如图 5-6 所示。

(7) 吊销证书

在实际的使用过程中，有很多这样的实例。例如，在使用浏览器访问淘宝的时候，就可以查看淘宝的证书吊销列表，如图 5-7 所示。

图 5-6 证书存放位置

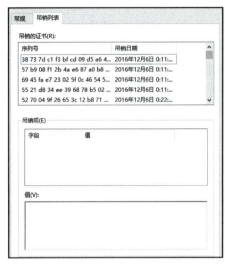

图 5-7 证书吊销列表

# 项目 5.2　SET 协议

在电子商务中的交易过程中以电子化的信息代替纸面信息，必须保证这些信息的时间有效性和内容有效性，必须能确认该信息确是由交易一方签发的。计算机网络安全威胁与 Internet 的安全隐患，使人们很难保证电子商务中的信息有效性。SET 协议较好地解决了电子商务交易活动的安全性问题。

## 任务1　认识 SET 协议

### 【任务描述】

雅鹿公司电商专员小王刚学习了 SSL 协议。SSL 协议和 SET 协议存在哪些差异？SET 协议为什么比 SSL 协议更加安全？这些问题困扰着小王。

请帮助小王解决以上疑惑。

### 【任务分析】

本任务涉及 SET 协议的组成和认证算法、SET 协议分析及应用等知识点。

### 【任务实施】

**1. SET 协议的基本知识**

电子商务交易活动中存在着诸多安全问题，如在网上购物的环境中，消费者希望在交易中保密自己的账户信息，使之不被人盗用；商家则希望消费者的订单不可抵赖，并且在交易过程中，交易各方都希望验明其他方的身份，以防止被欺骗。

为了实现更加完善的电子交易，由美国 Visa 和 MasterCard 两大信用卡组织联合国际上多家科技机构和业界厂商，共同制定了应用于 Internet 的以银行卡为基础进行在线交易的安全标准，这就是"安全电子交易协议"（SET）。

SET 协议是在开放网络环境中的信用卡支付安全协议，SET 协议采用公钥密码体制和 X.509 数字证书标准，主要用于保障网上购物信息的安全性。由于 SET 协议提供了消费者、商家和银行之间的认证，确保了交易数据的安全性、完整可靠性和交易的不可否认性，特别是保证不将消费者的银行卡号暴露给商家，因此成为目前公认的信用卡/借记卡网上交易的国际安全标准。

1) SET 协议的组成

SET1.0 版已经公布并可应用于任何银行支付服务，其主要由 3 个文件组成，分别是 SET 业务描述、SET 程序员指南和 SET 协议描述。SET 规范涉及的范围有：RSA 和 DES 加密算法的应用、证书信息和对象格式、购买信息和对象格式、确认信息和对象格式、划账信息和对象格式、对话实体之间消息的传输协议。

2) SET 协议的目标

(1) 确保信息在 Internet 上安全传输，保证网上传输的数据不被黑客窃取，防止数据被非法用户窃取，保证信息在互联网上的安全传输。

(2) 保证网络交易的实时性，确保订单信息和个人账号信息的隔离，当包含消费者账号信息的订单送到商家时，商家只能看到订货信息，而看不到消费者的账户信息。

(3) 解决多方认证问题，不但对消费者的信用卡认证，还对在线商家认证，实现客户和商家、银行间的互相认证，以确定通信双方的身份，一般由第三方机构负责为在线通信的双方提供信用担保。

(4) 提供一个开放式的标准规范协议和消息格式，要求软件遵循相同的协议和报文格式，使不同厂家开发的软件具有兼容和互操作功能，并且可以运行在不同的硬件和操作系统平台上。

3) SET 协议的认证

SET 协议中主要的证书是消费者证书和商家证书，除了消费者证书和商家证书以外，还有支付网关证书、银行证书、发卡机构证书。

消费者证书是支付卡的一种电子化的表示。消费者证书不包括账号和终止日期信息，而是用单向哈希算法根据账号和截止日期生成的一个码，如果知道账号、截止日期、密码值即可导出这个码值，反之不行。

商家证书就像贴在商家收款台小窗上的付款卡贴画，表示它可以用什么卡来结算。在 SET 环境中，一个商家可以有多对证书，表示它与多个银行有合作关系，可以接受多种付款方式。

消费者可从公开媒体上获得商家的公钥，但消费者无法确定商家不是冒充的（有信誉），于是消费者请求 CA 机构对商家认证。CA 机构对商家进行调查、验证和鉴别后，将包含商家公钥的证书经过数字签名传给消费者。同样，商家也可对消费者进行验证。

CA 机构的主要功能包括：接收注册请求、处理/批准/拒绝请求、颁发证书。在实际运作中，CA 机构也可由大家都信任的一方担当，例如在消费者、商家、银行的三角关系中，消费者使用的是由某个银行发的卡，而商家又与此银行有业务关系。在此情况下，消费者和商家都信任该银行，可由该银行担当 CA 机构的角色，接收、处理消费者证书和商家证书的验证请求。又如，若是商家自己发行的购物卡，则可由商家自己担当 CA 机构的角色。

在双方通信时，通过出示由某个 CA 机构签发的证书来证明自己的身份，如果对签发证书的 CA 机构不信任，则可验证 CA 机构的身份，依次类推，一直到公认的权威 CA 机构处，就可确信证书的有效性。每个证书与签发证书的实体的签名证书关联。SET 证书正是通过信任层次来逐级验证的。例如，C 的证书是由 B 的 CA 机构签发的，而 B 的证书又是由 A 的 CA 机构签发的，A 是权威的机构，通常称为根 CA 机构。验证到了根 CA 机构处，就可确信 C 的证书是合法的。

在网上购物实现中，消费者的证书与发卡机构的证书关联，而发卡机构的证书通过不同品牌卡的证书连接到根 CA 机构，而根的公开密钥对所有的 SET 软件都是已知的，可以校验每个证书。

4) 基于 SET 协议的购物流程

电子商务的工作流程与实际的购物流程非常相似，这使电子商务与传统商务可以很容易地融合，用户使用也没有什么障碍。从顾客通过浏览器进入在线商店开始，一直到所定货物送货上门或所定服务完成，以及账户上的资金转移，所有这些都是通过公共网络（Internet）完成的。如何保证网上传输数据的安全和交易对方的身份是电子商务能否得到推广的关键。这正是 SET 协议要解决的最主要的问题。一个完整的购物处理流程中，SET 协议的工作过程如下：

（1）消费者使用浏览器在商家的 Web 主页上查看在线商品目录，浏览商品。

（2）消费者选择要购买的商品。

（3）消费者填写订单，订单上的内容包括项目列表、价格、总价、运费、搬运费、税费。订单可通过电子化方式从商家传过来，或由消费者的电子购物软件建立。

（4）消费者选择付款方式，此时 SET 协议开始介入。

（5）消费者发送给商家一个完整的订单及要求付款的指令。在 SET 协议中，订单和付款指令由消费者进行数字签名，同时利用双重签名技术保证商家看不到消费者的账号信息。

（6）商家收到订单后，向消费者的金融机构请求支付认可。通过支付网关到银行，再到发卡机构确认，批准交易，然后返回确认信息给商家。

（7）商家发送订单确认信息给消费者。消费者端软件可记录交易日志，以备将来查询。

（8）商家给消费者装运货物，或完成订购的服务。到此为止，一个购买过程已经结束。商家可以立即请求银行将钱从消费者的账号转移到商家的账号，也可以等到某一时间，请求成批划账处理。

（9）商家从消费者的金融机构请求支付。在认证操作和支付操作中间一般会有一个时间间隔，例如在每天的下班前请求银行结一天的账。

前 3 步与 SET 协议无关，从第（4）步开始 SET 协议起作用，一直到第（9）步。在处理过程中，SET 协议对通信协议、请求信息的格式、数据类型的定义等都有明确的规定。在操作的每一步，消费者、商家和支付网关都通过 CA 机构验证通信主体的身份，以确保通信的对方不是冒名顶替。

**2. 安全的电子商务交易模型**

SET 协议是目前广泛使用的一种网络银行卡付款机制，是进行在线交易时保证银行卡安全支付的一个开放协议。SET 协议是保证在开放网络上进行安全支付的技术标准，专门为消费者、商家、发卡银行和收单银行在 Internet 上进行信用卡支付的安全交易提供服务。SET 协议保证消费者信息只有银行才能读取和验证，商家只是提出付款请求、接受付款。SET 协议应用标准的模型如图 5-8 所示。

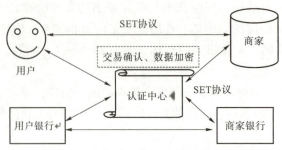

图 5-8　SET 协议应用标准的模型

SET 协议满足了电子商务活动的具体商业要求，具体表现在如下方面：
(1) 提供了可靠传输的支付信息和订货信息；
(2) 保证了传输数据的完整性；
(3) 提供对消费者作用合法性的验证；
(4) 提供商家传输金融信息的正确性的识别；
(5) 应用了最好的技术以保护合法用户；
(6) 创造独立于传输安全机制又不影响使用的开放性协议；
(7) 具有应用于各种软件和系统中的互操作性。

**3. SET 协议在电子商务中的应用**

1) SET 协议的工作流程

SET 协议定义了一个完备的电子支付流程，包括消费者注册申请证书、商户注册申请证书、购买请求、支付认证、获取付款 5 个步骤。SET 支付系统主要由消费者、商家、发卡行、收单行、支付网关及认证机构 6 个部分组成，如图 5-9 所示。

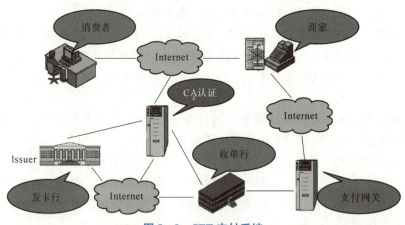

图 5-9　SET 支付系统

SET 协议的工作流程如前文所述。

消费者需要在一条信息中和商户、银行同时相关。这条信息包含订货信息段和支付信息段，它必须满足：订单信息——银行不可看；支付信息（包含银行卡账户信息）——商家不可看。

在信息包中，这两种信息作为一个整体，必须成对出现。

此时应使用双重数字签名来保密信息,此外若为信用卡商家,则还需获得发卡行的授权。具体实现方式如下:

(1) 消费者产生双重数字签名,如图 5-10 所示。

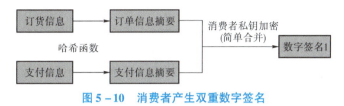

图 5-10　消费者产生双重数字签名

(2) 消费者产生给商家的信息,随机产生 DES1,如图 5-11 所示。

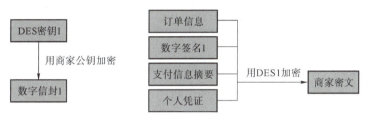

图 5-11　消费者产生给商家的信息

(3) 消费者产生给银行的信息,通过商家转发,如图 5-12 所示。

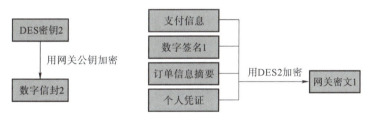

图 5-12　消费者产生给银行的信息

(4) 商家对收到的信息进行解密,如图 5-13 所示。

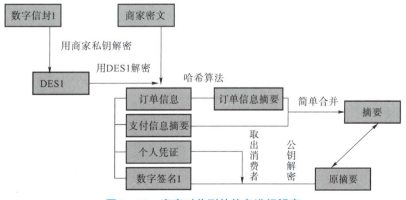

图 5-13　商家对收到的信息进行解密

(5) 商家向银行(发卡行)请求授权(通过网关)并转发消费者给银行的密文,授权信息包括交易信息和金额,随机生成 DES3。

(6) 网关对收到的消费者信息进行解密,如图 5-14 所示。

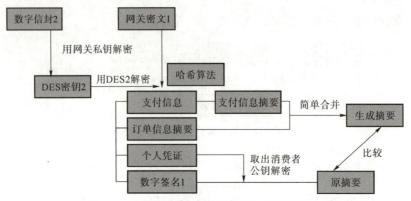

图 5-14 网关对收到的消费者信息进行解密

网关解密获得支付信息通过金融专用资金清算网发往发卡行。

网关反馈给商家和消费者信息的过程也按同样方法完成。

这样,在 SET 交易里,通过消费者、银行、商家的公钥和私钥,以及保证其真实性的数字证书实现了各方之间实时的认证和信息传递。若有网关参与,则银行信息通过网关再转发获得。网关主要进行信息格式变化,起到代理服务器的作用。

若使用借记卡,则商家将消费者的信息转发并取得银行已借记消费者账户信息即可完成下订单、送货等操作。

2) SET 协议与 SSL 协议的比较

SET 协议与 SSL 协议的比较如表 5-1 所示。

表 5-1 SET 协议与 SSL 协议的比较

| 比较内容 | SSL 协议 | SET 协议 |
| --- | --- | --- |
| 工作层次 | 传输层与应用层之间 | 应用层 |
| 是否透明 | 透明 | 不透明 |
| 过程 | 简单 | 复杂 |
| 效率 | 高 | 低 |
| 安全性 | 商家掌握消费者 PI | 消费者 PI 对商家保密 |
| 认证机制 | 双方认证 | 多方认证 |
| 是否专为电子商务设计 | 否 | 是 |

【动手做一做】

(1) SSL 协议和 SET 协议存在的明显差异主要表现在认证要求、部署与应用、购物过程风险责任归属 3 个方面,据此填写表 5-2。

表 5-2 SSL 协议和 SET 协议的差别

| 项目 | SSL 协议 | SET 协议 |
| --- | --- | --- |
| 认证要求 | | |
| 部署与应用 | | |
| 购物过程风险责任归属 | | |

(2) 阅读资料，了解 SET 协议的双重签名技术。

(3) 利用 SET 协议进行网上购物与支付有以下 7 个步骤：

①通过电子商务服务器与在线商店联系，在线商店作出应答，告诉消费者所填订单的货物单价、应付款数、交货方式等信息是否准确，是否有变化。

②消费者对订单和付款指令进行数字签名，同时利用双重签名技术保证商家看不到消费者的账号信息。

③消费者利用计算机通过 Internet 选定要购买的商品，并在计算机上输入订单。订单包括在线商店、购买商品的名称及数量、交货时间及地点等相关信息。

④在线商店接收订单后，向消费者所在银行请求支付认可。信息通过支付网关到收单，再到电子货币发行公司确认。批准交易后，返回确认信息给在线商店。

⑤消费者选择付款，确认订单，签发付款指令。此时 SET 协议开始介入。

⑥在线商店发送货物或提供服务，并通知收单银行将钱从消费者的账号转移到商家账号，或通知发卡银行请求支付。

⑦在线商店发送订单确认信息给消费者。消费者端软件可记录交易日志，以备将来查询。

请问以下（ ）顺序是正确的。

A. ③→⑤→①→④→②→⑦→⑥
B. ③→②→⑤→①→④→⑥→⑦
C. ③→①→②→⑤→⑦→④→⑥
D. ③→①→⑤→②→④→⑦→⑥

## 任务 2　使用 PKI 与证书服务

【任务描述】

(1) 安装 PKI 与证书服务及配置 PKI 与证书服务。

(2) 客户端利用数字证书签名加密邮件。

【任务分析】

了解 PKI 与证书服务的工作原理，熟悉掌握安装 PKI 与证书服务及配置 PKI 与证书服务的方法，具体的知识点如图 5-15 所示。

【知识准备】

### 1. 什么是 PKI

PKI（Public Key Infrastructure）即公钥基础设施，是一种遵循既定标准的密钥管理平

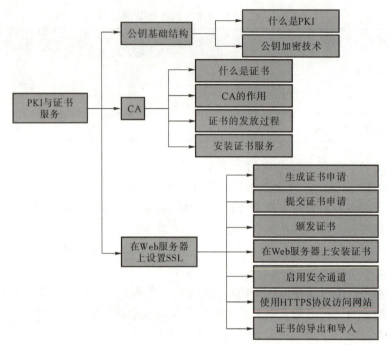

图 5-15 任务 2 的具体知识点

台，它能够为所有网络应用提供加密和数字签名等密码服务及所必需的密钥和证书管理体系。简单来说，PKI 就是利用公钥理论和技术建立的提供安全服务的基础设施。PKI 技术是信息安全技术的核心，也是电子商务的关键和基础技术。

一个典型的 PKI 系统包括 PKI 策略、软/硬件系统、证书机构 CA、注册机构 RA、证书发布系统和 PKI 应用，如图 5-16 所示。

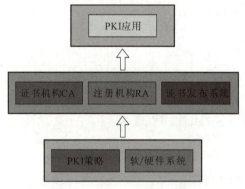

图 5-16 PKI 系统的组成

在安全层次中，PKI 属于应用安全的层次，如图 5-17 所示。

PKI 的基础技术包括数据加密、数字签名、数据完整性机制、数字信封、双重数字签名等。

PKI 体系结构采用证书管理公钥，通过第三方的可信机构 CA，把用户的公钥和用户的其他标识信息（如名称、E-mail、身份证号等）捆绑在一起，在 Internet 上验证用户的身份，PKI 体系结构把非对称密码和对称密码结合起来，在 Internet 上实现密钥的自动管理，保证网上数据的机密性和完整性。

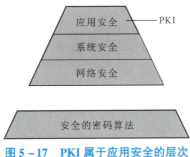

图 5–17　PKI 属于应用安全的层次

**2. PKI 的各种格式标准**

PKI 标准可以分为第一代 PKI 标准和第二代 PKI 标准。第一代 PKI 标准主要包括美国 RSA 公司的公钥加密标准（Public Key Cryptography Standards，PKCS）系列、国际电信联盟的 ITU–T X.509、IETF 组织的公钥基础设施 X.509（Public Key Infrastructure X.509，PKIX）标准系列、无线应用协议（Wireless Application Protocol，WAP）论坛的无线公钥基础设施（Wireless Public Key Infrastructure，WPKI）标准等。第二代 PKI 标准是在 2001 年，由微软、VeriSign 和 WebMethods 三家公司发布的 XML 密钥管理规范（XML Key Management Specification，XKMS）。

1）X.509 格式标准

X.509 是国际电信联盟–电信（ITU–T）部分标准和国际标准化组织（ISO）的证书格式标准。它定义了公钥证书结构的基本标准，是最流行的 PKI 格式标准。

2）PKIX 格式标准

PKIX 是 IETF 组织的公钥基础设施工作组为互联网上使用的公钥证书定义的一系列标准。由于 X.509 标准的巨大灵活性使互操作难以实现，PKIX 希望通过限制允许的选项来提高 PKI 系统间的互操作性。

3）PKCS 格式标准

PKCS 是由 RSA 实验室与其他安全系统开发商为促进公钥密码的发展而制订的一系列标准。PKCS 提供了基本的数据格式定义和算法定义，它们实际是今天所有 PKI 实现的基础。

**3. PKI 的典型应用**

1）通过 PKI 获得交易对方的证书和相关信息

PKI 的证书是由一个可信的权威机构——认证中心颁发的。用户产生了自己的密钥对后，将公钥及部分个人身份信息传送给一家认证中心。认证中心在核实身份后，将执行一些必要的步骤，以确信请求确实由用户发送而来。然后，认证中心将发给用户一个数字证书。数字证书内描述的信息发生变动时，可以申请更新。更新意味着原有数字证书的终止，此外，到期的数字证书也应终止。

2）PKI 服务的实现

（1）PKI 认证服务的实现。PKI 认证服务是使用数字签名来确认身份。其基本过程是向待认证实体出示一项随机质询数据。实体必须用自己的私钥对质询数据签名或者加密。如果质询者能用实体证书中的公钥验证签名或者解密数据，那么实体就被认证了。

PKI 向实体提供全面的认证服务必须满足两个要求：第一是实体甲必须能够准确无误地

得到其希望通信的实体乙的公钥，这是证书的基本目的；第二是在甲没有乙的证书的情况下，甲必须可以从公共的资料库中查询。通过这种方式，两个陌生人能够建立安全通信。

（2）PKI 保密服务的实现。PKI 保密服务采用了类似于完整性服务的机制：交易的甲方首先生成一个对称密钥（使用密钥协商协议），使用对称密钥加密数据（使用对称分组密码），然后将加密后的数据发送给对方。

（3）PKI 不可否认服务的实现。PKI 不可否认服务为当事双方间发生的相互作用提供不可否认的事实。ISO 标准为不可否认服务定义了一组详尽的角色以及不可否认服务的类型，包括源不可否认、交付不可否认、提交不可否认和传输不可否认。

PKI 不可否认服务的实现主要依赖于时间戳，不可否认服务需要安全时间戳来证明某个特别事件发生在某个特定时间或某个数据在特定日期已经存在。另外，不可否认服务还需要与数据认证服务连接，以"打包"成适合于存储的数据结构。这些服务必须与 PKI 的核心服务有机结合。

**【任务实施】**

**1. 创建 PKI 与证书服务器**

搭建工作组环境下的 CA。

使用服务器证书可为不同站点提供身份鉴定并保证该站点拥有高强度加密安全，证书服务器可提供服务器证书。工作组环境下 CA 的搭建，即创建 PKI 与证书服务器和站点。

（1）为 CA 服务器配置静态 IP 地址，如 192.168.1.11，子网掩码为 255.255.255.0。

（2）安装 IIS 服务（注：支持 Web 注册需先安装 IIS 服务，然后再安装证书服务）。选择系统的"控制面板"→"添加或删除程序"选项；单击"添加/删除 Windows 组件"按钮，打开"Windows 组件向导"界面；选择"应用程序服务器"→"详细信息"选项；勾选"应用程序服务器的自组件"→"Internet 信息服务（IIS）"及"启用网络 COM + 访问"选项，单击"确定"→"下一步"→"完成"按钮，至此 IIS 服务安装成功。

（3）安装 CA 服务（即证书服务）。单击"添加/删除 Windows 组件"按钮，选择"证书服务"选项；单击"下一步"按钮，选择"独立根 CA"选项；单击"下一步"按钮，在此 CA 的"公用名称"文本框中输入一个公用名称；单击"下一步"→"完成"按钮即可。

（4）打开 mmc 控制台添加"证书服务"。至此，CA 服务成功启用，即 CA 搭建成功。

**2. 搭建邮件服务器**

（1）在 Windows Server 2003 环境下，安装配置邮件服务器。

①选择"开始"→"管理工具"→"管理您的服务器"选项，打开"管理您的服务器"控制台；

②在控制台中可以看到服务器已经成为的角色，执行"添加或删除角色"命令，开始管理服务器的角色；

③当执行"添加或删除角色"命令时，就会运行配置服务器向导；

④在管理服务器的角色时，可以查看已经安装的服务和支持但没有安装的服务，此时的服务器还不是邮件服务器，选择"邮件服务器（POP3，SMTP）"选项，单击"下一步"按钮；

⑤配置"身份验证方法"及"电子邮件域名"，单击"下一步"按钮；

⑥安装邮件服务 POP3 和 SMTP，最后单击"下一步"→"完成"按钮，安装成功。

(2) 搭建邮件服务器。

①Windows Server 2003 的邮件服务器的功能简单，单击"管理工具"→"POP3"按钮；

②执行"POP3 服务"→"添加邮箱"命令，在弹出的对话框内输入邮箱名（用户名）及密码；

③常用的邮件客户端有 Outlook（或 Outlook Express）及 Foxmail 等，以 Windows XP 的 Outlook Express 为例：第一次运行 Outlook Express 时需要添加邮件账户、设置 POP3 及 SMTP 协议、设置登录邮箱的账户和密码；最好先创建用户再为用户添加电子邮箱。至此，搭建邮件服务器成功。

**3. 客户端利用数字证书签名加密邮件**

(1) 客户机 A、B 申请证书。打开客户端 IE 浏览器输入 CA 服务器的 IP 地址"http://192.168.1.11/certsrv"（根据实际情况输入）；选择"电子邮件保护证书"选项，填写用户识别信息并提交。

(2) 由证书颁发机构（证书服务器）颁发证书。

(3) 客户机 A、B 下载证书，安装证书，交换证书。

查看挂起的证书申请的状态时选"电子邮件保护证书（2019 年 9 月 21 日 9:20:34）"选项，若显示为"证书已经颁发"，则执行"安装此证书"命令。

(4) 客户机 A 用 Outlook Express 对发送邮件签名加密。

当账户选择数字证书时，在账户属性里设置数字证书；发送邮件时有两个按钮：签名和加密。客户机 B 用 Outlook Express 对接收邮件解密验证。因为加密邮件使用对方的公钥，因此，本机获取不了对方的数字证书信息，即获取不了对方的公钥时，会提示无法获取数字证书、不能加密等。在加密前，先互发签名的邮件，让双方获取对方的数字证书信息。如此，客户端对接收邮件解密验证。

实验结果分析：

成功搭建 CA 的结果如图 5-18 所示。

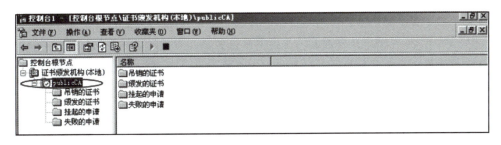

图 5-18 成功搭建 CA 的结果

注意：在安装 CA 服务器选择自己想设置的 CA 类型时，如果自己的计算机是域环境的成员服务器或域控制器就可以安装"企业根 CA"和"企业从属 CA"（在域中的成员可以通过 MMC 和 Web 方式申请证书）。要先安装 IIS，再安装证书服务器，在 IIS 服务器中出现"默认的网站"→"certsrv"之后，可以用"浏览"功能看一下能不能用，如果能用，就打开网址"http://localhost/certsrv/"。

【案例】

## CFCA 解决方案

在行业高速发展的背后，离不开信息安全产品的保驾护航。中国金融认证中心（China Financial Certification Authority，简称 CFCA）是经中国人民银行和国家信息安全管理机构批准成立的国家级权威安全认证机构，是国家重要的金融信息安全基础设施之一。在《中华人民共和国电子签名法》颁布后，CFCA 成为首批获得电子认证服务许可的电子认证服务机构，为第三方支付行业搭建了全方位的信息安全综合服务体系。

通过研发基于国产密码算法的安全应用产品，为第三方支付行业更快、更安全地开展业务提供保障。通过对支付核心、互联系统等重要程序的身份鉴别、数据机密性、完整性、抗抵赖性等需求进行深度分析，总结提炼出第三方支付机构信息安全产品应用框架。部署电子签章系统，可使用多种密码算法的数字证书对电子文件进行签署，实现保护文件完整性、签署行为抗抵赖的功能。信息安全产品应用框架如图 5-19 所示。

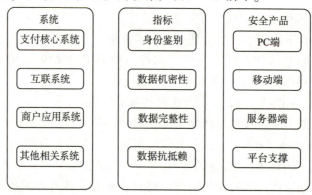

图 5-19　信息安全产品应用框架

CFCA 解决方案在 PC 端的应用：使用加解密组件，实现数据加密后安全传输，并通过多密码算法浏览器，实现客户端与网关通过不同密码算法进行双向认证。

CFCA 解决方案在移动端的应用：使用密码模块可以帮助支付 APP 端与服务器端建立基于多种密码算法的双向 SSL 安全通道，并提供数据加密、交易过程防篡改、抗抵赖等功能。

CFCA 解决方案在服务端应用：部署支持多种密码算法的 SSL 网关及服务器证书，可实现服务端与客户端进行 SSL 通讯，保障传输层的通道安全。

CFCA 广泛应用包括云闪付、财付通、易宝支付等众多支付机构。作为国家重要的金融信息安全基础设施，CFCA 将继续肩负保障支付行业信息安全的使命，敏锐捕捉行业需求变化，深入破解各环节痛点，着力为行业创新发展提供更多有益的产品及服务，连接行业更远的未来。

## 实验五　电子商务安全协议

思政元素 19

### 一、实验目的

了解网上银行业务；了解电子商务网上交易的流程与原理；了解电子商务网上支付需注意的安全问题；了解电子钱包、电子信用卡在网上支付中的功能及使用过程，并思考应如何做好网上支付的安全防范；通过使用 SET 电子钱包进行网上购物来加深对 SET 协议的理解。

## 二、实验内容

（1）了解银行网上业务，分别登录招商银行（www.cmbchina.com）、中国银行（www.boc.cn）、中国工商银行（www.icbc.com.cn）、中国建设银行（www.ccb.com）的网站，了解其开展的网上个人业务和企业业务，特别是招商银行的"一卡通"业务。

（2）了解网络银行如何解决网上支付的安全问题。

（3）登录淘宝网，了解支付宝，并上网查询目前主要的第三方支付平台有哪些、大的网上商城采用的网上支付方式有哪些。

（4）了解手机银行及其支付方式。

（5）了解 SET 协议与 SSL 协议产品的应用领域与解决方案。

## 三、实验软件

Windows 操作系统、IE 浏览器、个人网上银行专业版等。

## 四、实验步骤

### 1. 了解银行网上业务

登录招商银行(www.cmbchina.com)、中国银行（www.boc.cn）、中国工商银行（www.icbc.com.cn）、中国建设银（www.ccb.com）行的网站，了解其开展的网上个人业务和企业业务。

（1）通过列表方式，从账务查询、网上支付、转账汇款、自助缴费、信用卡等方面，比较并分析各银行网上个人业务的特点。

（2）通过列表方式，从存贷款、投资理财、票据、贸易融资、外汇理财、资金划转、资金管理等方面分析各银行网上企业业务的特点。

### 2. 浏览各大网络银行的网上支付功能开通的演示

亲自体验，叙述个人网络银行支付模式的流程，并将重要步骤的截图贴在实验报告上。

1）办理招商银行"一卡通"业务

到当地招商银行办理"一卡通"业务，并存入一定金额的存款，体验招商银行网络银行业务。

2）支付卡申请

首先打开招商银行的网站（http：//www.cmbchina.com）。选择大众版登录。

选择开户行所在地并确认，进入登录页面。

在登录页面中输入卡号、查询密码以及系统随机生成的附加码，登录账户。因为是第一次登录，所以需要申请支付卡，选择"支付卡申请"选项，进入"责任条款说明"页面。在新页面种选择接受责任条款，单击"确定"按钮进入申请页面。

在页面中按要求输入各项内容，单击"申请"按钮系统就产生网上支付卡卡号，以后就可以用它进行网上支付。

3）网络银行业务

先进入登录页面。在登录页面输入卡号、查询密码以及系统产生的随机附加码，进入账户。

在个人账户下，可以进行的业务操作包括基本账户信息显示、当天账务查询、历史账务查询、财务分析、定活互转、卡折互转、支付卡转账、银证转账、支付卡号查询、密码修改、挂失等，它显示于屏幕的左方。在此只演示支付卡转账业务。因为有了支付卡号以后，必须向支付卡里"圈钱"，支付卡在线支付的前提条件是卡里有足额的电子货币。选择"支付卡转账"选项，进入转账页面。

这时页面显示两种转账业务：一种是从"一卡通"往支付卡转账；另一种是从支付卡往"一卡通"转账。选择业务类型，并按要求输入相应的选项，单击"转账"按钮即可完成相应的操作。当支付卡里有了一定的电子货币之后，就可以用来在线消费了。

## 课后练习题（五）

**一、填空题**

1. SSL 协议又称为 _____。在 SSL 协议中，采用了 _____ 和 _____ 两种方法进行加密。

2. SET 支付系统主要由 _____、_____、_____、_____、_____、_____ 6 个部分组成。

3. PKI 的基础技术包括 _____、_____、_____、_____、_____。

4. SET 定义了一个完备的电子支付流程，由 _____、_____、_____、_____、_____ 5 个步骤组成。

**二、选择题**

1. SSL 协议包含的主要子协议是记录协议和（　　）。

   A. AH 协议和 ESP 协议

   B. AH 协议和握手协议

   C. 警告协议和 ESP 协议

   D. 警告协议和握手协议

2. 以下关于 SSL 协议的叙述中，错误的是（　　）。

   A. 是一种应用层安全协议（介于传输层与应用层之间）

   B. 为 TCP/IP 连接提供数据加密

   C. 为 TCP/IP 连接提供服务器认证

   D. 提供数据安全机制

3. SSL 协议和 SET 协议存在的明显差异主要表现在（　　）方面。

   A. 认证要求　　　　　　　　　B. 部署与应用

   C. 购物过程风险责任归属　　　D. 技术应用

4. 以下关于 SET 协议特点的描述中，错误的是（　　）。

   A. SET 协议已经成为目前公认的最成熟的应用层电子支付安全协议

   B. SET 协议采用数字信封技术保护交易中数据交换的秘密性

   C. SET 协议通过信用卡实现对消费者、商家的身份认证

   D. SET 协议通过数字签名保证系统内部交换信息在传输过程中不被篡改与伪造

5. SET 协议运行的目标主要有（　　）。

   A. 保证信息在互联网上安全传输

   B. 保证电子商务参与者的相互了解

   C. 提供商品或服务

D. 通过支付网关处理消费者和商家之间的交易付款问题

6. SET 标准的安全程度很高，它结合了数据加密标准（DES）、RSA 算法、SSL 协议和安全超文本传输协议（S-HTTP），采用信息摘要技术保证了信息的(　　)。

A. 完整性　　　　　　　　　　B. 交易双方的身份认证
C. 不可否认性　　　　　　　　D. 真实性

7. SET 协议涉及的对象不包括(　　)。

A. 消费者　　　B. 在线商店　　　C. 收单银行
D. 物流中心　　E. 认证中心

8. 以下关于 SET 协议的叙述，正确的是(　　)。

A. SET 协议是基于传输层的协议
B. SET 协议使用 RSA 算法保证数据的完整性
C. SET 协议允许商家看到消费者的账户和密码信息
D. SET 协议简单，使用成本较低

### 三、简答题

1. 简述 PKI 的定义和作用。
2. 简要写出 SSL 协议和 SET 协议内容，及其在电子商务安全的应用场合。

# 模块六

# 电子支付安全

党的二十大报告指出,"加快发展数字经济,促进数字经济和实体经济深度融合。"疫情防控期间,运用数字技术创新普惠金融服务模式,以数字普惠金融助力疫情防控和企业复工复产显出独特魅力。目前,我国《"十四五"国家信息化规划》提出"数字普惠金融服务"优先行动,为金融服务实体经济增长,在高质量发展中实现共同富裕明确了方向。

电子商务正朝着移动化的方向发展,电子支付的飞速发展带来的安全问题日益突出。电子支付安全,已经成为制约电子商务发展的"瓶颈"。

党的二十大报告指出,"加强和完善现代金融监管,强化金融稳定保障体系,依法将各类金融活动全部纳入监管,守住不发生系统性风险底线"。金融的本质是处理好信用、杠杆与风险三者之间的关系,更好地为实体经济服务。当前,我国金融市场开放度的提升与随之而来的金融风险攀升步伐并进,因此,维护好稳增长与防风险的动态平衡,这本身就是金融高质量服务实体经济发展的应有思维。

电子支付又称网上在线支付,是网络交易中的无纸化电子结算手段。电子支付安全的内容如图6-1所示。

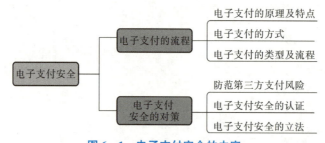

**图6-1　电子支付安全的内容**

【知识目标】

1. 了解电子支付的安全机制
2. 了解电子商务交易中的安全风险
3. 了解第三方支付存在的安全风险
4. 了解移动支付的流程和安全机制

## 【技能目标】

1. 会电子商务经营活动中保护个人隐私
2. 能够主动防范第三方支付和跨境支付风险

## 【素质目标】

1. 培养电子支付的安全防范意识
2. 增强个人隐私的防范意识

# 项目 6.1　电子支付的安全机制

电子支付对电子商务具有重要的作用，是"资金流"的中心环节，只有确保电子支付的安全才能使电子商务安全健康地发展。本项目介绍如何保障电子支付的安全。

## 任务 1　了解电子支付

### 【任务描述】

支付宝曾被爆出存在安全漏洞，用户容易被不法分子获取付款资料，造成金钱上的损失。支付宝系统以二维码作为收费认证，用户需要把二维码传递给店员扫描。不法分子可侵入用户手机，控制手机前置镜头，在店员扫描时，拍下扫描器倒影下的二维码。不法分子拍下原图的倒影后，可修复并复制成与原图一样的二维码。不法分子可利用此条码在另一地方即时作收款用途。

雅鹿公司电子商务部总监要求小王写一篇分析报告，分析电子支付过程中的风险及防范方法。请帮助小王完成这一任务。

### 【任务分析】

本任务涉及的知识点包括我国电子支付的发展历程、电子支付的类型、网络银行等。

### 【知识准备】

#### 1. 支付网关的概念

支付网关（Payment Gateway）是银行金融网络系统和 Internet 之间的接口，支付网关是将 Internet 上传输的数据转换为金融机构内部数据的一组服务器设备，或由指派的第三方处理商家支付信息和消费者的支付指令。

#### 2. 支付网关的作用

支付网关可确保交易在 Internet 用户和交易处理商之间安全、无缝地传递，并且无须对原有主机系统进行修改。它可以处理所有 Internet 支付协议、Internet 安全协议、交易交换、信息及协议的转换以及本地授权和结算处理。另外，它还可以通过设置来满足特定交易处理系统的要求。离开了支付网关，网络银行的电子支付功能也就无法实现。

#### 3. 支付网关的具体功能

支付网关将 Internet 传来的数据包解密，并按照银行系统内部的通信协议将数据重新打包；接收银行系统内部传回的响应消息，将数据转换为 Internet 传送的数据格式，并对其进行加密。支付网关主要完成通信、协议转换和数据加解密功能，保护银行内部网络。

**【任务实施】**

### 1. 我国电子支付的发展历程

我国电子支付的发展经历了以下 3 个阶段：

第一阶段：网银时代。在 2003 年以前，我国的电子支付发展较为缓慢，主要参与方为各大银行机构，支付方式以网上银行为主。

第二阶段：第三方支付机构崛起时代。在 2003 年以后，以支付宝为代表的第三方支付机构涉足支付业务，电子支付市场开始快速发展。

第三阶段：全面移动支付时代。2010 年，随着移动智能终端的普及，各大银行开始推出手机银行 APP；同时，以支付宝、微信为代表的互联网巨头纷纷发力移动支付市场，依靠其强大的线上生态场景优势抢占市场份额。2016 年，我国电子支付交易规模接近 2 500 万亿元人民币，在国家金融体系中占据了举足轻重的地位。

### 2. 电子支付的类型

电子支付按照机构类型的不同可划分为 3 种：商业银行支付、第三方支付、中国银联支付。消费者在付款的时候，其实就用到支付机构的两个产品，第一步用到的是支付网关产品，第二步用到的是银行的网银渠道。通过支付网关和网上银行进行支付的方式比较快捷，消费者的货款可以实时转到商家的账户，加快了资金周转速度。

1）商业银行支付模式

我国最早推出网上支付的机构是商业银行。商业银行支付系统由各家商业银行自行开发，制定有统一的接口标准。在第三方支付产生以前，支付清算体系是客户与商业银行建立联系，客户必须与每一家商业银行建立联系，支付清算的效率较低。

2）第三方支付模式

第三方支付是非金融机构通过与商业银行合作构建具备相应信用能力的交易平台，作为收、付款人的支付中介，提供相关的资金中转服务。在这一过程中，非金融机构仅作为资金流转的通道，不享有资金的所有权。

第三方支付主要指商业银行支付和中国银联支付之外的支付平台，可实现与各商业银行的直连。目前常见的第三方支付平台有支付宝、网银在线、腾讯财付通等。第三方支付诞生后，客户可以与第三方支付公司建立联系，第三方支付公司代替客户与商业银行建立联系，这是目前最为常见的支付模式，如图 6-2 所示。

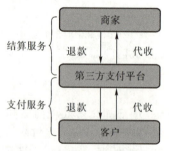

图 6-2 第三方支付模式

《非银行支付机构网络支付业务管理办法》（中国人民银行公告〔2015〕43 号）规定：第三方支付机构不属于金融机构，并不具有银行的性质。从 2018 年 6 月 30 日起，要求第三方支付机构受理的涉及银行账户的网络支付业务，必须断开与银行的直连，全部通过网联平台处理。

3）中国银联支付模式

中国银联支付由中国银联与商户服务器连接，商户并不与发卡的商业银行连接，银联通过现有的银联收单系统实现各发卡行与商户间的资金结算。通过销售点（POS）终端等为银行卡特约商户代收货币资金，银联的POS收单是最常见的银行卡收单服务。

与其他担保交易提前划款给第三方账户不同，"银联在线支付"的金融级预授权担保交易，是在消费者自有银行账户内冻结交易资金，免除利息损失和资金挪用风险，最大化地保证银行、商户和消费者的权益。

**3. 网络银行**

与传统银行或传统电子银行相比，网络银行的特点和风险如下。

1）网上银行的特点

网络银行可以提供除现钞以外的所有银行服务，并且与传统银行的营销渠道和服务方式相比较，网络银行对于企业和银行来说具有三大共同优势：跨越时空，有利于扩大业务规模；节约时间，有利于提高劳动效率；降低费用，有利于增强创业能力。

(1) 低成本和低价格的优势。网络银行的创建费用只相当于传统银行开办一个小分支机构的费用，业务成本低。就银行一笔业务的成本来看，互联网交易成本仅为手工交易单位成本的1%。

网络银行的运营成本比较低，可提供较传统银行高的存款利率。不仅如此，通过网络电子确认系统，还可避免诈骗和损失。电子支票不仅消除了支票诈骗的可能性，而且节省了处理大量纸制支票的费用和时间。

(2) 互动性与持续性服务的优势。网络银行系统与客户之间可以通过电子邮件、账户查询、贷款申请或档案的更新等途径，实现网络在线实时沟通，客户可以在任何时间、任何地点通过Internet得到银行的金融服务。银行业务不受时空限制，每天可向客户提供24小时不间断服务。

(3) 私密性与标准化服务的优势。网络银行通过私钥与公钥两套加密系统对客户进行隐私保护。网络银行提供的服务比营业网点更标准、更规范，避免了工作人员的业务素质高低及情绪好坏所带来的服务满意度的差异。

(4) 业务全球化的优势。网络银行是一个开放的体系，是全球化的银行。网络银行利用Internet能够提供全球化的金融服务，可以快捷地进行不同语言文字之间的转换，为银行开拓国际市场创造了条件。传统银行是通过设立分支机构开拓国际市场的，而网络银行只需借助Internet，便可以将其金融业务和市场延伸到全球的每个角落，把世界上每个公民都当作自己的潜在客户去争取。网络银行无疑是金融运营方式的革命，它使银行竞争突破国界变为全球性竞争。网络银行最大的优点在于虚拟性，整个交易过程几乎全部在网上完成，突破了时间和空间的限制，但是这种虚拟性的达成依赖于自动化程度较高的技术和设备。

2）网络银行的风险

网络银行业务除了面临着传统银行业务的一切风险，如信用风险、市场风险、流动性风险、交易风险、法律风险、外汇风险、战略风险、信誉风险等之外，又产生了一些新的风险和问题，如网络交易的安全风险、资金转移中严重的操作风险和潜在债务、消费者权益保护的问题等。

企业网络银行是通过Internet或其他公用信息网，将客户的计算机终端连接至银行主机，实现将银行服务直接送到客户办公室、家中或出差地点的银行对公服务系统，使客户足不出户就可以享受银行的服务。企业网络银行的网上作业成本低,没有庞大的分支网络,也没有数以千计的雇员,因此可以把从这些方面节省下来的开支变成储蓄的高收益率,传递给客户。

【动手做一做】

下载和安装网络银行演示版,了解企业网络银行的各项业务:账务查询、内部转账、对外支付、代发工资、信用管理、定/活期存款互转、网络支付、集团支付等。其涵盖了现有的银行对公业务。

下载和安装网络银行的客户端软件,了解企业网络银行的使用方法,体验客户端软件上提供的各项业务。与传统银行或传统电子银行相比较,体验使用企业网络银行的优势。

## 任务2 防范电子商务交易风险

针对各种电子商务风险,最为关键的防范措施是准确识别交易风险,特别是识别交易对方的身份。在电子商务风险中,交易风险是由网络交易的虚拟化造成的。

思政元素20

【任务描述】

广东省公安机关在侦办一起合同诈骗案件时,发现一起不法分子利用支付平台从事虚假交易实施诈骗的案件。

犯罪嫌疑人吴某、文某、曾某等人虚构现货交易平台,通过第三方支付机构将被骗群众账户的亏损资金转移至犯罪嫌疑人所控制账户非法牟利。初步统计两个平台涉及受害群众近4 000 名,涉案金额为 1 亿余元。与以往虚假大宗现货交易平台直接收取被害人资金、修改数据侵吞钱款的手法相比,这种方式更加隐蔽和难以打击。

雅鹿公司电子商务部总监要求小王分析并总结电子商务交易过程中的风险及防范方法。请帮助小王完成这一任务。

【任务分析】

此任务涉及的知识点有电子支付的类型及其涉及的有关法律问题、电子商务交易风险等。

【任务实施】

### 1. 电子支付的类型及其涉及的有关法律问题

电子商务交易风险分为交易平台的风险和交易双方的信用风险两类。需要通过一定的技术手段认证交易信息,如数据加密、数字签名、数字证书等技术。

电子支付的应用场景如图 6-3 所示。

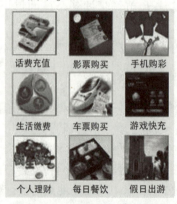

图 6-3 电子支付的应用场景

1）电子支付的类型

电子支付的类型见任务1，这里不再赘述。

2）电子支付涉及的有关法律问题

法律地位的确立是规范电子支付行为和信用社会建立的基础。支付安全技术是人们对电子商务置信度的信心保证，当前电子支付应着重解决的电子商务法律和法规方面的问题，一个完整的体系包括：数字签名法规、电子凭证法规、电子文件公证法规、电子商务商家法规、网上个人隐私保护法规、网上知识产权保护法规、电子商务安全法规等。

**2. 电子商务交易风险防范**

1）资金安全风险防范

（1）使用网络银行交易的资金安全风险防范。使用个人网络银行，关键是不断加强自我保护，提高安全防范意识，采取必要的手段与保障措施防止资金损失，需做到"三要三不要"。

"一要"：保管好卡号、密码和个人客户证书，尤其是注册卡卡号和登录密码，这是登录网络银行系统时银行鉴别客户身份的唯一标志。如果被他人取得卡号、密码，也就等于向他人敞开了保险箱，要将登录密码、支付密码与证书密码设为不一样的数字和字母组合（组合很重要，单纯的数字或字母比较容易被黑客破解），并经常更改。

"二要"：注意网络银行使用中系统的提示。登录个人网络银行系统时，如果系统提示前次登录时间、交易过程中有任何异常情况，都应该高度重视，仔细查看交易明细。

"三要"：安装正规的杀毒软件，及时升级病毒库，定期检测系统。

"一不要"：尽量不要在公共场所（如网吧）使用网络银行，因为没有办法知道这些计算机是否这安装了监测程序。

"二不要"：使用完毕后应该正确退出网络银行，不要随意关闭浏览器窗口，要单击网络银行操作页面上的"退出"按钮正常退出系统，不要在没有完全退出网络银行服务前离开计算机。

"三不要"：不要使用计算机的自动记忆功能。在第一次登录网络银行时，浏览器可能会询问是否记住登录信息，如选"是"则浏览器就记住了用户名与密码。强烈建议不要使用这项功能。

（2）第三方支付的资金安全风险防范。

第三方支付平台在提供支付中介和信用中介服务的过程中，会在自身账户中滞留两类资金：结算在途资金和虚拟账户资金。第三方支付平台在提供网络支付服务的过程中，对于不通过客户虚拟账户而直接从银行账户划账完成结算的支付服务，在网上消费者完成付款，但第三方支付平台尚未将款项结算给交易成功的商家时，消费者支付的款项就暂时滞留在第三方支付平台的银行账户中；对于同时提供信用中介服务的第三方支付平台来讲，由于第三方支付平台只在消费者确认收货后才把货款转移到商家开立的虚拟账户中，则资金在第三方支付平台中滞留的时间较单纯的银行支付通道更长。这两种情况都会产生大量在途资金，与银行结算业务中的在途资金类似。

与第三方支付相关的法律、法规有《中华人民共和国反洗钱法》《金融机构反洗钱规定》《支付清算办法》《非金融机构支付服务管理办法实施细则》《电子支付指引》《电子银行业务管理办法》《电子银行安全评估指引》《电子签名法》《计算机信息网络安全保障条例》等。

《中华人民共和国反洗钱法》第三条规定，在中华人民共和国境内设立的金融机构和按照规定应当履行反洗钱义务的特定非金融机构，应当依法采取预防、监控措施，建立健全客户身份识别制度、客户身份资料和交易记录保存制度、大额交易和可疑交易报告制度，履行反洗钱义务。

2)欺诈风险防范

涉及反欺诈的主要法律有《消费者权益保护法》和《刑法》。

中国电子商务欺诈信息举报中心由中国电子商务法律网于 2005 年 11 月 15 日成立,履行受理消费者投诉案件和公开警示欺诈性网站等职责。

### 3. 快捷支付风险防范

1)快捷支付的概念及特点

快捷支付是指用户在购买商品时,不需要开通网银,只需要提供银行卡卡号、开户名、手机号码等信息,银行验证手机号码正确后,第三方支付机构发送手机动态密码到用户手机上,用户输入正确的手机动态密码,即可完成支付。快捷支付是始于 2013 年的一种支付方式,具有方便、快速的特点。

开通快捷支付业务并不烦琐,只需在支付机构的快捷支付页面提供本人的姓名、身份证号、银行卡卡号以及银行预留手机号等有效个人信息,即可快速开通,而后期支付时也无须经过原有银行卡的支付密码验证,只需在支付页面上输入支付密码或关联银行卡信息即可完成资金交易。

当用户保存了银行卡信息后,则用户下次支付时,只需输入第三方支付的支付密码或者支付密码及手机动态密码即可完成支付。

快捷支付的特点如表 6-1 所示。

表 6-1 快捷支付的特点

| 与网络银行的比较项目 | 特点 |
| --- | --- |
| 是否跨终端、跨平台 | 可跨终端、跨平台、跨浏览器支付 |
| 支持的支付终端 | 支持 PC、手机、电话、平板电脑、电视等终端 |
| 操作的方便性 | 操作方便,只需要银行卡信息、身份信息以及手机就能支付,无须使用 U 盾 |
| 是否向银行申请开通网络银行服务 | 快捷支付用户无须开通网络银行服务 |

2)快捷支付的风险

快捷支付的缺点是支付时验证不足,会导致客户资金安全问题。在快捷支付业务模式下,银行的服务界面被屏蔽在客户的支付流程之外,银行从用户支付结算的前台,退到了代理第三方清算的后台,只扮演"账房先生"的角色,被动地处理来自支付机构的指令,不再认证用户的身份,不再掌握用户的支付行为。

案例 1:使用快捷支付,客户资金被盗。

托人代办信用卡的李先生,由于将银行预留手机号码、身份证与储蓄卡的高清照片都泄露给了骗子,尽管存款当天便迅速去银行柜面关闭网络银行并更改预留联系方式,但仍未能避免 3 日后卡内现金被盗刷而空的命运。更让李先生气愤的是,此次快捷支付扣除他的款项,竟无须经过他的银行卡支付密码的验证。

对于为何支付转账等流程要越过银行卡支付密码验证的环节,支付机构方面表示:"这是国际上的规定和惯例,不允许在网上支付的时候输入银行卡密码。"

**4. 二维码扫描支付安全风险防范**

1) 二维码生成原理

在代码编制上巧妙地利用构成计算机内部逻辑基础的"0""1"比特流的概念，使用若干个与二进制相对应的几何形体来表示文字数值信息，通过图像输入设备或光电扫描设备自动识读以实现信息自动处理。在许多种类的二维码中，常用的码制有：Data Matrix、MaxiCode、Aztec、QR Code、Vericode、PDF417、Ultracode、Code 49、Code 16K 等。

二维码是比一维码更高级的条码格式。一维码只能在一个方向（一般是水平方向）表达信息，而二维码在水平和垂直方向都可以存储信息。一维码只能由数字和字母组成，而二维码能存储汉字、数字和图片等信息，因此二维码的应用领域更加广阔。

2) 二维码的特点

二维码的外观是一个由许多小方格所组成的正方形或矩形，其以二元码方式编码，计算机可直接读取内容，利用成串的浅色与深色方格来描述特殊的字符信息，这些字串再列成一个完整的矩阵式码，形成二维码，再印在不同材质的表面上。由于二维码只需要读取图像的 20% 即可精确辨读，因此很适合应用在条码容易受损的场所。

二维码的尺寸可任意调整，最大可为 14 平方英寸①，最小可为 0.000 2 平方英寸。不像条形码，二维码的尺寸与其编入的信息量是相互独立的，因此它的尺寸比较有弹性，每个二维码由规则排列的矩形模块构成的数据区域组成，数据区域的四周由定位图形所包围，定位图形的四周则由空白区域包围，数据区域再以排位图形加以分隔。

3) 编码模式

二维码对物品的描述，是通过一定的数据信息转化方法，将描述物品的数字、字母、符号、文字、图形等信息转化为数据码字流，对于不同的数据信息，每种码制都会提供相应的数据编码模式来实现数据信息的转换。主要的数据编码模式包括数字编码模式、文本字母编码模式以及字节编码模式等，分别用于对数字信息、字符集和扩展字符集中的字符信息以及文字和图像信息编码。

在制作二维码的过程中，先分析要表示的数据，选取合适的编码方案，按所选定的方案将数据流转为字码流，并加入必要的填充字段，如果未规定矩阵尺寸，应该选取能存放数据的最小尺寸。二维码共有 6 种编码方案，即 6 种字码集。

4) 二维码的安全性

二维码的安全技术可以分为：数字加密技术、PKI 公钥加密技术、RSA 加密技术。

5) 二维码的生成方法

(1) 二维码的第一种生成方法是使用浏览器生成二维码。打开最新版的 Firefox 浏览器，可以看到在地址栏旁边有一个二维码图标，单击该图标就会显示一个可以扫描的二维码。

(2) 二维码的第二种生成方法是通过工具或其他网站在线生成二维码。在百度搜索引擎中搜索"二维码"，可以看到很多相关工具，如图 6-4 所示。

选择一个在线生成二维码的工具。打开在线生成二维码的工具，选择"网址"选项卡，输入网址，会自动生成一个二维码图片，如图 6-5 所示。

---

① 1 平方英寸 = 0.000 645 2 平方米。

图 6-4　在线生成二维码的工具

图 6-5　生成二维码图片

【动手做一做】

(1) 电子支付方式的比较。

按照支付工具的不同,电子支付分为电子现金支付、电子钱包支付、电子支票支付三种,请填写表 6-2,比较它们各自的优缺点。

表 6-2　电子支付方式的比较

| 电子支付种类 | 优点 | 缺点 |
| --- | --- | --- |
| 电子现金支付 | | |
| 电子钱包支付 | | |
| 电子支票支付 | | |

(2) 通过列表形式比较并分析各银行网络信用卡业务的特点,并记录到实验报告中,

如表 6-3 所示。

表 6-3　比较并分析各银行网络信用卡业务的特点

| 特点 | 招商银行 | 中国银行 | 中国工商银行 | 汇丰银行 |
|---|---|---|---|---|
| 简明 | | | | |
| 易用性 | | | | |
| 安全性 | | | | |
| 其他 | | | | |

（3）对于网络购物，作为消费者你愿意采用哪种支付方式？你认为最不安全的支付方式是哪种？为什么？

## 任务 3　防范跨境支付风险

【任务描述】

党的二十大报告指出："有序推进人民币国际化"。从"稳慎推进"到"有序推进"，表明人民币国际化已从探索和积累经验的稳慎阶段，步入制度设计与行动的有序推进新阶段。有序推进人民币国际化，既是在今年国际货币格局系统性缺陷深度暴露、美联储货币政策外溢效应放大形势下，我国统筹发展和安全的考量，也是在"双循环"新发展格局中促进贸易投资便利化，推动人民币跨境支付系统，支持实体经济高质量发展的需要。

虽然跨境电商结算支付方式越来越多、越来越方便，但在信息传送过程中可能会出现系统故障造成支付信息丢失等，从而影响电子支付的安全性。请使用百度搜索引擎查找跨境支付存在的安全问题及其相应的对策。

【任务分析】

随着跨境支付交易规模的高速增长，跨境支付的安全问题一直是移动支付快速推广的"瓶颈"。本任务涉及的知识点包括跨境支付的模式、风险以及跨境支付安全风险防范等。

【任务实施】

在阿里速卖通、eBay、亚马逊、Wish 等各类跨境电商平台上，中国卖家已经占据了半壁江山，而同时中国跨境电商产业也在如火如荼地发展。以阿里速卖通为例，根据阿里巴巴官方统计，"双十一"当天创下 2019 年订单峰值的新纪录，达到 54.4 万笔/秒，交易金额达到 2 676 亿，与 2018 年同比增长了 155%，共吸引了来自 230 个国家的 621 万用户消费。然而在中国跨境电商产业红火的同时，跨境支付过程中的风险已经成为制约中国跨境电商产业能否更好、更快发展的重要因素。

**1. 跨境支付的类型及面临的风险**

1）跨境支付的概念

简单来说，跨境支付就是中国消费者在网上购买国外商家的产品或国外消费者在网上购买中国商家的产品时，由于币种不同，需要通过一定的结算工具和支付系统实现两个国家或地区之间的资金转换，最终完成交易。

目前全国跨境进口电商平台快速发展，跨境进口电商平台主要有三类：（1）电商巨头设立的跨境电商平台，如亚马逊海外购、天猫国际、淘宝全球购、唯品国际、京东全球购、聚美极速免税店、国美海外购、苏宁易购海外购等；（2）独立运营综合型跨境进口电商平台，如网易考拉海购、洋码头、丰趣海淘、寺库、走秀网、小红书、达令、波罗蜜、冰帆海淘、摩西、hai360海外购、西集网、86mall等；（3）垂直型跨境进口电商平台，如蜜芽、宝宝树（美囤妈妈）、宝贝格子、孩子王、美美箱等。

2）跨境支付的类型

跨境支付包括收单、汇款和结售汇三个业务大类。传统的跨境支付方式包括银行电汇和专业汇款公司支付，专业汇款公司以西联汇款和速汇金为代表，汇款流程更加简便，到账时间更短。

我国的跨境支付业务已形成群雄逐鹿的格局，包括电汇、银联国际支付、国际信用卡支付以及第三方支付四大业务模式，它们不同的应用场景中各显其能。

跨境支付的四大业务模式的比较如表6-4所示。

表6-4 跨境支付的四大业务模式的比较

| 跨境支付的类型 | 模式特点 | 应用场景 | 优、缺点 |
| --- | --- | --- | --- |
| 银行电汇 | 传统进出口贸易跨境支付方式，一般通过SWIFT通道传输数据。适用范围：银行电汇是传统的B2B付款模式，适合大额的交易付款 | 跨国银行间往来 | 优点：汇款流程简便，到账时间快。缺点：先付款后发货，外国人容易产生不信任；客户群体小，限制商家的交易量；手续费高 |
| 银联国际支付 | 采用EMV标准，海外成员行可通过银联国际的体系和中国进行资金清、结算 | 线下POS刷卡 | 使用范围广、覆盖币种全 |
| 国际信用卡支付 | 以VISA、MASTER为主，包括两大类交易：线下POS及在线MOTOR | 线上海淘交易 | 优点：欧美最流行的支付方式，信用卡的用户群非常庞大；缺点：接入方式麻烦、需预存保证金、收费高、付款额度偏小、存在拒付风险 |
| 第三方支付 | 需拥有支付牌照和支付许可证，可进行全链条交易，实现业务化零为整，监管化整为零 | 以留学生为代表的B2C小额跨境支付 | 优点：行业领域当中的认可度高，服务性强；缺点：第三方支付平台监管缺乏力度，第三方支付企业是非银行机构，不适用银行机构的监管体系，这也使第三方支付行为得不到有效监督 |

3）跨境支付面临的风险

跨境支付面临的风险主要有以下方面：

（1）跨境支付欺诈风险。跨境支付欺诈是很多跨境电商都遭遇过的问题，给企业带来了不小的损失。因担心欺诈风险而拒绝潜在客户的案例更是比比皆是，这些都严重影响了企业的发展和客户的体验。因为在跨境电商主流消费市场，欧美国家的信用卡普及率非常高，当地消费者也习惯通过信用卡消费，所以各跨境电商企业通常都会接受国际卡组织 Visa 或 MasterCard 发行的信用卡。目前通行的互联网支付方式大致可以分为凭密支付和无密支付，凭密支付一般需要发卡行、收单行等多方验证及支持，成功授权的失败率比较高，尤其是在美国等习惯无密支付的国家，授权失败率高达 50%。为了降低授权失败率，提升用户的支付体验，大多数跨境电商企业倾向于无密支付，用户只需输入卡号，有效期及 CVV2 即可完成支付流程。这种方法虽然提高了支付的成功率，但也极大地方便了犯罪分子的交易欺诈。

另外，跨境支付交易的风险管理还得承受全天 24 小时来自全球犯罪分子的攻击。一系列的跨境支付欺诈风险都给跨境支付交易的风险管理带来了巨大的挑战。

（2）跨境支付交易风险。因为跨境支付的整个交易流程涉及各方主体的交互，所以跨境支付交易风险也是跨境支付健康发展的一大痛点。

跨境支付交易风险主要分为两类。一类是第三方支付机构本身发生的不合规交易带来的交易风险。目前跨境电商还是跨境贸易的一种新型业态，第三方支付机构在国家还没有出台具体的跨境电子商务法律法规之前，可能会以追求利益最大化的原则，不按照规定审核客户的身份信息。这在一定程度上会造成主体身份的虚假信息泛滥，增加跨境支付交易风险，并且境内外个人也可能趁机以服务贸易或虚假货物贸易的方式来转移外汇资金，以逃避外汇管理局的监管，这在严重违反营销跨境支付交易秩序的同时，还威胁到国家的资金安全。

另一类是用户遭遇的交易风险。用户遭遇的交易风险主要源自跨境支付交易过程中可能遭遇的各类网络支付安全问题。境内消费者将面对个人隐私信息被窃取、账号被盗、银行卡被盗用、支付信息丢失等问题。

（3）跨境支付资金风险。很多从事跨境电商的中小卖家由于自身资金实力不足，除了跨境支付交易过程中的安全性、支付成本、放款效率，资金的安全也一直是他们非常关心的。很多中小卖家并没有完全吃透跨境电商平台的相关条款，更不了解国外的法律法规，所以经常会在这方面吃亏。

当发生知识产权纠纷或交易纠纷的时候，卖家资金往往会很快被跨境电商平台冻结，然而由于这些平台在中国没有合适的法律主体，中国卖家要向平台申诉还要赴海外聘请当地律师。另外，许多中小卖家既没有时间，也没有精力来承担相应的上诉流程。

**2. 跨境支付安全风险防范**

针对上述不断显现的风险，主要通过建立风险管控机制和履行监管职责的措施，来有效提升跨境支付的整体风险防控能力。

1）建立风险管控，开展数据监控

建立一套完整的风险管理架构，无论对跨境电商，还是对支付机构都非常重要。面对不断发生的跨境电商欺诈交易，企业可以通过账户安全、交易安全、卖家安全、信息安全、系统安全等五大安全模块的组合，实现风险管理架构的搭建，从而防止账户被盗用和信息泄露，并最终借助管控交易数据等手段降低交易欺诈的可能性。

除了搭建风险管理架构，企业还可以通过建立以数据驱动为核心的反欺诈系统来进行风险管控。不同于传统的反欺诈系统通过签名识别、证照校验、设备指纹校验、IP 地址确认的审核方式，跨境支付反欺诈系统应拥有强大的实施模型、灵活的风险规则和专业的反欺诈组织。第三方支付机构应该加强行业内部的风险共享和合作机制，因为一般犯罪分子在盗取一批信用卡信息之后会在多个交易平台上反复使用，实现价值的最大化，且往往把风控能力最弱的一方作为突破口，所以建立风险共享及合作机制非常必要且非常紧急。

2）支付机构履行相关责任，保证交易真实

在跨境支付交易的过程中，支付机构应严格按照相关法律法规，遵循有关部门发布的指导意见审核交易信息的真实性及交易双方的身份。支付机构可适当增加交易过程中的信息交互环节，并留存交易双方的信息以备查，对有异常的交易及账号进行及时预警，按时将自身的相关业务信息上报给国家相关部门。

国家相关部门通过定期抽查并审核交易双方的身份信息，对没有严格执行规定的第三方支付机构实施处罚。制定科学的监管方案对支付机构进行监管，并促进支付机构和海关、工商、税务部门进行合作，建立跨境贸易信息共享平台，使跨境交易的监测更加准确和高效。

## 任务 4　防范第三方支付风险

**【任务描述】**

从 2017 年开始，中国人民银行对国内第三方支付领域开启强监管模式，雅鹿公司电商专员小王被总监安排为内部培训会的讲师，他准备围绕第三方支付平台的安全这个问题进行讲解。请帮小王准备相关资料。

**【任务分析】**

第三方支付平台除了面临着网络硬件安全、网络运行安全、数据传递安全等方面的问题外，还在备付金、反洗钱、客户信息保护等方面存在许多安全隐患。

**【知识准备】**

### 1. 第三方支付平台的概念

第三方支付平台是指通过通信、计算机和信息安全技术，在商家和银行之间建立连接，从而实现消费者、金融机构以及商家之间货币支付、现金流转、资金清算、查询统计的一个平台。

第三方支付平台是买卖双方在交易过程中的资金中间平台，是在银行监管下保障交易双方利益的独立机构。买方选购商品后，使用第三方支付平台提供的账户进行货款支付，由第三方支付平台通知卖家货款到达，可进行发货；买方检验商品后，通知付款给卖家，第三方支付平台再将款项转至卖家账户。

### 2. 主要的第三方支付平台

主要的第三方支付平台有支付宝、财付通、银联支付、环迅支付、快钱、易宝支付、汇付天下、首信易支付、云网、收汇宝、PayPal 等，如图 6-6 所示。

**【任务实施】**

### 1. 第三方支付流程

第三方支付流程如图 6-7 所示。

图中所示的 7 个步骤如下：

（1）消费者在电子商务网站上选购商品，买卖双方在网上达成交易意向，客户下订单；

（2）消费者选择第三方支付平台作为交易中介，直接连接到其安全支付服务器上，在支付页面上选择自己适用的支付方式，并进入银行支付页面进行支付操作；

图 6-6　主要的第三方支付平台

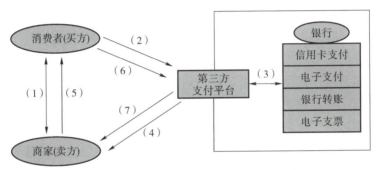

图 6-7　第三方支付流程

(3) 第三方支付平台将消费者的支付信息按照各银行支付网关的技术要求，传递到各相关银行，由相关银行检查消费者的支付能力，实行冻结、扣账或划账，并将结果信息传回至第三方支付平台；

(4) 第三方支付平台将消费者的支付信息通知商家；

(5) 商家收到通知后向消费者提供服务或发货；

(6) 消费者收到货物并验证后通知第三方支付平台；

(7) 第三方支付平台将消费者账号上的货款划入商家账户，交易完成。

**2. 第三方支付平台提供的服务**

较之 SSL、SET 等支付协议，利用第三方支付平台进行支付操作更加简单且易于接受。SSL 协议是现在应用比较广泛的安全协议，在 SSL 协议中只需要验证商家身份。SET 协议是目前发展的基于信用卡支付系统的较为成熟的技术。在 SET 协议中，各方的身份都需要通过 CA 机构进行认证，认证程序复杂，手续繁多，实现成本高。通过第三方支付平台，商家和消费者之间的交涉由第三方来完成，使网上交易变得更加简单。

作为网络交易的监督人和主要支付渠道，第三方支付平台提供了更丰富的支付手段，在支付过程中可能有五方当事人，即资金划拨人、资金划拨人开户行、收款人、收款人开户行、第三方支付平台。其中，第三方支付平台主要提供以下三种服务。

1）网上结算支付服务

网上结算支付是第三方支付平台提供的第一种服务，第三方支付平台是结算服务者能根据客户指令完成收付款。

2）网上转账服务

网上转账服务是第三方支付平台提供的第二种服务，第三方支付平台则是暂时保管货款的第三方，能向交易双方提供增强交易可信赖度的中介服务。

3）充值缴费服务

充值缴费服务是第三方支付平台提供的第三种服务，第三方支付平台提供了类似活期存款的服务，能向客户提供可储值的虚拟账户。

**3. 第三方支付存在的主要风险**

1）第三方支付平台的业务风险

业务风险源于金融交易的虚拟化，其使各交易方变得难以明确，并随着网络交易时间的缩短，交易频率加大，业务现场检查很难。业务风险主要有以下几种：

（1）洗钱风险。网络金融安全是各国关注的重点国家安全问题之一，而洗钱和反洗钱又是网络金融安全的重中之重。在网络金融安全中洗钱与反洗钱已经成为世界各国金融组织所关注的问题。由于网络中的电子账户可以匿名开设，故账户持有人的身份无从查实。不法分子利用这一漏洞进行犯罪，通过第三方支付平台进行洗钱，给各国电子商务的发展带来了负面影响，也影响了各国的金融发展。

例如，在江苏"乐天堂"案中，犯罪分子就是通过快钱公司协助境外的赌博资金流转，使其合法化，而第三方支付平台——快钱公司——从中获利。此案轰动一时。

（2）信用卡套现风险。信用卡套现是指买卖双方在第三方支付平台利用信用卡消费，将信用卡资金套现。

（3）结算资金沉淀风险。第三方支付平台从事资金吸储并形成资金沉淀，如缺乏有效的流动性管理，可能存在资金安全问题和支付风险。

2）第三方支付平台的法律风险

产生法律风险的原因如下：

（1）缺乏一整套针对网络金融监管的法律体系；

（2）现有的法规比较零散且许多具体规制已经滞后；

（3）没有与国际金融风险管理的理念与体系接轨，对跨国性网络金融交易没有统一的监管标准，不能参与国际金融风险监管系统。

如何制定有效的法律规制，构建法制"防火墙"，以降低法律风险已经成为我国电子商务发展过程中的当务之急。

**4. 第三方支付风险的控制与防范**

1）与第三方支付平台相关的法律

国内第三方支付市场潜力巨大，但随着第三方支付牌照的不断收紧，监管层对第三方支付行业进行强监管，出台了许多法律法规。与第三方支付平台相关的法律为《中华人民共和国反洗钱法》。与第三方支付平台密切相关的主要法规如表6-5所示。

表6-5 与第三方支付平台密切相关的主要法规

| 法规名称 | 颁布时间 | 颁布银行 |
|---|---|---|
| 《电子支付指引（第一号）》 | 2005年 | 中国人民银行 |
| 《金融机构反洗钱规定》 | 2006年 | |
| 《金融机构大额交易和可疑交易报告管理办法》 | 2006年 | |
| 《金融机构报告涉嫌恐怖融资的可疑交易管理办法》 | 2007年 | |
| 《非金融机构支付服务管理办法》 | 2010年 | |
| 《非金融机构支付服务管理办法实施细则》 | 2010年 | |
| 《支付机构预付卡业务管理办法》 | 2012年 | |
| 《支付机构客户备付金存管办法》 | 2013年 | |
| 《银行卡收单业务管理办法》 | 2013年 | |
| 《非银行支付机构网络支付业务管理办法》 | 2015年 | |
| 《中国人民银行办公厅关于将非银行支付机构网络支付业务由直连模式迁移至网联平台处理的通知》 | 2017年 | |
| 《条码支付业务规范》 | 2017年 | |
| 《关于支付机构撤销人民币客户备付金账户有关工作的通知》 | 2018年 | |

第三方网上支付清算属于支付清算组织的非银行类金融业务，为保护客户的利益和隐私权，明确客户和第三方支付平台间的权利和义务，通过制定对洗钱、信用卡套现、欺诈等网络犯罪的法律对交易进行法律约束。

2）加强对第三方支付平台的监管

加强第三方支付平台的监管，需要做到以下三点：

（1）提高市场准入门槛。《非金融机构支付服务管理办法》（中国人民银行令〔2010〕第2号发布）中规定了从事第三方支付平台的服务商注册资金为3 000万元以上。准入门槛较低容易导致第三方支付平台的规模、资质参差不齐，从而引发风险。

（2）加强对第三方支付平台沉淀资金的监管。应规定第三方支付服务商的自有账户与用户沉淀资金的账户分离。禁止将用户沉淀资金进行放贷、投资或挪作他用，由银行对用户资金账户进行托管。《非金融机构支付服务管理办法》（中国人民银行令〔2010〕第2号发布）规定：作为收、付款人的支付中介，提供相关资金中转服务。在这一过程中，非金融机构仅作为资金流转的通道，不享有资金的所有权。例如，目前中国工商银行便为支付宝托管账户，并且每月出具账户资金的使用报告。

（3）建立第三方支付保证金制度。要求第三方支付服务商在其开户银行存有一定金额或交易比例的保证金，一旦第三方机构出现问题，银行可以立即冻结这部分资金用以抵御风险，这以在一定程度上保障了广大用户的资金安全，不致因第三方机构的风险而蒙受过大的损失。

【动手做一做】

对于第三方支付平台的安全性进行比较，填写表6-6。

表 6-6　第三方支付平台安全性的比较

| 比较项目 | 支付宝 | 微信 | 快钱 | 财付通 |
| --- | --- | --- | --- | --- |
| SSL 加密 | | | | |
| 登录验证码 | | | | |
| 安全控件 | | | | |
| 数字证书 | | | | |
| 手机动态密码 | | | | |
| 安全问题设置 | | | | |
| 账户安全检查 | | | | |

# 项目 6.2　移动支付安全

目前移动互联网产业发展加速，全球移动互联网用户已超过固定互联网用户，达到 15 亿，全球手机上网人数超过计算机上网人数。随着移动流量的增加，移动支付的安全问题越来越突出，成为安全领域的研究热点。

本项目涉及认识移动支付安全、防范移动支付风险两部分内容。

## 任务 1　认识移动支付安全

思政元素 21

【任务描述】

雅鹿公司电子商务部总监要求小王使用百度搜索引擎来查找移动支付存在的安全问题。请帮助小王完成这一任务。

【任务分析】

本任务涉及移动支付的概念、原理、特点及其所面临的安全问题，移动支付中安全隐患的预防，移动支付安全标准，移动支付风险的对策等知识点。

【知识准备】

移动支付是一种依托移动设备的互联网支付手段，随着手机的快速普及，移动支付时代已然来临，为了更好地监管第三方支付平台，中国人民银行牵头成立了"网联"这个线上清算平台，以切断第三方支付平台直连银行的模式，这符合支付与清算分开监管的要求。

1. 银联和网联的区别

银联是连接各大银行的桥梁，目前主要负责线下的交易；网联与银联具有同等地位，主要负责线上（互联网）的交易。

网联的全称为"非银行支付机构网络支付清算平台"，这个平台在功能上与银联十分相似。《非金融机构支付服务管理办法》（中国人民银行〔2010〕第 2 号发布）由中国人民银行于 2010 年 6 月 14 日发布，自 2010 年 9 月 1 日起正式施行。

在没有网联之前，支付机构直接与各家银行对接，进行线上支付业务；有了网联后，要求支付机构必须与网联对接,才能在线上接入各家银行。

没有网联前的电子支付流程如图6-8所示。

有了网联后的电子支付流程如图6-9所示。

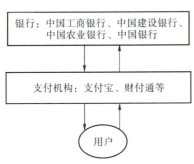

图6-8 没有网联前的电子支付流程

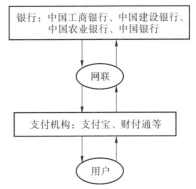

图6-9 有了网联后的电子支付流程

例如,小李要把平安银行工资卡的5 000元转到中国农业银行的卡中。传统的跨行转账方式:小李在平安银行操作5 000元转账程序,进入银联支付清算系统,再通过银联支付清算系统,将5 000元转入自己的中国农业银行账户。第三方支付平台(以支付宝为例)的转账方式:小李通过支付宝从平安银行转出5 000元,进入支付宝中国农业银行账户,支付宝通过自己的中国农业银行账户,转入5 000元到指定账户。

从小李转钱的过程可以看到,在传统的跨行转账过程中,银行的跨行支付和清算全部在中国人民银行的监管下完成。然而通过第三方支付平台跨行转账,没有通过中国人民银行的清算账户。这样,银行和中国人民银行都无法掌握具体交易信息,无法掌握准确的资金流向。这就给金融监管、货币政策调节、金融数据分析等各项金融工作带来很大困难。更危险的是它也有可能被不法分子利用,成为洗钱、套现、盗取资金的渠道。

银联转接线下支付、网联转接线上支付和第三方支付平台可任意选择接入其中的一种,但不得再继续直连银行的模式。

**2. 移动支付面临的安全威胁**

移动支付的安全问题一直是移动支付快速推广的"瓶颈"。信息的机密性、完整性、不可抵赖性、真实性,支付模式,身份验证,支付终端(手机)等都存在安全保障不健全问题。

移动互联网的主导地位正在强化,手机上网比例明显增加,快速扩张的手机网络成为蠕虫病毒等恶意程序的入侵目标。

数据显示,在中国手机用户常遇到的安全问题中,支付陷阱占比最高,达88.3%。中国互联网协会副秘书长石现升表示,这源于移动支付的高速增长。

【任务实现】

**1. 移动支付的概念**

移动支付也称为手机支付,即允许用户使用其移动终端(通常是手机)对所消费的商品或服务进行账务支付的一种服务方式。单位或个人通过移动设备、互联网或者近距离传感设备直接或间接向银行金融机构发送支付指令产生货币支付与资金转移行为,从而实现移动支付功能。移动支付将终端设备、互联网、应用提供商以及金融机构融合，为用户提供货币支付、缴费等金融业务。移动支付的方式如图6-10所示。

图6-10 移动支付的方式

移动支付主要分为近场支付和远程支付两种。所谓近场支付，就是用手机刷卡的方式坐车、买东西等，很便利。远程支付是指通过发送支付指令（如网络银行、电话银行、手机支付等）或借助支付工具（如邮寄、汇款）进行支付的方式，如掌中付推出的掌中电商、掌中充值和掌中视频等属于远程支付。

**2. 移动支付的原理**

移动支付的原理是将用户移动终端与用户本人的银行卡账号建立一一对应的关系，用户通过发送短信等方式，在系统的引导下完成支付，操作简单，可以随时随地进行。

**3. 移动支付的特点**

移动支付属于电子支付方式的一种，因而具有电子支付的特征，但因其与移动通信技术、无线射频技术、互联网技术相互融合，又具有自己的特征。

1）移动性

移动性消除了距离和地域的限制。结合先进的移动通信技术，用户可以随时随地获取所需要的服务、应用、信息和娱乐。

2）及时性

移动支付不受时间、地点的限制，信息获取更为及时，用户可以随时对账户进行查询、转账或购物消费。

3）定制化

基于先进的移动通信技术和简易的移动终端操作界面，用户可以定制自己的消费方式和个性化服务，账户交易更加简单方便。

4）集成性

以手机为载体，通过与终端读写器近距离识别进行的信息交互，运营商可以将移动通信卡、公交卡、地铁卡、银行卡等各类信息整合到以手机为平台的载体中进行集成管理，并搭建与之配套的网络体系，从而为用户提供十分方便的支付以及身份认证渠道。移动支付业务是由移动运营商、移动应用服务提供商（MASP）和金融机构共同推出的、构建在移动运营支撑系统上的一个移动数据增值业务应用。移动支付系统将为每个移动用户建立一个与其手机号码关联的支付账户，其功能相当于电子钱包，为移动用户提供了一个通过手机进行支付和身份认证的途径。用户通过拨打电话、发送短信或者使用WAP功能接入移动支付系统，移动支付系统将交易的要求传送给 MASP，由 MASP 确定交易的金额，并通过移动支付系统通知用户，在用户确认后，付费方式可通过多种途径实现，如直接转入银行、用户电话账单或者实时在专用预付账户上借记，这些都将由移动支付系统（或与用户和 MASP 开户银行的主机系统协作）来完成。

**4. 移动支付所面临的安全问题**

1）病毒感染

大量手机支付类病毒猖獗爆发，包括伪装淘宝客户端窃取用户账号密码隐私的"伪淘宝"病毒、盗取 20 多家手机银行账号隐私的"银行窃贼"以及感染中国建设银行 APP 的"洛克蛔虫"等系列高危风险的手机支付病毒。而移动支付类软件的主要典型病毒又分为电商类 APP 典型病毒、第三方支付类 APP 典型病毒、理财类 APP 典型病毒、团购类 APP 典型病毒及银行类 APP 典型病毒。移动支付中各类安全问题占比如图 6 – 11 所示。

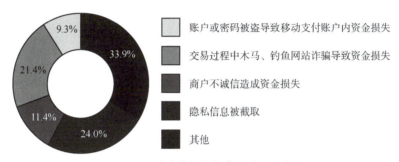

图 6 – 11  移动支付中各类安全问题占比

由图 6 – 11 可知，账户或密码被盗占比最大，达到 33.9%，交易过程中木马、钓鱼网站诈骗占比为 24%，隐私信息被截取占比为 21.4%，商户不诚信造成资金损失占比为 11.4%。

2）手机软件漏洞

手机支付安全的状况不容乐观，安卓系统漏洞加剧了这一状况。淘宝和支付宝认证被爆存在安全缺陷，黑客可以利用该漏洞登录他人淘宝/支付宝账号进行操作。对移动支付安全造成较大威胁的相关安卓系统漏洞主要有 3 个：MasterKey 漏洞、安卓挂马漏洞及短信欺诈漏洞。

3）各类诈骗手段

诈骗短信、骚扰电话也带来了一定的移动支付风险。腾讯移动安全实验室监控到，诈骗分子除了通过骚扰电话诱导手机用户进行银行转账之外，还通过发送带钓鱼网址或恶意木马程序下载链接的诈骗短信诱导用户登录恶意诈骗网站等，引导用户进行购物支付。中奖钓鱼类诈骗已呈现多发趋势，其中重点案例有三类：网银升级、U 盾失效类诈骗，社保诈骗及热门节目中奖诈骗。常见的诈骗手段如图 6 – 12 所示。

图 6 – 12  常见的诈骗手段

### 5. 移动支付中安全隐患的预防

为了使移动支付健康发展，必须预防移动支付中的安全隐患，解决措施如下。

1）完善加密机制

加密的目的是保护数据的机密性，通过加密处理保证只有消息的发送者和预定的接收者才能看懂消息的真正内容。由于受到移动终端计算和存储能力的限制，加密算法最好选择对称加密算法，身份认证是确保消息的接收者能够确认消息的来源，从而使通信双方能够确定对方的真实身份，在对称密码系统中的物理地址（MAC）可提供身份认证的功能。

2）保证数据的完整性

保证数据的完整性的目的是保证消息的接收者能够判断消息在传输过程中是否被篡改。垃圾短信、电话诈骗和资费陷阱问题广泛存在，导致移动增值服务的诚信度较低，影响用户使用移动增值服务的意愿。

3）加强立法和监督工作

移动支付行业起步较晚，目前用来规范相应行为的法律和法规相对较少。因此，立法机构应该着力于建立一套完善的移动支付法律体系，从法律的角度来解决移动支付活动中遇到的问题，为正常的移动支付活动提供必要的法律保障。

### 6. 移动支付安全标准

2017年11月，国家安全标准委已对手机安全标准立项，意在研究制定手机安全标准，其中包括对关键硬件、软件信息基础设施的网络安全防护能力，系统安全等级，APP权限的限定等。

### 7. 移动支付风险的对策

（1）不随意点击来路不明的下载链接，在收到可疑链接时，一定对发信人和账户进行验证。

（2）在登录支付软件、网上商城时，不要使用自动登录方式，以防止不法分子登录账号；身份证、银行卡不要与手机放在一起，这样即使手机丢失，不法分子也很难进入用户的网络银行。

（3）设置单独的、高安全级别的密码。如果邮箱、SNS网站等的登录名和移动支付账户名一致，务必要保证密码不同。移动支付的密码最好使用"数字+字母+符号"的组合。另外，移动支付一般有登录和支付两个密码，这两个密码务必不能相同。账户与密码不要保存于联网的计算机中，以防止被木马窃取。

（4）进一步提高身份认证的可靠性，比如对手机进行指纹识别。针对移动智能终端自身的安全问题，可以采取下列措施进行预防：

①从正规渠道或可信赖的资源站点下载应用软件，不随意安装来路不明的应用软件。在手机上安装杀毒软件，养成定期用安全软件查杀病毒的习惯，并及时更新杀毒软件。

②不扫描来路不明的二维码。随着手机支付功能的普及，二维码正逐步融入生活中。

二维码虽然实用，但也隐藏着安全风险。如果扫描到不安全的二维码，手机很容易被植入木马病毒，不但会泄露个人信息，也容易造成信用卡被盗刷或手机被恶意扣费，一些商家还会以此发布非法广告和不良信息。

不法分子通过简单的二维码生成器便可将木马程序隐藏在二维码中，再通过假网购店铺，以较低的商品价格和送红包优惠的手段，吸引用户咨询购买，实际上是推销其吸费二维码，这样一步步将受害者引入吸费陷阱，只要受害者扫了二维码，就有可能钱财不保。

这类吸费二维码实际上是手机木马，受害者只要扫描二维码，木马程序就会在后台自动安装；在进入受害者的手机后，木马就会获取受害者手机号码，由于许多人习惯将手机号码设置为登录账户名，因此不法分子不费吹灰之力就获得了受害者的移动支付账号。

③使用数字证书、宝令、支付盾等安全产品。数字证书、宝令、支付盾等安全产品能够提升账户的安全等级。支付宝的数字证书可以免费安装，在不同的计算机上使用时，通过手机校验码的方式重新安装或删除也很方便，建议用户务必安装。

④绑定手机并使用手机动态密码。通过手机也能保障账户安全。支付宝等移动支付账户都支持绑定手机，并支持设定手机动态密码（手机校验码服务）。用户可以设定每笔付款都需要手机校验码进行验证，从而增强资金的安全性。

⑤进行实名认证。

【动手做一做】

进入阿里巴巴电子商务网站，浏览、查阅、体验网站的安全机制和支付功能，总结阿里巴巴电子商务网站的安全机制和支付机制。

## 任务2　防范手机支付风险

【任务描述】

手机支付的发展时间比较短，还存在很多明显的安全隐患，比如：

（1）使用支付宝扫码支付并不安全，如果扫描了含有木马的二维码，那么手机会感染木马病毒。

（2）使用微信扫码付款会泄露隐私，导致账号被盗。

雅鹿公司电商专员小王需要对手机支付的安全使用进行调查。请帮助小王完成这一任务。

【任务分析】

了解手机支付存在哪些安全隐患，并制定相应的防范措施。

【知识准备】

目前较常用的手机支付有支付宝支付和微信支付两种。

支付宝支付和微信支付的区别：支付宝支付是把用户的支付款暂时保管，等用户确认收货以后，再转账给卖家；而微信支付注重的是社交和支付，支付完成了，什么都结束。

微信支付是由微信社交关系链延伸出来的功能，起始于"用户之间相互转账的社交需求"。

【任务实施】

**1. 了解手机支付的安全隐患**

从安全性的角度考虑，手机支付主要存在三大安全隐患。

1）通信保密问题

随着网络技术的更新换代，网络加密技术也不断发展。手机支付的加密

思政元素22

必须使用最前沿的技术,且应广泛应用于各种支付过程。这对处于起步阶段的手机支付来说障碍重重。由于手机支付的过程主要是经过无线通信,特别是用户与支付平台、商家与支付平台之间,用户和商家的信息以及交易的密钥对手机支付的交易至关重要,如何让消费者和商家消除对信息泄密的担心是手机支付业务推广的重要挑战。

2)身份识别的缺乏

手机支付的一个天然不足是不能有效识别用户的身份,手机只是支付的终端设备,且使用无线通信,支付过程中交易双方都看不到对方,若手机丢失和密码被窃取,都会给交易双方带来难以估计的损失。

3)信用体系的缺失

信用问题也在一定程度上限制了手机支付的发展。在普通的交易市场并不存在信用问题或者说可以有效地避免交易带来的信用问题。在手机支付中(主要指小额支付),用户把手机的话费账户作为支付的账户,如果该用户已经欠费,而支付系统没有及时发现,也会给交易带来麻烦。

对于以上三类安全隐患,只有提高手机支付的安全性才能很好地规避。因此,有必要在通过技术手段解决手机支付系统中的安全性问题,致力于研究出一种行之有效的、适用于手机支付系统的安全体系,消除用户对手机支付安全性的担忧,从而保证手机支付行业长期繁荣稳定地发展。

### 2. 手机支付的安全防范

为手机银行客户端提供独立的移动支付安全模块定制服务,包括盗版网银识别、病毒查杀、网络支付环境监控、网址支付安全扫描、二维码扫描监控和短信加密认证6项措施。

1)盗版网银识别

不法分子制作盗版支付软件能以假乱真,从手机图标来看,普通手机用户很难发现不同之处。一旦使用盗版软件进行支付,银行卡号、身份证号、支付密码等敏感信息就成为黑客的囊中之物,通过这些信息,不法分子就可以毫无障碍地盗刷手机用户的银行卡,盗版支付软件成为网银被盗刷的入口。

针对盗版支付软件给手机用户带来的风险,新版360手机卫士通过"支付保镖"对网银支付类软件进行全面检测,在这类恶意软件安装或运行的第一时间对其进行拦截。识别盗版之后,用户只需单击"立即处理"按钮,就可以卸载盗版应用程序,卸载完成后,立即下载并安装正版的相应软件。

2)病毒查杀

若怀疑手机中了病毒,可以使用安全类软件对手机进行检测。可按照以下步骤进行清除:安装一个安全类软件,以手机管家为例,打开手机管家,单击首页上的"一键体检"按钮即可自动查杀系统中的病毒,并自动彻底清除。

若提示无法删除,则很可能是权限不足导致的,病毒一般都是存在于系统分区中,正常的卸载方式无法卸载,即使恢复出厂设置也无法将其删除,必须有 ROOT 权限才能卸载。

获取 ROOT 权限可以使用计算机端的"一键 ROOT"工具进行,例如 KINGROOT、ROOT 精灵等。对手机管家进行授权再深度查杀即可彻底删除病毒。

手机病毒的危害如下:

(1)侵占手机内存或修改手机系统设置,导致手机无法正常工作。

(2)盗取手机上保存的个人通信录、日程安排、个人身份信息、银行卡支付密码等,对机主的信息安全构成重大威胁。

(3)传播各种不良信息,对社会传统和青少年身心健康造成伤害。

(4) 攻击和控制通信网关，向手机发送垃圾信息，致使手机通信网络运行瘫痪。

3）网络支付环境监控

利用 360 手机管家或者腾讯手机管家等 APP 对网络支付环境进行监控。腾讯手机管家提供手机支付漏洞检测，发现漏洞后会提示用户下载安装补丁予以修复；创建"支付保险箱"，对各类网购支付应用进行安全检测，找出伪造、藏毒等恶意应用。

### 3. 支付工具安全性能比较

快钱、支付宝、财付通、网付通等支付工具安全性能比较如表 6-7 所示。

表 6-7 支付工具安全性能比较

| 支付工具 | 快钱 | 支付宝 | 财付通 | 网付通 |
| --- | --- | --- | --- | --- |
| 密码问题设置 | ★ | ★ | ★★ | |
| 登录分页 | ★ | | | |
| 登录验证码 | ★ | ★ | ★ | |
| 支付安全 | ★★★ | ★★ | ★★ | |
| 风险控制体系 | ★ | | | |
| 安全性能指数 | ★★★★★★★★ | ★★★★★ | ★★★★★ | ★★★★ |

注："★"表示支付工具安全性能等级。

### 4. 支付宝支付安全

1）支付宝安全防护：设置登录密码

选择"支付宝"→"账户设置"→"安全设置"选项，可以看到"登录密码""支付密码""安全保护问题""数字证书""短信校验服务""宝令（手机版）"等 6 个安全项目，支付宝安全设置步骤如下：

登录密码作为支付宝支付安全的第一道防火墙，非常重要。登录密码设置技巧如下：

(1) 登录密码要有足够的复杂度，最好是"数字 + 字母 + 符号"的组合；

(2) 不要使用门牌号、电话号码、生日作为登录密码；

(3) 登录密码不要与淘宝账户登录密码、支付宝支付密码一样。

如果不满足上述条件，单击登录密码后面的"修改"按钮，修改登录密码。支付密码是在支付的时候填写在"支付密码"框中的密码，这个密码比登录密码更重要。只要通过支付宝支付，不管是在淘宝网购物，还是在其他平台购物，都需要使用支付密码。设置支付密码的注意事项参照登录密码。

2）支付宝安全防护：安装数字证书

数字证书是安全等级更高的账户保护措施，用来保证支付宝账户安全。申请数字证书后，只有在安装了数字证书的计算机上才能使用支付宝支付。

思政元素 23

(1) 申请数字证书。首先要求支付宝账户绑定手机。现在大多数人的支付宝账号就是手机号，也有少部分用户使用邮箱作为支付宝账户，可以通过手工操作绑定手机。

(2) 安装数字证书。单击"安全设置"→"数字证书"→"安装"按钮，在打开的数字证书页面，单击"申请数字证书"按钮。注意，应保证绑定的手机能够收到验证短信。

在打开的申请数字证书页面,输入身份证信息,其要与注册绑定的认证过的身份证信息一致。选择使用地点(办公室、家里等),输入验证码后,单击"确定"按钮,输入短信验证码,单击"确定"按钮,便开始安装数字证书,等待几分钟后,数字证书安装成功。

3)支付宝安全防护:短信校验服务

选择"短信校验服务"选项,则在支付的时候,系统会给绑定的手机发送验证码,需要输入正确的验证码才能够完成支付。如果没有开通短信校验服务功能,在短信服务申请页面单击"开通短信校验服务"按钮,单击"确定"按钮即可。

4)支付宝安全防护:申请开通宝令(手机版)

宝令是收费的,但新推出的手机版宝令是免费的,它是安全性非常高的一种保护手段。安装手机版宝令之后,在进行支付的时候,需要输入手机宝令动态生成的密码,输入正确后才能够完成支付。

单击"安全设置"→"宝令"→"安装"按钮即可安装宝令。

注意:在安装手机版宝令时,需要选择正确的适合手机操作系统类型的软件安装。在安装手机版宝令后,在支付时,需要输入手机宝令验证码。手机宝令、短信校验服务和数字证书可以重叠使用,互不冲突。

5)支付宝安全防护:安装安全控件

安全控件保证支付宝使用环境的安全。在安装后,安全控件会实时保护用户的密码及账号不被窃取,从而有效地保障用户的账户资金安全。当在计算机上进行交易时,安全控件会及时发现风险并发出提醒,有效地制止仿冒网站等交易欺诈。

安装安全控件的步骤:在"安全设置"页面单击"安全设置"→"更多安全产品"→"安装安全控件"按钮,在弹出的"安装安全控件"对话框中单击"安装控件"按钮即可。在安装完安全控件之后,需要重新启动路由器才能生效。

**5. 微信支付安全**

1)微信支付的概念

微信支付是由腾讯公司旗下知名移动社交通信软件——微信和第三方支付平台——财付通联合推出的移动支付创新产品。

微信支付以绑定银行卡的快捷支付为基础,向用户提供安全、快捷、高效的支付服务。在用户第一次进行支付时微信会提供绑定银行卡的入口,在绑定后,就可以在其他公众账号中完成微信支付。

2)微信支付的种类

(1)APP调用微信支付,如图6-13所示。

图6-13 APP调用微信支付

(2) 使用微信扫描二维码完成支付,如图 6-14 所示。

图 6-14　使用微信扫描二维码完成支付

(3) 商家扫描消费者的二维码完成支付,如图 6-15 所示。

图 6-15　商家扫描消费者的二维码完成支付

(4) 在微信内的商家页面上完成支付,如图 6-16 所示。

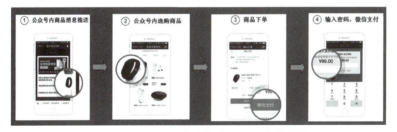

图 6-16　在微信内的商家页面上完成支付

3) 微信支付的安全防范

微信支付中突出存在 3 个问题:微信支付的个人隐私安全存在问题;需要绑定银行卡,并强制记录个人信息;支付密码的安全保管问题。

针对上述问题,首先,用户需要设置手机锁屏密码,即使别人拿到手机也无法开启使用;其次,微信支付密码要单独设置,切勿设置成与手机锁屏密码或者其他密码一致。当他人拾获手机时如果想修改密码,必须通过原密码验证方可修改,如直接选择忘记密码并想找回,则需要同时验证卡号、有效期、姓名、身份证信息并使用银行预留手机号接收验证码方可找回,而微信支付中并不会显示已绑定银行卡的完整卡片信息,因此他人无法通过微信支付银行卡界面获取相关信息。

如果手机、身份证、钱包同时丢失,用户可通过微信支付客服反馈情况,微信支付核实后会进行交易异常判断、账户紧急冻结等手段，以保证用户账户安全。

此外，当用户在公众账号内进行交易时，一定要认准账号加"V"标志，带"V"标志的即微信认证商户的官方公众账号，同时在交易时要认准"微信安全支付"认证字样，只有这样才能确保支付安全，对于未经认证的公众账号所发布的支付页面、链接等，用户需保持警惕。

4）微信钓鱼和诈骗

现在的手机钓鱼网站很多，稍有不慎就有可能掉进骗子的陷阱，所以在使用手机上网购物的时候一定要看准网站。

防范方法：使用安全的浏览器，最好选择带有安全网站检测功能的浏览器，例如 QQ 浏览器、百度浏览器等，这些浏览器可以自动识别钓鱼网站。

5）微信支付的安全保障

（1）技术保障。

微信支付后台有腾讯的大数据支撑，海量的数据和云计算能够及时判定用户的支付行为是否存在风险。基于大数据和云计算的全方位的身份保护，最大限度地保证用户交易的安全性。同时微信安全支付认证和提醒，从技术上保障交易的每个环节的安全。

（2）安全机制。

微信支付从产品体验的各个环节考虑用户的心理感受，形成了整套安全机制和手段。这些机制和手段包括：硬件锁、支付密码验证、终端异常判断、交易异常实时监控、交易紧急冻结等。它们将对用户形成全方位的安全保护。

在微信钱包的页面上，进入"支付管理"页面，当选择"忘记支付密码"选项时，就会进入身份信息验证页面，可以通过重新绑定银行卡或者绑定个人名下的新卡来修改微信钱包支付密码。防范微信的支付密码被修改，应做到以下两点：

①手机里面不要保存银行卡与身份证的拍摄件、扫描件等，包括在某些扫描类 APP 如"全能扫描王"中也不要保存这类信息。

②在微信钱包中开启手势密码。

【动手做一做】

查看《支付宝安全控件安装许可协议》，学习支付宝安全控件的安装，完成解除 APP 的免密码支付功能，方法如图 6-17 所示。

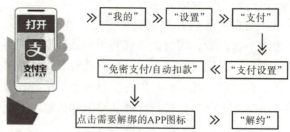

图 6-17　解除 APP 的免密码支付功能

【案例】

## 智能风控拦截系统——移动支付的好帮手

**1. 移动支付智能风控自助拦截系统原理**

智能风控自助拦截系统是通过采集交易、渠道、商品、账户、用户等信息,对移动支付数据进行实时和定时的挖掘分析,识别出各种风险,采取各种措施降低损失。如图6-18所示。

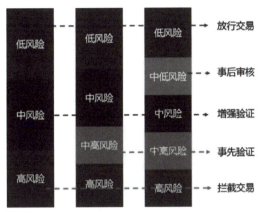

图6-18 智能风控自助拦截系统

**2. 移动支付智能拦截系统应用**

新冠肺炎疫情期间,一些不法分子和无良商家通过购买微信群二维码,冒充购物群,发布稀缺商品虚假信息,欺骗买家购买,非法获利。由于诈骗款项由收款码出借方线下提取,使诈骗资金流向在支付机构内部无据可查。此类案例在交易风险特征表现上与一般风险商户特征相似,包括交易金额与注册业务场景不符、交易为整百整千类整数交易、交易IP地址分散、失败交易占比较高等。传统风险规则监控模式可以侦测此类风险商户,但因监控参数值无法实时变动调整,导致无法在时间、区域等外部交易环境发生改变的情况下,有效精准地开展风险交易实时拦防。

移动支付智能风控自助拦截系统利用实时动态侦测技术,依据小微商户的行业特征,实时监控特定时期内商户的交易风险输出结果,自动对相关风控规则参数值进行实时动态调整,及时侦测发现交易异常情况,生成风险预警,能够对相关风险交易进行有效拦截。

# 实验六 移动支付安全

## 一、实验目的

思政元素24

(1) 了解移动支付中哪些环节涉及安全问题。
(2) 通过移动支付中存在的安全问题,提高电子商务支付防范意识。
(3) 会移动支付安全的防范措施。

## 二、实验过程

（1）登录第三方支付平台站点，体验其安全性是如何得到保障的。

【思考】第三方支付平台和银行是如何关联的？

（2）选择一家电子商务网站并完成支付，写出支付流程，并进行安全性分析。

打开购物网页→选择要购买的商品→加入购物车→填写订单→提交订单并确认订单→使用第三方支付平台付款→第三方支付平台通知卖家迅速发货→卖家发货给买家→买家确认收货→第三方支付平台将货款汇给卖家→交易完成。

（3）选择一家针对手机用户的购物网站，列举该网站提供的支付方式，体验手机支付的过程。从消费者的角度分析手机支付过程中存在哪些安全风险以及如何防范。

## 课后练习题（六）

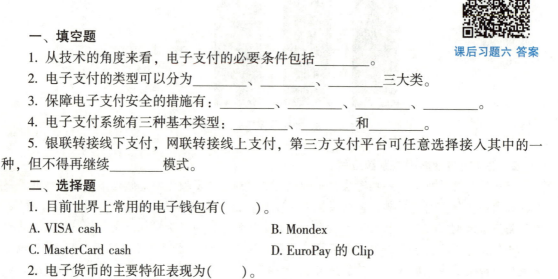

课后习题六 答案

### 一、填空题

1. 从技术的角度来看，电子支付的必要条件包括_____。
2. 电子支付的类型可以分为_____、_____、_____三大类。
3. 保障电子支付安全的措施有：_____、_____、_____、_____。
4. 电子支付系统有三种基本类型：_____、_____和_____。
5. 银联转接线下支付，网联转接线上支付，第三方支付平台可任意选择接入其中的一种，但不得再继续_____模式。

### 二、选择题

1. 目前世界上常用的电子钱包有(　　)。
   A. VISA cash  B. Mondex
   C. MasterCard cash  D. EuroPay 的 Clip
2. 电子货币的主要特征表现为(　　)。
   A. 通用性  B. 安全性  C. 可控制性  D. 起点高
   E. 依附性  F. 高效性
3. 在电子支付工具很多，下列属于电子支付工具的有(　　)。
   A. 智能卡  B. 借记卡  C. 电子现金卡  D. 信用卡
4. 下列属于安全电子交易信用卡支付中使用的安全技术有(　　)。
   A. 公钥系统  B. 数字信封  C. 双重签名  D. 认证
5. 根据支付结算法律制度的规定，下列关于第三方支付的说法中，错误的是(　　)。
   A. 线上支付是指通过互联网实现的消费者和商户、商户和商户之间在线货币支付、资金清算、查询统计的过程
   B. 目前第三方支付机构主要有金融型支付企业和互联网支付企业两类模式
   C. 在第三方支付模式下，支付者必须在第三方支付平台上开立账户
   D. 第三方支付平台结算支付模式的资金划拨是在平台内部进行的
6. 中国人民银行颁布的《非金融机构支付服务管理办法》中，网络支付是指依托公共网络或专用网络收、付款人转移货币资金的行为，包括货币汇兑、(　　)、移动电话支付、

固定电话支付、数字电视支付等。

A. 互联网支付　　B. 第三方支付　　C. 移动支付　　D. 银行支付

### 三、简答题

1. 电子支付系统的构成要素有哪些？
2. 电子支付与结算的特征是什么？
3. 电子支付发展所面临的问题有哪些？
4. 网络银行如何解决电子支付的安全问题？请列表说明。

## 模块七

# 电子商务法律法规

### 【知识目标】
1. 了解电子商务经营活动中涉及的相关法律法规
2. 理解电子合同中的法律风险
3. 理解电子商务知识产权侵权风险

### 【技能目标】
1. 会分析电子商务法律案例
2. 能防范电子合同中的法律风险
3. 会防范知识产权侵权风险

### 【素质目标】
1. 在电子商务经营活动中树立遵守合同的法律意识
2. 在电子商务经营活动中增强合同法律风险的防范意识

## 项目7.1 认识电子商务法律法规

二十大报告指出,"坚持全面依法治国,推进法治中国建设"。"全面依法治国是国家治理的一场深刻革命,关系党执政兴国,关系人民幸福安康,关系党和国家长治久安。必须更好发挥法治固根本、稳预期、利长远的保障作用,在法治轨道上全面建设社会主义现代化国家"。我们要坚持"全面推进科学立法、严格执法、公正司法、全民守法,全面推进国家各方面工作法治化"。

电子商务领域日新月异,新业态、新技术层出不穷,但我国的电子商务环境还未成熟,表现为金融支撑体系不足及社会信用体系不健全等,特别是法律的制定还没有跟上电子商务的发展。电子商务法律法规主要包括电子签名、电子合同、电子支付、知识产权及消费者权益保护等方面的法律法规。

## 任务 1　了解电子商务法律法规

思政元素 25

**【任务描述】**

雅鹿公司电商专员小王接到总监的任务：对公司员工进行电子商务法律法规培训。小王经过一段时间的整理，需要对 3 部电子商务法律《民法典·合同编》《电子签名法》《电子商务法》的相关内容进行解读。请帮助小王完成这一任务。

**【任务分析】**

了解电子商务带来的法律新问题；了解电子商务法律法规的发展趋势；通过案例解读电子商务法律法规。

**【知识准备】**

**1. 法律、法规、规章的区分**

（1）法律是指由全国人民代表大会和全国人民代表大会常务委员会制定颁布的规范性法律文件，即狭义的法律，其法律效力仅次于宪法。

（2）法规包括行政法规和地方性法规。行政法规是国家最高行政机关国务院根据宪法和法律就有关执行法律和履行行政管理职权的问题，以及依据全国人民代表大会的特别授权所制定的规范性文件的总称。其法律地位和法律效力仅次于宪法和法律，但高于地方性法规和法规性文件。地方性法规是指依法由地方立法权的地方人民代表大会及其常委会就地方性事务以及根据本地区实际情况执行法律、行政法规的需要所制定的规范性文件，地方性法规只在本辖区内有效。

（3）规章是指国务院各部、委员会、中国人民银行、审计署和具有行政管理职能的直属机构，以及省、自治区、直辖市、市人民政府所制定的规范性文件，其内容限于执行法律、行政法规，地方法规的规定，及相关的具体行政管理事项。

**2. 与电子商务相关的法律法规**

与电子商务相关的法律法规颁布的时间如下：

2002 年 9 月 30 日，《中国互联网络信息中心域名争议解决办法》实施；

2005 年 1 月 8 日，国务院颁布《国务院办公厅关于加快电子商务发展的若干意见》；

2005 年 4 月 1 日，《中华人民共和国电子签名法》（第一部真正意义上的信息化法律）实施；

2006 年 3 月 1 日，中国银监会发布《电子银行业务管理办法》和《电子银行安全评估指引》；

2006 年 3 月 30 日，信息产业部颁布《互联网电子邮件服务管理办法》；

2006 年 7 月 1 日，国务院颁布的《信息网络传播权保护条例》正式实施；

2007 年 3 月 6 日，商务部发布《关于网上交易的指导意见（暂行）》；

2007 年 12 月 13 日，商务部颁布《关于促进电子商务规范发展的意见》；

2010 年 6 月 14 日，中国人民银行颁布《非金融机构支付服务管理办法》；

2010 年，商务部颁布《电子商务示范企业创建规范（试行）》；

2011 年，《关于开展国家电子商务示范城市创建工作的指导意见》《第三方电子商务交易平台服务规范》发布；

2012 年，《关于促进电子商务健康快速发展有关工作的通知》《商务部关于利用电子商务平台开展对外贸易的若干意见》发布；

2013 年，商务部颁布《关于促进电子商务应用的实施意见》《关于跨境电子商务零售出口税收政策的通知》；

2013 年 6 月 28 日，工业和信息化部颁布《电信和互联网用户个人信息保护规定》；

2017 年 12 月 29 日，国家标准化管理委员会正式发布《信息安全技术个人信息安全规范》；

2019 年 1 月 1 日《中华人民共和国电子商务法》正式施行；

2021 年 1 月 1 日《中华人民共和国民法典》正式施行，同时《婚姻法》《继承法》《合同法》废止；

2021 年 9 月 1 日《中华人民共和国数据安全法》正式施行；

2021 年 11 月 1 日，《中华人民共和国个人信息保护法》正式施行。

与电子商务相关的部分法律法规如表 7-1 所示。

表 7-1　与电子商务相关的部分法律法规

| 效力层级 | 名称 | 颁布机关 | 颁布（实施）日期 |
| --- | --- | --- | --- |
| 法律 | 中华人民共和国电子商务法 | 全国人大 | 自 2019 年 1 月 1 日起施行 |
| 法律 | 中华人民共和国合同法 | 全国人大 | 自 1999 年 10 月 1 日起施行 |
| 法律 | 中华人民共和国电子签名法 | 全国人大 | 自 2005 年 4 月 1 日起施行 |
| 法律 | 侵权责任法 | 全国人大 | 自 2010 年 7 月 1 日起施行 |
| 法律 | 消费者权益保护法 | 全国人大 | 自 1994 年 1 月 1 日起施行 |
| 法律 | 产品质量法 | 全国人大 | 2000 年 7 月 8 日修订 |
| 法律 | 反不正当竞争法 | 全国人大 | 1993 年 9 月 2 日颁布 |
| 法律 | 商标法 | 全国人大 | 2001 年 10 月 27 日颁布，2018 年 11 月 27 日修订 |
| 法律 | 广告法 | 全国人大 | 1994 年 10 月 27 日颁布，2015 年 4 月 24 日修订 |
| 法规 | 互联网信息服务管理办法 | 国务院 | 自 2009 年 9 月 25 日起施行 |
| 法规 | 中华人民共和国电信条例 | 国务院 | 2000 年 9 月 20 日颁布 |
| 法规 | 商用密码管理条例 | 国务院 | 1999 年 10 月 7 日颁布 |
| 规章 | 网络商品交易及有关服务行为管理暂行办法 | 国家工商行政管理总局 | 自 2010 年 7 月 1 日起施行 |
| 规章 | 电子认证服务管理办法 | 工业和信息化部 | 自 2009 年 3 月 31 日起施行 |
| 规章 | 第三方电子商务交易平台服务规范 | 商务部 | 自 2011 年 4 月 12 日起施行 |
| 规章 | 电子支付指引（第一号） | 中国人民银行 | 中国人民银行公告〔2005〕第 23 号 |
| 规章 | 互联网电子邮件服务管理办法 | 信息产业部 | 自 2006 年 3 月 30 日起施行 |
| 其他规范性文件 | 商务部关于促进电子商务规范发展的意见 | 商务部 | 商改发〔2007〕490 号 |
| 其他规范性文件 | SBT 电子商务模式规范 | 商务部 | 自 2009 年 12 月 1 日起施行 |
| 其他规范性文件 | 中国互联网络信息中心域名争议解决办法 | 中国互联网络信息中心 | 自 2006 年 3 月 17 日起施行 |

【任务实施】
**1. 通过百度搜索引擎，了解电子商务法律体系，以及国内外的电子商务法律**

1）了解电子商务法律体系

电子商务法律体系目前正在完善之中，主要分为：数据电文法律制度、电子签名法律制度、电子认证法律制度、电子合同法律制度、电子信息交易法律制度、电子支付法律制度。电子商务法律体系的组成如图 7-1 所示。

图 7-1　电子商务法律体系的组成

2）了解国内外的电子商务法律

（1）国外电子商务立法。

1995 年美国犹他州颁布的《数字签名法》是全世界范围的第一部全面确立电子商务运行规范的法律文件；

1996 年联合国际贸易法委员会颁布《电子商务示范法》，随后美国颁布了《个人隐私保护法》等电子商务相关法律；

2000 年 6 月克林顿签订了《国际与国内电子商务签章法》；

2016 年 6 月 5 日美国又颁布了《电子信息自由法令》。

国外已经颁布的电子商务法律如表 7-2 所示，请完成此表。

表 7-2　国外已经颁布的电子商务法律

| 电子商务法律 | 颁布机构 | 颁布时间 |
| --- | --- | --- |
| 《电子签名示范法》 | | |
| 《电子商务示范法》 | | |
| 《全球和国内商业法中的电子签名法案》 | | |

（2）国内电子商务立法。

1999 年，中国人民银行颁布《银行卡业务管理办法》，该法规加强对持卡人利益的保护，明确了银行卡当事人的权利和义务，规定了发行人风险管理及保密义务。

我国预防电子支付犯罪的相关立法有：中国人民银行《金融机构反洗钱规定》《人民币大额和可疑支付交易报告管理办法》《金融机构大额和可疑外汇资金交易报告管理办法》。

2004 年 8 月 28 日，《中华人民共和国电子签名法》颁布。

我国电子支付的专门立法有：《电子支付指引》《电子银行业务管理办法》《电子银行安全评估指引》等，规定了网络银行的风险管理制度。

2018 年 8 月 31 日，《中华人民共和国电子商务法》颁布。

国内已经颁布的电子商务法律如表 7–3 所示，请完成此表。

表 7–3　国内已经颁布的电子商务法律

| 电子商务法律 | 颁布机构 | 颁布及修订时间 |
| --- | --- | --- |
| 《中华人民共和国电子签名法》 | | |
| 《中华人民共和国广告法》 | | |
| 《中华人民共和国电子商务法》 | | |
| 《中华人民共和国民法典》 | | |
| 《中华人民共和国数据安全法》 | | |
| 《中华人民共和国个人信息保护法》 | | |

**2. 解读电子商务法律法规**

1）解读《中华人民共和国电子签名法》

1999 年实施的《中华人民共和国合同法》已经规定了电子文本的有效性但对电子签名的规则和法律效力，却缺乏相应的法律规定。在电子商务实践中，保证电子交易安全的重要手段是电子签名。

《中华人民共和国电子签名法》被认为是中国首部真正电子商务法意义上的立法。因为自 1996 年联合国颁布《电子商务示范法》以来，世界各国电子商务立法如火如荼，2004 年 8 月 28 日《中华人民共和国电子签名法》正式颁布，如图 7–2 所示。

图 7–2　《中华人民共和国电子签名法》

《中华人民共和国电子签名法》共 5 章 36 条，分为第一章"总则"、第二章"数据电文"、第三章"电子签名与认证"、第四章"法律责任"、第五章"附则"。

《中华人民共和国电子签名法》（以下简称《电子签名法》）主要规定了以下几方面内容：

（1）确立电子签名的法律效力。通过立法确认电子签名的合法性、有效性；明确满足什么条件的电子签名才是合法的、有效的。

（2）对数据电文作了相关规定。明确规定数据电文与书面文件具有同等效力才能使现行的民商事法律同样适用于电子文件。《电子签名法》第六条规定："符合下列条件的数据电文，视为满足法律、法规规定的文件保存要求：（一）能够有效地表现所载内容并可供随时调取查用;(二)数据电文的格式与其生成、发送或者接收时的格式相同,或者格式不相同但是能够准确表现原来生成、发送或者接收的内容;(三)能够识别数据电文的发件人、收件人以及发送、接收的时间。"

法律要求数据电文的保存符合三个条件:一是随时可调阅性,这与数据电文的书面效力要求相同;二是格式内容的一致性,设立这一条件的目的是要求数据电文能够准确反映其生成、发送或者接收的内容;三是数据电文主体和时间的可识别性。只有能够准确识别数据电文的收发主体和收发时间,才能够确认当事人意思表示的过程和事实。

(3)设立电子认证服务市场准入制度。与电子签名配套的另一个重要的电子商务安全手段就是电子认证,它是为了防止电子签名方提供伪造、虚假、被篡改的签名或发送人以各种理由否认该签名为其本人所为,而由具有权威公信力的安全认证机关进行辨别及认证并公开密钥的行为。

电子认证服务是电子商务交易的第三方提供的保障电子交易安全性的一种服务,这是《电子签名法》的重点。考虑到目前我国社会信用体系还不健全,为了确保电子交易的安全可靠,《电子签名法》设立了认证服务市场准入制度,明确由政府对认证机构实行资质管理。

(4)规定电子签名安全保障制度。为了保证电子签名的安全,《电子签名法》明确了合同双方和认证机构在电子签名活动中的权利和义务,并设置了相应条款追究政府监管部门不依法进行监督管理人员的法律责任。《电子签名法》第三十二条规定:"伪造、冒用、盗用他人的电子签名,构成犯罪的,依法追究刑事责任;给他人造成损失的,依法承担民事责任。"

**【分析下列案例并讨论】**

小张是一位股票投资人,他通过电子邮件委托经纪人买卖股票。小张在上午8:00向他的股票经纪人发送信息,让股票经纪人在XYZ公司的股票价格达到65.00元时立刻购入1 000股。假设在上午9:35该股票价格达到65.00元,假设发生了3组不同的连锁事件,每个事件都能引起纠纷。

**场景一**:股票经纪人按小张的要求行事。上午11:30,XYZ公司的主要竞争对手宣布将出售一种新产品,这事实上使XYZ公司的主要产品成为过时货。到下午3:00,XYZ公司的股票价格猛跌至45.00元。几周后,小张收到股票经纪人寄来的账户结算单。他否认购买XYZ公司的股票并要求调整他的账户。

**场景二**:股票经纪人没有按小张的要求行事。两天后,XYZ公司发布收益良好的通告,股票价格上升至76.00元。小张立刻给他的股票经纪人打电话,要求立刻抛售他所持有的XYZ公司股票。股票经纪人的回答"并未持有XYZ公司的股票"。股票经纪人拒绝承认接到小张让其购买XYZ公司股票的命令。

**场景三**:股票经纪人按小张的要求行事,但是错误地购买了100股,而不是1 000股。两天后,XYZ公司发布收益良好的通告,股票价格上升至76.00元。小张给他的股票经纪人打电话,要求抛售他所持有1 000股XYZ公司股票。股票经纪人的回答是"只持有100股XYZ公司股票"。股票经纪人声称当初的购买要求是100股而不是1 000股。

结合案例分析如下问题:

(1)分析采用强化或安全电子签名的必要性和实施方法。

(2)阐述《电子签名法》所规定的安全的电子签名的条件。

2)解读《中华人民共和国电子商务法》(以下简称《电子商务》)

(1)《电子商务法》的立法目的。

2017年1月26日,《电子商务法》草案第一稿发布,从草案到正式出台,经历草案1~4稿,最终于2018年8月31日正式出台,于2019年1月1日正式实施,这是继《电子签名法》后我国又一部电子商务方面的法律。作为我国电子商务领域的首部综合性法律,该法明确规定了电子商务各方主体的合法权益,规范了电子商务行为。

(2)《电子商务法》的框架。

《电子商务法》共7章89条,其框架结构如图7-3所示。

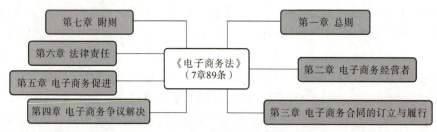

图7-3 《电子商务法》的框架结构

《电子商务法》涵盖了电子商务环境下的合同、支付、商品配送的演变形式和操作规则;交易双方、中间商和政府的地位、作用和运行规范;涉及交易安全的大量问题;某些现有民商法尚未涉及的特定领域的法律规范。

(3)《电子商务法》的特点。

《电子商务法》作为商事法律的一个新兴的领域,与其他商事法律制度相比存在着一些具体的特点:商法性、技术性、开放和兼容性以及国际性。

《电子商务法》的特点如表7-4所示。

表7-4 《电子商务法》的特点

| 特点 | 内容 |
| --- | --- |
| 商法性 | 商法是规范商事主体和商事行为的法律规范,《电子商务法》中的数据电文制度、电子签名及认证制度、电子合同制度、电子信息交易制度、电子支付制度等都是规范商事主体行为的法律制度 |
| 技术性 | 《电子商务法》涉及许多电子技术方面的内容,如将有关密钥的技术规范转化成法律要求 |
| 开放和兼容性 | 《电子商务法》的基本定义的开放、基本制度的开放,以及电子商务法律结构的开放3个方面,为将来不断出现的新的法律问题保留必要的接口,使法律处于易于修改、更新的状态 |
| 国际性 | 《电子商务法》固有的开放性、跨国性,要求全球范围内的电子商务规则应该是协调和基本一致的。《电子商务法》应当而且可以通过多国的共同努力予以发展。联合国际贸易法委员会的《电子商务示范法》为这种协调性奠定了基础 |

3)解读《中华人民共和国广告法》

《中华人民共和国广告法》于1994年10月27日由第八届全国人民代表大会常务委员会

第十次会议通过，于 2015 年 4 月 24 日由第十二届全国人民代表大会常务委员会第十四次会议修订（修订后简称《新广告法》，修订前简称《旧广告法》）。《电子商务法》已经作出明确规定：电子商务经营者向消费者发送广告的，应当遵守《中华人民共和国广告法》的有关规定。

《新广告法》于 2015 年 9 月 1 日正式施行。相比于《旧广告法》，《新广告法》在以下几个方面给企业的电子商务经营活动带来相关影响：

(1) 电商企业或生产企业的网络平台将纳入《新广告法》的监管范围。

《新广告法》扩大了法律的适用范围，把法律适用范围定义为：通过一定媒介和形式直接或者间接地介绍自己所推销的商品或者服务的商业广告活动。按上述定义，企业通过网络发布关于销售的商品或服务的信息的行为，都在《新广告法》适用的范围内。可以说，任何经营主体设立的任何类型的网站，其内容都极有可能受到这部法律的规制。因此，电商企业或生产企业的网络平台也将纳入《新广告法》的监管范围。

(2) 未经消费者同意，不得向其发送电子信息广告。

《新广告法》明确规定，任何单位或者个人未经当事人同意或者请求，不得向其住宅、交通工具等发送广告，也不得以电子信息方式向其发送广告。同时规定，以电子信息方式发送广告的，应当明示发送者的真实身份和联系方式，并向接收者提供拒绝继续接收的方式。在互联网页面以弹出等形式发布的广告，应显著标明关闭标志，确保一键关闭。企业违反上述规定的，罚款 5 000～30 000 元。建议企业关注其电商平台会员注册网页上有无消费者同意公司收集其个人信息并定期推送电子信息的明确条款，以免被罚。

(3) 虚假广告违法成本大大提高。

《新广告法》中各类极限用语遭禁用，对于使用极限用语的店铺，一经发现将给予扣分并进行罚款，处以 20 万元以上 100 万元以下的罚款。

《新广告法》规定，广告不得有下列情形：

①使用或者变相使用中华人民共和国的国旗、国歌、国徽，军旗、军歌、军徽；

②使用或者变相使用国家机关、国家机关工作人员的名义或者形象；

③使用"国家级""最高级""最佳"等用语；

④损害国家的尊严或者利益，泄露国家秘密；

⑤妨碍社会安定，损害社会公共利益；

⑥危害人身、财产安全，泄露个人隐私；

⑦妨碍社会公共秩序或者违背社会良好风尚；

⑧含有淫秽、色情、赌博、迷信、恐怖、暴力的内容；

⑨含有民族、种族、宗教、性别歧视的内容；

⑩妨碍环境、自然资源或者文化遗产保护；

⑪法律、行政法规规定禁止的其他情形。

《新广告法》实施后，对使用极限用语的处罚由原来的"退一赔三"变更为罚款 20 万元起。极限用语包括：国家级、世界级、最高级、最佳、最大、第一、唯一、首个、首选、最好、精确、顶级、最高、最低、最具、最便宜、最新、最先进、最大程度、最新技术、最先进科学、国家级产品、填补国内空白、绝对、独家、首家、第一品牌、金牌、名牌、优秀、最先、全网销量第一、全球首发、全国首家、全网首发、世界领先、顶级工艺、最新科学、最新技术、最先进加工工艺、最时尚、极品、顶尖、终极、最受欢迎、王牌、销量冠军、第一（no.1 \ top1）、极致、永久、掌门人、领袖品牌、独一无二、绝无仅有、前无古人、史无前例、万能等均属于极限用语。

极限用语包括但不仅限于商品列表页、商品的标题、副标题、主图以及详情页、商品包装等。

（4）针对电商企业的专业打假和诉讼更容易。

《新广告法》未施行以前，职业打假人举报援引的事实和依据基本集中在商品质量本身，通过《产品质量法》或《消费者权益保护法》作为追索赔偿的法律依据，但以商品质量事实为依据的举报行为，需要职业打假人具备一定的商品知识和实践经验。《新广告法》实施后，通过鉴别信息内容的真伪即可以虚假广告为由举报打假，职业打假人的门槛显著降低。

另外，集团诉讼将真实出现在电子商务企业面前。《新广告法》规定任何个人或单位均有权向工商部门投诉违法广告，工商部门应在接到投诉后7日内处理并答复。因此，一旦某地消费者在A地投诉成功，B地甚至C地的消费者也可以援引投诉案例。对于虚假广告而言，电商企业将面临集团诉讼的冗长时间成本和巨额的经济成本。

因此，企业在电子商务经营活动中应当严格审核发布的商品（服务）信息内容，避免因虚假广告受到不必要的损失。

4）解读《中华人民共和国民法典·合同编》（以下简称《民法典·合同编》）

（1）《民法典·合同编》的框架结构。

《民法典·合同编》是对我国合同法律制度的创新与重大调整，其内容是《民法典》中最多的一编，共计29章526条，相比《民法典·合同编》的23章428条，在内容上进行了细化和扩充，占《民法典》总条文数（1 260条）的41.7%，这充分说明合同法律制度在民法体系中占据重要地位。《民法典·合同编》的内容分为一般规定、合同的订立、合同的效力、合同的履行、合同的保全、合同的变更和转让、合同的权利义务终止、违约责任、买卖合同、租赁合同等内容。

思政元素26

（2）《民法典·合同编》的内容。

《民法典·合同编》明确规定了电子合同成立的条件，当事人订立合同的能力，订立合同采取要约、承诺的方式。《民法典·合同编》明确规定了要约、承诺生效时间。具体条款如表7-5所示。

表7-5 《民法典·合同编》关于电子合同成立的条件的具体条款

| 《民法典·合同编》 | 法律规定的内容 |
| --- | --- |
| 第四百六十九条 | 当事人订立合同，可以采用书面形式、口头形式或者其他形式。书面形式是合同书、信件、电报、电传、传真等可以有形地表现所载内容的形式。以电子数据交换、电子邮件等方式能够有形地表现所载内容，并可以随时调取查用的数据电文，视为书面形式 |
| 第四百八十二条 | 要约以信件或者电报作出的，承诺期限自信件载明的日期或者电报交发之日开始计算。信件未载明日期的，自投寄该信件的邮戳日期开始计算。要约以电话、传真、电子邮件等快速通信方式作出的，承诺期限自要约到达受要约人时开始计算 |

续表

| 《民法典·合同编》 | 法律规定的内容 |
| --- | --- |
| 第四百八十七条 | 受要约人在承诺期限内发出承诺，按照通常情形能够及时到达要约人，但是其他原因致使承诺到达要约人时超过承诺期限的，除要约人及时通知受要约人因承诺超过期限不接受该承诺外，该承诺有效 |
| 第四百九十一条 | 当事人采用信件、数据电文等形式订立合同要求签订确认书的，签订确认书时合同成立。当事人一方通过互联网等信息网络发布的商品或者服务信息符合要约条件的，对方选择该商品或者服务并提交订单成功时合同成立，但是当事人另有约定的除外 |
| 第四百九十二条 | 承诺生效的地点为合同成立的地点。采用数据电文形式订立合同的，收件人的主营业地为合同成立的地点；没有主营业地的，其所在地为合同成立的地点。当事人另有约定的，按照其约定 |

《民法典·合同编》明确规定了电子合同订立的法律界定。电子合同的订立是完全自动化的双方利用计算机进行，根据预先编制的程序，通过 Internet 自动发出要约或表示承诺，而承诺一旦生效，合同即告成立，对双方当事人具有法律约束力，任何一方不得违约，否则将承担法律责任。

电子合同是《民法典·合同编》认可的一种合同形式。电子合同的订立是在不同地点的计算机系统之间完成的，并不是所有电子合同都具有与纸质合同同等的法律效力，要想签订的电子合同有效，需要具备以下两个条件：

① 合同签订的各方已经经过实名认证。

② 电子合同上的签名是《电子签名法》认可的可靠电子签名。

满足以上两个条件，电子合同就具备和纸质合同同等的法律效力。《民法典·合同编》在第三十三条规定条款中作出详细界定，为判定电子合同的成立和具有法律效力提供了法定界限。

【议一议】

签订电子合同，必须满足哪四个要求？

### 3. 电子商务安全法律的应用案例

淘宝网"包年卡"网络诈骗事件引起了多家媒体的关注。当记者就此次事件对淘宝网进行采访时，网站客服工作人员称，淘宝网只是提供交易平台，在买家确认商品无误前，能够确保买家的货款安全。交易一旦完成，商品在卖家承诺的时间范围内出现问题，就该由买家承担主要责任。因此，买家在确认商品时应该慎重。这名工作人员还说，受骗的买家可向当地警方报案，网站将尽量提供有关资料并协助警方破案。

1）案例思考

（1）淘宝网"包年卡"网络诈骗事件中的消费者所面临的是哪一种类型的交易风险？应当如何防范？

（2）面对层出不穷的网络欺诈骗局，消费者个人、相关行业和行业管理部门以及交易平台该如何应对所面临的挑战？

2）案例分析

关于网络交易平台的法律责任问题，是电子商务领域中比较突出、很有代表性的问题。从淘宝网"包年卡"网络诈骗事件可以得到以下启示：

（1）对于消费者而言，要明辨是非，提高交易风险的识别和防范能力，以规避上当受骗的风险。例如，本案例中的产品"包年卡"的服务提供商只能是中国联通或中国移动等公司，消费者如果及时向权威部门咨询该业务的开展情况，那么损失完全可以避免。

（2）抓紧建立网络诚信体制。尽快由政府、企业、行业协会和消费者，共同建立网络消费信用体系和实名交易体系。只有这样，才能落实网络交易消费者权益的有效保护，简单地加大网络交易平台责任的做法是不足取的。

（3）交易平台应该加大商品的审核力度。在本案例中，淘宝网负有配合有关部门开展调查取证等工作的义务，提供卖方的相关资料和有关交易记录；另一方面，如果消费者能够证明淘宝网在此事件中明知欺诈的存在而未采取任何措施或存在其他有重大过失的行为，也可以直接起诉淘宝网。

## 任务 2　分析电子商务法律案例

近年来，网络交易纠纷明显增多，与电子商务相关的网上售假和网下制假、网络欺诈、网络传销、侵犯知识产权、不正当竞争、泄露用户信息、虚假宣传、虚假促销等行为阻碍了电子商务活动的正常进行。通过分析电子商务法律案例，可为在今后的电子商务活动中避免不必要纠纷积累经验。

### 【任务描述】

雅鹿公司电商专员小王在公司员工的电商法律法规培训中，为了增强说服力，需要搜集相关的真实案例。请帮助小王完成这一任务。

电子商务领域出现的纠纷涉及著作权法、商标法、专利法、反不正当竞争法、合同法等。将公司员工分成5个小组，每组分别围绕上述领域搜集案例资料，分析归纳后进行汇总整理，得出结论。

### 【任务分析】

电子商务活动过程中的参与方有哪几方？《电子商务法》第九条规定了在电子商务经营者的统一概念下创设"电子商务平台经营者""平台内经营者""电子商务经营者"三个法律主体概念。电子商务法律纠纷涉及这三个法律主体。学习《电子商务法》《电子签名法》《合同法》《新广告法》《消费者权益法》等电子商务法律法规，案例分析重点围绕网络交易平台的法律责任展开。

### 【任务实施】

**1. 知识产权侵权案例**

1)《著作权法》侵权案例

案情：2012年7月，上海玄霆娱乐信息科技有限公司（以下简称"玄霆公司"）发现上海盛浪信息咨询有限公司（以下简称"盛浪公司"）主办的网站"人人阅读网"未经玄霆公司授权，便提供了文字作品《武动乾坤》的下载服务，侵害了玄霆公司享有著作财产权的文字作品《武动乾坤》的信息网络传播权。以此为由，11月6日玄霆公司起诉盛浪公司，上海市徐汇区人民法院立案受理。

分析讨论：

（1）本案件为何属于侵犯信息网络传播权纠纷？

（2）产生信息网络传播权纠纷问题的关键是什么？

（3）如何预防及解决信息网络传播权纠纷？
（4）违法的法律依据及处罚措施是什么？
2）《商标法》侵权案例

案情：2011年3月12日，先后有消费者向宁波乐卡克公司询问"嘀嗒团"99元乐卡克鞋是否为正品。乐卡克公司工作人员调查后，确认此款鞋不是乐卡克品牌生产，也未作委托销售，鉴定为假冒产品。2011年4月22日，法国知名运动品牌"法国公鸡"乐卡克在北京召开新闻发布会，针对团购网站"嘀嗒团"涉嫌销售假冒乐卡克产品一事正式表态，宣布对销售产品的北京今日都市信息技术有限公司及其运营的团购网站"嘀嗒团"、提供产品的深圳走秀网络科技有限公司及其运营的电子商务网站"走秀网"四方侵权，启动法律程序。

2011年5月，乐卡克公司向北京二中院递交诉状，请求法院判定被告停止侵权，并赔偿经济损失。

分析讨论：
（1）电子商务中的商标表现形式和法律责任是什么？
（2）电子商务商标侵权行为的种类及其侵权形式是什么？
（3）本案例的审判关键点及解决方法是什么？
（4）本案例中违法的法律依据及处罚措施是什么？

### 2. 《合同法》侵权案例

案情：韩某有一天上网浏览，发现一辆二手帕萨特汽车起拍价只有10元人民币，他想可能是网站在搞促销活动，就参加了竞拍。几轮下来他成功了，成交价是116元。网站通过电子邮件进行了确认，并给他发来了电子合同。韩某根据网站提供的电话，跟卖主联系，卖主是一家卖二手车的汽车经销公司，也收到了网站发来的那份电子合同，但是该公司坚决不同意交车，理由是这份合同无效，因为：第一，汽车的起拍价是10万元而不是10元，在网站上显示的10元起拍价是由于工作人员输入失误造成的；第二，该公司认为合同是不公平的。韩某经多次交涉无果，最后只好把汽车经销公司告到法院。

分析讨论：
（1）网上竞拍的电子合同是否有效？为什么？
（2）本案例反映出电子商务活动中的法律规范存在哪些问题？

本案例中电子商务交易过程和证据完善确凿，事实无误，出现争议的关键是工作人员失误将起拍价写错，所以电子商务缺少磋商和纠错的程序，大多由计算机程序自动完成，非常容易出现问题。

### 3. 个人隐私权侵权案例

案情：著名的网络广告商DoubleClick公司被指控在以17亿美元收购Abacus网站之后，把Abacus网站用户的个人资料外泄给它的广告用户。

讨论分析：
（1）电子商务面临哪些隐私权问题？
（2）收集用户个人隐私资料是否合法？如何完善相关对策？

# 项目 7.2　电子商务经营中的法律风险

目前我国电子商务迅猛发展，电子商务平台经营者间纠纷、网络购物纠纷的数量不断攀升，如何应对电子商务经营中的法律风险已经成为电子商务经营者不可回避的问题。

## 任务 1　防范电子合同的法律风险

**【任务描述】**

雅鹿公司电商专员小王在电子商务活动中经常需要与其他公司签订电子合同。电子商务部总监要求小王：

（1）提交防范电子合同法律风险的报告；

（2）学习使用第三方电子合同订立系统"e 签宝"。

请帮助小王完成这一任务。

**【任务分析】**

当事人资信调查、合同谈判、文本起草、修改、签约、履行或变更解除等合同管理活动的全过程，都存在电子合同订立风险。

本任务围绕电子合同的订立手段、订立方法、订立存储管理，电子合同服务商的运营等方面进行讲解，涉及《民法典·合同编》《电子签名法》等相关电子商务法律。

**【任务实施】**

**1. 认识电子合同**

1）电子合同的概念

电子合同，又称电子商务合同，我国新冠肺炎疫情的暴发推动了远程办公的发展，电子合同正被越来越多的企业所应用。《民法典》吸收《合同法》与《电子商务法》的相关内容，在第四百六十九条、第四百九十一条、第四百九十二条以及第五百一十二条对电子合同作出规定，明确将以电子数据交换、电子邮件等方式能够有形地表现所载内容，并可以随时调取查用的电子合同视为书面形式。根据联合国国际贸易法委员会颁布的《电子商务示范法》以及世界各国颁布的电子交易法，同时结合我国《合同法》的有关规定，电子合同可以定义为：电子合同是双方或多方当事人之间通过电子信息网络以电子的形式达成的设立、变更、终止财产性民事权利义务关系的协议。通过上述定义可以看出电子合同是以电子的方式订立的合同，其主要是指在网络条件下当事人为了实现一定的目的，通过数据电文、电子邮件等形式签订的明确双方权利义务关系的一种电子协议。

2）电子合同的订立

《民法典》中关于合同行为效力的规定条文如下。

第一百四十三条　具备下列条件的民事法律行为有效：（一）行为人具有相应的民事行为能力；（二）意思表示真实；（三）不违反法律、行政法规的强制性规定，不违背公序良俗。

第一百四十四条 无民事行为能力人实施的民事法律行为无效。

第一百四十六条 行为人与相对人以虚假的意思表示实施的民事法律行为无效。以虚假的意思表示隐藏的民事法律行为的效力，依照有关法律规定处理。

第一百五十三条 违反法律、行政法规的强制性规定的民事法律行为无效。但是，该强制性规定不导致该民事法律行为无效的除外。违背公序良俗的民事法律行为无效。

第一百五十四条 行为人与相对人恶意串通，损害他人合法权益的民事法律行为无效。

从以上条文归纳总结，合同无效的情形如下。

（1）无民事行为能力人实施的；
（2）虚假意思表示的（隐藏的民事法律行为效力需要独立评价）；
（3）恶意串通损害他人合法权益的；
（4）违反法律、行政法规强制性规定的（管理性强制性规定除外）；
（5）违背公序良俗的。

电子合同属于合同的一种，所以其生效要件也与其他合同一样，包括如下方面：

（1）通过"要约—承诺"的程序订立并且合同各方达成合意；
（2）当事人意思表示真实；
（3）不存在导致合同无效、可变更、可撤销的情形。

### 2. 电子合同的法律效力和法律风险

1）电子合同的法律效力

《电子商务示范法》是联合国国际贸易法委员会于1996年颁布的，该法针对"以非书面电文形式来传递具有法律意义的信息可能会因使用这种电文所遇到的法律障碍或这种电文的法律效力及有效性的不确定性而受到影响"的情况，向各国立法者提供一套国际公认的规则，以说明怎样消除此类法律障碍。因此该法实际上是一部关于电子数据效力的法律制度。

2）电子合同的法律风险

根据我国《民法典·合同编》，电子合同被认为是书面合同的一种，其法律效力得到了明确承认，但是，在实际操作中，电子合同的订立过程、存在形式、证明力等与书面合同显然不同，"与书面合同具有同等法律效力"难以得到相应的保障。

当事人订立合同，应当具有相应的民事权利能力和民事行为能力。当事人依法可以委托代理人订立合同。

电子合同等电子格式合同是电子商务中常见的合同类型，由于一方对合同条款只能选择接受与否，可能存在因缺少双方的合意而被认定为无效的风险。

应对上述法律风险的解决方案：第一，针对电子合同所具有的与书面合同相比的独有特性，在订立电子合同时，需要注意对电子合同进行适当保存，并可借助第三方交易平台缔结合同。第二，对于电子合同，合同提供方应采取积极的技术手段，在订立格式化合同文本的时候，提醒消费者注意格式条款。第三，从法律角度对合同管理的风险点进行严格审查和控制，进行合同条款的检查和违约责任的合理设定。

另外，在订立方法、订立存储管理、电子合同服务商的运营方面，预防合同纠纷的发生，减少合同纠纷中的损失，有效维护企业的合法权益。

【动手做一做】

分组学习《电子合同在线订立流程规范》，交流学习心得。

《民法典·合同编》第四百七十二条【要约的定义及构成要件】规定：要约是希望与他人订立合同的意思表示，该意思表示应当符合下列条件：（1）内容具体确定；（2）表明经受要约人承诺，要约人即受该意思表示约束。

**3. 电子合同法律风险的防范**

第一，针对电子合同所具有的与书面合同相比的独有特性，在订立电子合同时，需要注意对电子合同进行恰当保存，并可借助第三方交易平台缔结合同，以解决目前电子合同立法过于笼统的风险；同时，企业也可以采取积极措施，以推动立法机关进一步完善相应的电子合同立法。

第二，对于电子格式合同，合同提供方应采取积极的技术手段提醒消费者注意格式条款，并尽可能保障相对方有充分审阅合同的机会，以避免合同可能事后被认定为无效。与此同时，要加强对电子商务的宣传和推广，提高交易主体在进行电子商务交易时的自我保护意识。

**4. 电子合同的订立方法**

1）使用"e 签宝"完成电子合同的订立

常见的第三方平台有"众信签""e 签宝""君子签"等。"e 签宝"是杭州天谷信息科技推出的电子签名 SaaS 服务品牌，提供电子签名、电子合同、天印签章、存证保证等服务，并可在金融、人力、租赁等方面应用。

使用"e 签宝"完成个人借款合同的在线订立的具体方法如下：

（1）打开支付宝搜索"e 签宝 tsign"生活号，选择菜单栏的"发起签订"选项；

（2）选择"个人借款合同模板"选项，预览合同，单击"下一步"按钮；

（3）输入基本信息，单击"下一步"按钮；

（4）确定合同内容，单击"下一步"按钮；

（5）单击"立即签订"按钮；

（6）触屏签名后单击"完成"按钮；

（7）刷脸进行实名认证；

（8）认证后即完成电子合同的订立。

使用 Word 文档订立电子合同，首先要使用智能文档设计工具，编辑合同内容（也可以从 Word 文档直接导入），签约双方填写相关合同信息；然后双方确认合同信息，甲方先用电子印章（类似于 U 盘）插入计算机，两次输入密码后，用单击电子文件下方空白处，一个红色的公司印章就印在指定位置；最后，甲方用网络将合同传给乙方，乙方用同样的方法盖上电子印章。这样，一份具有法律效力的电子合同就生效了。

2）电子合同订立中的问题

在订立电子合同时，常常会遇到以下问题：

（1）网络广告的认定。从事电子交易的商家在互联网上刊登广告的行为到底应视为要约还是要约邀请在实践中仍存在争议。在互联网上，任何人和单位都可以发布广告进行商业活动，对于虚假广告，存在违法行为的管辖权确定难、网上证据确定难、违法责任追究难等问题。

（2）要约与承诺生效的时间。《民法典·合同编》第四百七十四条 要约生效的时间适用本法第一百三十七条的规定。

《民法典·合同编》第一百三十七条【有相对人的意思表示生效时间】以对话方式作出的意思表示，相对人知道其内容是生效。以非对话方式作出的意思表示，到达相对人时生效。以非对话方式作出的采用数据电文形式的意思表示,相对人制定系统接收数据电文的,该数据电文进入该特定系统时生效;未指定特定系统的,相对人知道或者应当知道该数据电文进入其系统时生效。当事人对采用数据电文形式的意思表示的生效时间另有约定的,按照其约定。《民法典·合同编》第四百九十二条【承诺生效的地点为合同成立的地点】采用数据电文形式订立合同的,收件人的主营业地为合同成立的地点;没有主营业地的,其住所地为合同成立的地点。当事人另有约定的,按照其约定。电子合同的到达时间与成立地点对于电子合同的成立起关键作用。

电子合同与文本合同相比,法律虽然做出了时间和地点的规定,然而概念比较模糊,没有明确的法律条文,遇到网络问题时有规避现象,达不到传统合同法中的要约和承诺效果。部分学者认为,电子合同的到达时间与成立地点的条件只是起到确认收讫的作用,并未像文本合同那样得到时间和地点几乎完全的统一。因此电子合同内容得不到法律的认可,也得不到公民的接受,存在着法律安全问题。

(3) 电子数据自然属性导致的风险。电子合同是一种超文本形式,与书面合同有很大的区别。电子合同订立的环境、传递信息的途径以及安全技术信息对传统的书面合同都是巨大的挑战。书面合同虽然扩大到了网络领域,可是在实际的交易中并未得到广泛的应用。电子合同书面形式的立法只是在书面合同的基础上作了略微的改进,对网络交易方没有明确的态度,对于法律纠纷无法像书面合同那样有可靠的法律依据。

(4) 电子签名的法律风险。依照《民法典·合同编》第四百九十条的规定 当事人采用合同书形式订立合同的,自当事人均签名、盖章或者按指印时合同成立。电子合同未必具有传统概念下的书面正式文本,此时所谓的签字、签章也就有了新的概念和方式,这就是电子签名。如同传统合同签字盖章方才生效一样,电子签名无效,则电子合同无效。随着电子签名确定技术问题的解决,需要从法律上给予认可,确认其效力。

### 5. 电子合同的订立流程

电子合同要满足其有效订立的要件,就需要明确订立的具体流程。以下参照商务部发布的《电子合同在线订立流程规范》(SB/T 11009—2013) 的内容予以叙述,如图 7-4 所示。

图 7-4 《电子合同在线订立流程规范》

电子合同的订立流程一般分为以下几个环节。

1) 合同订立方的身份登记

在签订纸质合同时,双方可以通过查看或者留存对方的身份证明文件如身份证复印件、营业执照复印件等来确认合同对方主体的身份。在电子合同的订立过程中,由于合同为双方在线订立,双方互不见面,因此无法当面核验对方的身份。

在此情况下,应当通过前期身份登记及订立合同时的安全登录方式,完成双方主体的身份验证工作,确保电子合同订立过程中的身份真实有效。

所谓身份登记,是指合同订立主体通过提交身份证明的方式,首先进行自己身份的确认。对于身份确认的环节,可以通过线下签订相关申请书的方式,也可以通过在线进行身份确认的方式。身份登记的目的是将线下的客户实体(自然人实体)与线上合同订立的主体对应起来。例如,就银行与客户而言,在电子合同订立之前,客户通过填写身份登记信息,领取电子合同订立介质的方式,即可以完成身份登记流程。

随着互联网互动技术的发展,身份登记可以远程完成,更加便捷,例如通过上传本人手持身份证的照片、手持身份证明在线录像等方式完成身份登记。

2) 合同订立方的身份验证

身份验证是电子合同订立前的一个环节,即对登录电子合同订立系统的用户的身份进行验证,验证的基础就是之前身份登记中的相关信息。

如前所述,进行身份登记后,合同订立方会获得合同订立环节所使用的登录介质,在身份验证环节,用户通过使用这些介质,将自己与所登记的身份进行对应,进而证明自己即"本人"。

在身份验证环节,需要采取安全方式登录,即确保只有进行过身份登记的本人方可登录,以保证身份验证主体与登录主体的一致性。

具体的登录方式很多,包括但不限于合同订立方通过使用已经经过身份确认的用户名和密码、安全U盾、用身份登记时预留的手机接收验证码等方式进行登录。例如,银行用户采取以自己办理的银行卡卡号+密码的方式进行登录,达到安全登录的效果。

3) 合同订立前的谈判

合同订立前的谈判是合同磋商的过程,可以确保合同约定的公平、合理、有效。例如对于合同格式条款,保留谈判中的磋商过程信息,有助于在纠纷发生后查明合同各方的意思表示情况。在相当一部分电子合同订立的过程中,所订立的合同属于合同一方制定的格式文本,合同另一方无法修改。在此情况下,谈判过程在电子合同的订立流程当中往往被忽略。

4) 合同内容的确认

"合同内容的确认"是合同订立前的最后一个环节,因此《电子合同在线签订流程规范》强调了其重要性,要求合同要进行二次确认,即"电子合同订立系统应要求缔约双方对达成合意的条文逐条确认,经第一次确认后系统生成完整的合同文本;在缔约双方实施电子签名前,系统应要求缔约双方对合同文本进行第二次确认"。

应对合同中涉及资金金额、资金流向等核心信息进行二次确认。二次确认可以有效确保最终形成的合同文本为合同各方的合意,对于电子合同的防抵赖具有重要意义。例如,在订立贷款电子合同时,确认贷款的数额、贷款的利率、贷款支付或者受托支付到的相关账户的信息等。电子合同的订立流程如图7-5所示。

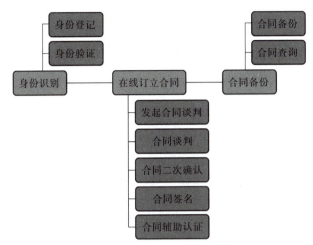

图 7-5 电子合同的订立流程

5）电子合同的订立

在通过电子邮件订立合同的过程中，应当注意相关证据以及其他辅助证据的留存，以便在发生争议后增强证明效力。

在通过电子邮件订立合同的方式中，一方通过电子邮件向另一方发出要约，对方通过电子邮件回复予以承诺，只要能够提供完整、准确的电子邮件往来内容，以及有证据能够证明往来邮件所使用的邮箱账号和密码为合同订立双方所拥有，就足以证明合同成立的事实。

但是，鉴于电子文件本身所具有的易篡改的特点，司法裁判过程中对于单纯的电子证据，往往会认为其证明效力偏弱。因此，如果出现一些其他因素的影响，如电子邮件系统为合同一方所管理和控制，或者有其他相反的证据，单纯的邮件往来证据就难以避免被推翻的风险。

《电子签名法》第十四条规定："可靠的电子签名与手写签名或者盖章具有同等的法律效力。"符合《电子签名法》"可靠的电子签名"要件的签名，其效力是得到法律认可的，与手写签名或者盖章具有同等的法律效力，省去了效力认证的烦琐和风险。

对于"可靠的电子签名"，《电子签名法》规定了两种认定要件的方式，一种是当事人对电子签名的可靠性条件进行了约定，另一种是当事人没有约定或者约定不明时的法定条件。

## 任务2　防范知识产权侵权风险

【任务描述】

党的二十大报告指出，"坚持创新在我国现代化建设全局中的核心地位"。保护知识产权就是保护创新。"深化科技体制改革，深化科技评价改革，加大多元化科技投入，加强知识产权法治保障，形成支持全面创新的基础制度。培育创新文化，弘扬科学家精神，涵养优良学风，营造创新氛围。"

互联网技术的发展日新月异，信息传播的速度和密度也随之呈倍数地增大，其后果便是知识产权纠纷的几何式增长。电子商务平台"拼多多"被举报，其平台上的很多商品仿冒一些大牌商品的包装装潢、商标图样。这些商品涉嫌侵犯正品的商标权和专利权。

雅鹿公司电子商务部总监成立了网上打假组，要求小王具体负责打假任务。小王要给员工培训电子商务活动中涉及的知识产权侵权风险。请你帮助小王完成这一任务。

**【任务分析】**

此任务涉及电子商务环境下知识产权的内容、加强电子商务中知识产权保护的对策等知识点。

**【任务实现】**

### 1. 电子商务环境下知识产权的内容

电子商务发展伊始，即出现了大量的域名抢注、商标侵权等知识产权侵权纠纷，企业从事电子商务活动时存在的知识产权侵权风险是不容忽视的。一方面，电子商务产生了一些新型的知识产权形式，如受著作权保护的多媒体作品、网页设计、数据库，受专利法保护的计算机商业方法专利，对域名的保护等；另一方面，权利人所享有的权利内容也发生了变化，我国修订后的《著作权法》明确了作者对作品享有信息网络传播权。为了规避电子商务中的知识产权侵权风险，要求企业在从事电子商务活动时，对电子商务活动所具有的特殊知识产权形式有敏感的识别能力和充分的尊重意识，避免各种技术手段的不当运用构成对知识产权的侵权；同时，也应注重保护自己拥有的电子商务知识产权。

电子商务环境下的知识产权主要包括商标、域名、专利权以及版权等。

1）商标

商标是使用在相同或类似商品上以区别商品或者服务来源的标志。为发挥有效识别商品的功能，商标必须具有显著性。随着电子商务的发展，出现了动态的商标以及有声商标。

科技企业、电商企业中知识产权价值占资产的比重超过80%。

2）域名

域名是 Internet 上主机的 IP 地址，是一种资源标志符。域名在区分不同站点的用户方面起着十分重要的作用。目前，法律已开始把某些知识产权权利的内容赋予域名，以保护权利人专有域名的商业价值。

3）专利权

专利权是指对公开的发明与创造所享有的在一定期限内的独占权，它是法律上认定的权利。目前，随着电子商务的发展，很多技术包括界面的设计等都已申请专利，成为专利权的新客体。

4）版权

版权也称为作者权或著作权，是知识产权的一种类型，其是指文学、艺术及科学作品的作者对其作品享有的权利（其是基于特定作品的精神权利及全面支配其作品并享受利益的经济权利的合称）。目前，国际上已建立了一个比较全面的版权保护的法律体系。

在信息化时代，电子商务与知识产权保护之间存在着内在的、密不可分的联系。知识产权贸易已成为电子商务的活动之一。知识产权贸易就是指以知识产权为标的的贸易，如知识产权许可、知识产权转让，还包括知识产权的产品贸易等。在电子商务环境下，除了技术贸易之外，版权许可、商标许可、商号许可以及商业秘密许可等形式的知识产权贸易也飞速发展。

### 2. 加强电子商务中知识产权保护的对策

1）结合电子商务知识产权的特殊性完善立法

传统的保护知识产权的法律往往不能适应电子商务环境，因此，急需制定更多相关的法律来规范电子商务环境下的知识产权保护。

电子商务环境下的信息可以瞬间复制并以极低的成本广泛传播，所以应当明确界定电子商务活动中的合法和非法行为，削弱原有法律对新形式的网络知识产权的不适用性。

2）保护商业秘密

根据《中华人民共和国反不正当竞争法》第十条的规定，商业秘密是指"不为公众所知悉、能为权利人带来经济利益、具有实用性并经权利人采取保密措施的技术信息、经营信息等商业信息"。在电子商务中，商业秘密包括技术秘密和经营秘密，如计算机软件、客户订单、成本核算表、会计方法、市场研究报告、营销策略及物流配送流程等。商业秘密具有很高的价值，这表现在它在现在或将来的使用会为权利人赢得现实的或潜在的竞争优势。

企业往往采取各种措施保护其商业秘密，而一些企业为节省开支或了解对手的情况，可能会不择手段地窃取对方的商业秘密。

【动手做一做】

请上网查找电子商务中知识产权侵权方面的真实案例，并进行分析。

## 实验七　电子商务法律法规

思政元素 27

### 一、实验目的

（1）了解国内外电子商务相应的法律法规。
（2）掌握利用电子商务法律法规分析和解决电子商务争议的方法。

### 二、实验内容

（1）学习电子商务法律法规的知识。
（2）分析电子商务法律法规的案例。

### 三、实验过程

（1）上网查找近两年内国内电子商务法律法规案例：著作权纠纷、电子合同纠纷、侵害消费者权益、泄露消费者隐私及网络游戏财产纠纷等（至少各一个）。

（2）上网查找国内电子商务的相关法律法规——《电子签名法》《计算机信息网络国际互联网安全保护管理方法》《消费者权益保护法》《民法典·合同编》《电子商务法》《互联网著作权行政保护办法》等，阅读法律法规中的相关条款。

（3）撰写实训报告，题目可以定为"电子商务法律法规实训报告"。报告的内容主要如下：

①分别简要记录电子商务法律法规案例中的主要经过及处理结果。

②运用国内相关电子商务法律法规中的条款分析每个案例，以某法律法规中的某一条款作为依据（要在分析当中完整写明条款内容），谈谈你认为更公正合理的处理方式。

③通过阅读，你认为我国电子商务法律法规存在哪些缺陷？提出你认为可以改进或者增加的电子商务法律法规条款。

## 课后练习题（七）

**一、填空题**

1. 请列举四部电子商务法律法规：_____、_____、_____、_____。
2. 《_____》是调整以数据电文为交易手段而形成的因交易形式所引起的商事关系的规范体系。
3. 《中华人民共和国电子商务法》的适用范围是我国境内的电子商务活动，它将电子商务经营者分为_____、_____、_____三种类型。

**二、选择题**（不定项选择）

1. 电子商务的技术特征是指其以现代网络技术为支撑，打破了传统商务活动的时空概念，以全国或者全球市场为经营市场，具有（　　）。
   A. 高技术性　　　　　　　　　B. 节约成本的特性
   C. 便于沟通　　　　　　　　　D. 便捷性和协调性
2. 下列行为，属于要约的是（　　）。
   A. 某拍卖行发布拍卖公告
   B. 某书店在报纸上发布新书广告，标明定价并称款到发书
   C. 甲公司向自己的会员寄送商品价目表
   D. 某股份有限公司发起人发布招股说明书
3. 北京的甲公司与上海的乙公司于2005年8月8日签订了一份书面合同，甲公司于2005年8月10日签字、盖章后邮寄给乙公司签字、盖章。乙公司于2005年8月12日收到邮寄的合同，于2005年8月15日签字、盖章，于2005年8月16日将签字、盖章完毕的合同文本邮寄回甲公司。该合同成立的时间应为（　　）。
   A. 2005年8月8日　　　　　　B. 2005年8月10日
   C. 2005年8月12日　　　　　 D. 2005年8月15日
4. 我国最早关于电子商务的立法是（　　）。
   A. 《中华人民共和国电信条例》　　B. 《计算机软件保护条例》
   C. 1999年的《中华人民共和国合同法》　D. 《中华人民共和国签名法》
5. 在电子环境中，不属于引起信息欺诈的主要原因的是（　　）。
   A. 信息的原件与复印件实际没有区别，两者都不存在于纸上，也不要求手写签名
   B. 拦截和篡改信息极为容易，而且无迹可寻
   C. 信息处理巨量交易要求有极高的速度
   D. 信息的传输是通过电子形式完成的
6. 下列各项不属于电子商务中的隐私权保护问题的是（　　）。
   A. 个人资料的收集
   B. 个人资料的不合理开发和利用
   C. 个人资料的侵害

D. 个人资料的无意泄露

7. 在《电子签名法》中，数据电文有下列情形之一的，视为发件人发送(　　)。
A. 经发件人授权发送的
B. 由发件人的信息系统自动发送的
C. 未经发送人授权发送的
D. 收件人按照发件人认可的方法对数据电文进行验证后结果相符的

8. 《电子商务法》的特征是(　　)。
A. 技术性　　　　　　　　　　B. 开放和兼容性
C. 公益性　　　　　　　　　　D. 国际性

9. 根据《电子签名法》的规定，只要满足下列条件，电子签名就可视为安全的(　　)。
A. 电子签名制作数据为电子签名人专有
B. 订立合同时电子签名制作数据仅由电子签名人控制
C. 订立合同后对电子签名的任何改动能够被发觉
D. 订立合同后数据电文内容和形式的任何改动能够被发觉

10. 联合国国际贸易法委员会的《电子商务示范法》于1996年颁布，在这份法律文件中，规定的内容包括(　　)。
A. 电子商务的形式
B. 书面形式的要求
C. 数据电文的可接受性和证据力
D. 数据电文的归属

三、简答题

1. 中国目前在电子商务方面的立法有哪些？
2. 简述电子商务中知识产权保护的对策。

# 参 考 文 献

[1] 王芸. 电子商务法规 [M]. 北京：高等教育出版社，2010.
[2] 杨坚争，赵雯，杨立钒. 电子商务安全与电子支付 [M]. 北京：机械工业出版社，2007.
[3] 邵博闻. 量子密码技术的前沿追踪与研究 [D]. 西安：西安电子科技大学，2007.
[4] 刘岳启. 量子密码学研究的现状及其发展趋势 [J]. 通信技术，2007 (11)：325 – 326.